经典语文精致教

——我的阅读写作课堂

陈 栋 ◎ 著

中国出版集团有限公司

世界图书出版公司
西安 北京 上海 广州

图书在版编目（CIP）数据

经典语文精致教：我的阅读写作课堂/陈栋著.—西安：世界图书出版西安有限公司，2024.10.—ISBN 978-7-5232-1716-0

Ⅰ.G633.303

中国国家版本馆CIP数据核字第20246WQ924号

经典语文精致教——我的阅读写作课堂
JINGDIAN YUWEN JINGZHI JIAO —— WO DE YUEDU XIEZUO KETANG

著　　者	陈　栋
策划编辑	李志刚
责任编辑	问琪琪
出版发行	世界图书出版西安有限公司
地　　址	西安市雁塔区曲江新区汇新路355号
邮　　编	710061
电　　话	029-87233647（市场部）　　029-87234767（总编室）
邮　　箱	xast@wpcxa.com
经　　销	新华书店
印　　刷	陕西华彩本色印务有限公司
开　　本	787mm×1092mm　1/16
印　　张	18
字　　数	266千字
版　　次	2024年10月第1版
印　　次	2024年10月第1次印刷
国际书号	ISBN 978-7-5232-1716-0
定　　价	58.00元

版权所有　翻印必究

（如有印装错误，请与出版社联系）

序言一

精心设计探寻经典价值
传承文化凸显语文育人

陈栋老师的教育专著《经典语文精致教——我的阅读写作课堂》即将付梓，看到这本凝聚着他二十多年教育教学心得的著作即将出版，我由衷地为他感到高兴，更赞赏他在教育教学实践探索上孜孜以求的品质、在教师专业成长的道路上不断学习、追求卓越的精神！作为本书最早的读者，我想在此谈几点感悟，与广大读者分享交流。

在基础教育课程改革不断深化的背景下，中小学教师的专业化能力和水平愈来愈受到重视。教育部印发的《小学教师专业标准（试行）》《中学教师专业标准（试行）》中均明确指出教师专业发展的四个维度：师德为先、学生为本、能力为重、终身学习。作为一名教师，其专业发展一定是全面提高综合素养又始终扎根教育教学一线，从丰富鲜活的课堂实践中找寻方法、激发灵感、发现智慧、获得成长，并及时总结自己好的做法，同时也从教育教学的得失中获得启示，促进师生共同成长！所以，从这个意义上来说，教育教学类的论文、专题研究、经验总结等不是"写"出来的，而是"做"出来的，可以说好文章就在备课的过程中、在精彩的课堂上、在听课的反思里、在评课的交锋中、在自我研修的读书感悟里、在对学生心灵的呵护中……

陈栋老师的这本专著就是他对自己的教育人生及教育教学经验的精辟总结和提炼。全书按照阅读、写作与课堂教学等主题分为三个部分。第一部分"怀我好音品佳作",主要立足文本解读与读法指导,对教材内外的经典名篇进行细致深入的品鉴,梳理意脉、体察意味、探求意蕴。举凡诗歌、散文、小说与戏剧,作者均有所涉猎,又不限于就文论文,而是在分析文本意义的过程中总结阅读经验,给予读者以方法的示范。第二部分"我以我手写我心",立足多年从事写作教学的实践经验,从写作教学特点、写作方法与教师职业写作等方面揭示了写作活动设计的若干原则与策略,对于提高学生写作水平、提升教师职业素养都有指导意义。第三部分"教学相长磨好课",包括课程标准解读、课堂观察笔记、课程开发策略及教学设计反思等内容,是作者对自己教学实践及观课议课活动的生动总结,为教师观察课堂、理解课程、反思教学提供了丰富多元的研修角度。

在书中,他立足高中语文新课程与新高考改革的时代背景,结合一线教育教学实践与专业成长的真实案例,针对阅读与写作积极探索其有效教学的方法,精心进行课堂教学设计,开展课堂观察研究,聚焦语文"教"与"学"的问题,提出建议和主张,体现了他思考的深度,其做法又具有可操作性。本书部分内容还曾在他主持的研修团队的公众号上陆续推送,既引领了研修共同体中的青年教师学习成长,也受到了同行的好评,以及家长和学生的欢迎,产生了很好的社会影响,可以说书中的丰富内容对提高师生的读写能力和语文素养具有很好的借鉴意义!

一位优秀教师一定是好学善思的,也必定会长期在其专业成长之路上勇于突破自我,不断追求卓越。陈栋老师就是这样,他爱读书、善思考、勤写作,他在书中展现了他立足课堂、研究教学、提高教育教学质量的具体努力过程，包括如何备课、上课、说课与观课议课等内容，特别是对自己教学实践的及时总结和反思，体现了教育者在教育他人的过程中也在不断完善自我，体现了教师的专业化表达在其成长中的积极作用和价值。

实际上，我们绝大多数教师在多年教育实践中，也都曾积累过丰富的教育教学经验，如果不能将其及时总结出来，那么再好的经验最终也只能及身而止，难以迁移推广。而坚持记录、用心写作，就能将我们的教学经验与教育思考及时进行有效梳理与总结提炼，这对改进自己的教育教学工作，促进更多的教师专业成长等都会起到很大的帮助作用。如今，陈老师将自己多年来从事基础教育教学与教科研工作的经验分享出来，无论对于他本人还是有志于献身教育事业的各位教育同仁而言，都是一件很有意义的事情。

三尺讲台育桃李，一支粉笔写春秋！

希望广大一线教师一定要站好三尺讲台，在精心培育桃李的同时也关注自己的专业成长；希望我们的基础教育工作者，在用粉笔书写教育美好的同时，也用自己的笔耕不辍书写出教育人的精彩！

2024年7月于西安

贾玲，正高级教师，著名语文特级教师

中国教育学会中学语文教学专业委员会副理事长

教育部首届基础教育语文教学指导专委会委员

西安市教育科学研究院副院长

序言二

厚积薄发，向上生长

岁月，在饱经沧桑之后，总会在我们追求梦想的脚步中，留下一些被称作精神图腾的印迹。不管是中学求学时的志愿，还是任教时期的职业追求，西安高级中学都是我努力攀登的高峰。如今，我在这所老学校、大学校、好学校任职已八年，在百年西高的每一天都是激情燃烧的日子，有一些人，有一些事让人久久难忘。

初到西高，暑假期间，带几位中层干部去北京人大附中参加教育部首期中小学名校长领航班的活动。教研室副主任陈栋老师也在其列，他年轻老成，通览古今，儒雅好学，上进心强。当时我曾言：把别人说的做出来，是合格的老师；把自己做的说出来，是优秀教师；把自己说的写出来，就是个卓越教师了。我用西高精神"爱国爱校、果敢坚毅、治学严谨、追求卓越"鼓励陈栋老师做一名卓越的教书人。彼时至今已逾八载，陈栋老师厚积薄发，新书《经典语文精致教——我的阅读写作课堂》即将付梓，嘱我写几句话，于公于私，我都义不容辞。

于公，自2016年担任西安高级中学校长以来，我见证了陈栋老师在专业成长上取得的每一次进步：获得陕西省教学能手，主持陕西省学科带头人工作坊，获评西安市首届"卓越型"教师，成为西安市"名师+"研修共同体主持人。几乎每一年，陈栋老师在专业上都有新突破，尤其是自2019年以来，他开始系统整理自己在阅读写作、课堂教学及教科研管理工作等方面的心得与反思，日撰千言，笔耕不辍，一直都在孜孜不倦地书写着自己的教育人生。如今，他择其精华，集结成书，将自己的宝贵经验提炼、分享出来，这不仅是他个人的成绩，也是我校长期以来坚持打造高水平师资队伍，积极助力教师专业成长与发展的显著成果。

作为一所具有133年光荣历史的三秦名校，百年西高秉持"明体可强身心，达用以报家国"的办学理念和"养德以正气，崇文以化人"的校训，始终将发展人和促进人的全面成长作为学校一切工作的核心。在这一过程中，教师自身的专业发展更是重中之重。毫无疑问，没有教师的发展，就不会有学生的发展，更不可能有学校的发展。陈栋老师曾主持过学校教研室的工作，在教学骨干体系建设与教师专业研修等方面有很多深刻的见解。每每与其交流，都颇有一种"于我心有戚戚焉"的默契感。与此同时，陈栋老师又绝不是一个只会坐而论道的空想家，实际上，他的诸多思考都源自其丰富的教育教学与科研工作实践。多年来，陈栋老师始终坚守教学一线，深耕细作、扎扎实实地钻研学法与教法。这本书中的很多内容，最初都来自他的课堂教学反思与课堂观察笔记，比如第三部分中《从乞食者到生产者——教育，即进化》一文，就是他和我一起在开学第一天进班听课后写下的感悟。这类思考，构成了陈栋老师专业表达的主要内容，更成为他走向卓越的坚实台阶。

于私，这本书也是我一直以来都非常期待的亲朋挚友的力作。在工作中，陈栋老师是与我合作愉快的好同事；在生活中，陈栋老师更是与我私交甚笃的好朋友、好伙伴。他有关教育教学、读书做人乃至人生价值的很多观念与思考，都深为我所认同，用陈栋老师自己的话说，就是我们之间早已超出了一般领导与下属的工作关系，而结成了三观契合、开诚布公的师友之交。相识有年，在我刚到西高履新不久，他来我办公室汇报暑假组织骨干教师外出学习等工作。言谈中，他思路清晰、语调铿锵，对于自己负责的工作非常熟悉，又能将工作要点精准提炼，给我留下了很好的印象。后来，我们一起赴北京学习培训，陈栋老师全程负责组织协调工作，忙前忙后，尽心尽力，顺利完成任务，得到了参培教师们的一致好评。再后来，《中国教育报》邀约我进行专题报道，陈栋老师为我写了一篇印象记——《"自嘲达人"辛军锋》。其文笔幽默风趣，体情达物入木三分，写人叙事穷形尽相，体现出敏锐的洞察力与细致深入的表现力。那时我就觉得他是一个很有自己想法、善于独立思考的教师。如今，这本书中那些灵动活泼、珊珊可爱的文字，正印证了我当初的判断。

诚如陈栋老师在书中所说："写作，既是一个释放自我的过程，更是一个成全自己的舞台。好教师，既要手不释卷，也要能落笔成文。"能够澄清思想，善于将自己的教学经验与教学主张提炼出来传之后来者，是一名教师走向卓越的必由之路。我相信，陈栋老师会继续书写自己的精彩教育人生，会有更多真知灼见引发我们的思考。所以，我要向矢志于终身学习的读者隆重推荐这本凝聚作者二十多年教育心路的良心之作，更期待陈栋老师在专业成长之路上取得更大成绩，贡献出更多、更好的教育作品。

读书，可以净化心灵，也可以升华人格，产生一种深广的道德境界。每一名教育者都要从读书抓起，把中国传统文化最经典、最精华的作品牢牢刻在每个人的心灵深处，让那些浓缩了世界经典文化与精神的作品构建师生一生发展的文化根基，在人们生命长河的源头，筑起一座文化的高山。

是为序。

2024年7月于西安高级中学

辛军锋，西安高级中学校长，正高级教师

教育部首期中小学名校长领航工程学员

"十四五"中小学幼儿园教师国家级培养计划专家

创新人才教育研究会副会长

陕西省人民政府督学

CONTENT
目 录

专辑一 怀我好音品佳作 / 001

> 课文无非例子。名篇佳作是涵养学生审美创造力，提升思维品质，加强文化认同的重要载体。在新课程背景下，文本品读、鉴赏与探究依然是语文教学的主要形式。

纵横捭阖，思虑深远
　　——《反对党八股》写作特色品读 / 002

冰肌雪骨远山长
　　——《哦，香雪》赏析 / 008

战地"百合"分外香
　　——《百合花》赏析 / 015

"大痛快"与"微智慧"
　　——从《荷塘月色》中一个被忽视的比喻说起 / 021

玉碎未必真豪杰，妥协如何不丈夫
　　——《廉颇蔺相如列传》中蔺相如与秦王形象新探 / 026

芥子之小，可纳须弥
　　——朱鸿散文的思想魅力 / 031

鲁迅在作品里重新发现了时间 / 035

哀辞不韵，字字惊心
　　——品读《祝福》的三十处点批 / 038

远近高低各不同
　　——《药》主题的叙事学探讨 / 046

但得此花能解语，何须对镜空嗟叹
　　——小议品读诗歌的三重境界 / 053

回环往复，滴沥婉转
　　——小议三首"不避重字"的义山诗 / 056

新诗杂话之一　现代新诗的意义疏离与情感结构 / 060

新诗杂话之二　从"从容节制"到"情动于衷"
　　——《立在地球边上放号》赏析 / 065

新诗杂话之三　光影的徘徊，含泪的告白
　　——《红烛》赏析 / 068

新诗杂话之四　欢乐的精灵，动人的心曲
　　——《致云雀》赏析 / 071

凝练其神，旋律其音
　　——向古代诗文学习写作的两点启示 / 075

虚弄干戈原是戏，又加装点便成文
　　——关于戏剧语言动作性特征的几点思考 / 086

中文之美的文化心理归因 / 091

我的"经典"观 / 094

专辑二　我以我手写我心 / 099

> 对于语文教师而言，写作能力既是体现教学能力的核心内容，也是促进专业成长的必由之路。

"具体说理"的思维展开路径 / 100

以写促读，取之有道

　　——《先秦诸子选读》的写作学习启示 / 109

观念的水位，还是观念的错位？

　　——从一篇高考满分作文说起 / 114

万紫千红安排着，妙悟皆在指顾间

　　——文学短评写作提要 / 120

辩论词写作指要 / 123

对话、沟通、交际、认同

　　——一个思考写作学习的新角度 / 131

备考冲刺阶段作文升格教学建议 / 135

写作，一场游走在自由与束缚之间的灵魂之舞 / 140

写作课程的"代入感"与校本课程的"嵌入感" / 144

论述文话语套路的运用逻辑 / 148

学生建构写作内容与意义的四个来源 / 152

"道题图说"写作学习活动设计反思 / 156

浅议教师职业写作的几个角度 / 159

教师职业写作的学科特质 / 164

理性表达的四个维度

　　——来自《尚书》的启示 / 170

有意思的表达与有意义的书写 / 174

"读写融合"为何难？
　　——有关阅读与写作教学关系的一点浅见 / 177

教育叙事，何理？何用？何为？ / 180

写作与分娩 / 184

专辑三　教学相长磨好课 / 187

> 课程，是教学观念的具体呈现，也是教学设计思路的达成终端，更是学习活动有效展开的支架与平台。

学以致用，固本培元
　　——浅议"整本书阅读与研讨"学习任务群教学
　　组织中的几组关系 / 188

因材施教：背景·图景·情境 / 194

劳动：从景观到价值观 / 201

"思辨"辩证 / 204

语文学习，有效反馈如何达成 / 208

语文课上，孩子为什么爱做数学题
　　——一个基于信息论立场的学科分析 / 213

有关国学课程开发的三个命题 / 217

"有讲头"的课，一定就是一堂好课吗？ / 221

"非言语教学行为"课堂观察点的选择及其意义 / 225

相机而动、预设精彩
　　——浅议课堂导入之作用与定位 / 229

课程领导力的多维审视 / 234

从乞食者到生产者

  ——教育，即进化 / 239

胸有丘壑，化用无极

  ——如何指导学生做读书笔记 / 242

一字之差大不同

  ——小议微课与微型课之别 / 246

教无定法，贵在得法

  ——赛教观课札记 / 248

精准聚焦与有效定位

  ——两则课堂观察笔记 / 253

课堂提问谨防预设"圈套" / 259

建立每日学习任务清单，提高复习备考效率 / 263

选课走班，意义何在？我们何为？ / 266

后记 / 269

参考文献 / 272

专辑一

怀我好音 品 佳作

课文无非例子。名篇佳作是涵养学生审美创造力，提升思维品质，加强文化认同的重要载体。在新课程背景下，文本品读、鉴赏与探究依然是语文教学的主要形式。

本专辑通过对教材内外部分经典名作的细致解读，力求取法于课内，获益于课外，着眼于对不同文本解读与鉴赏方法的提炼总结，示范读法、归纳教法、指导学法。

纵横捭阖，思虑深远
——《反对党八股》写作特色品读

毛泽东是政治家，也是诗人。这是一种很有意思的跨界：政治，讲究博弈与妥协，有利害算计，也有从长计议，却均须不动声色的理智审辨；而诗歌创作，则更需天马行空的想象力与开阖自如的艺术激情。两者纠缠，恰如冰与火的对峙，彼此刺激、相互激扬，似乎甚少有协调之可能。但在毛泽东的哲学中，对立统一的辩证法总是无时无刻不在支配着观念的演进、思想的交锋，乃至矛盾的转化。于是，这两种看似不相容的角色，却微妙而有机地统一在他的精神世界中，从而也深刻地影响着他的学风与文风。很多时候，一个人的言说方式往往反映着他的思维方式。这一点在毛泽东的文章中表现得非常典型。他的很多政论文章、哲学著作，以及演讲报告，都深具其鲜明的性格烙印。显然，《反对党八股》也是这样的文章。

《反对党八股》是毛泽东于1942年2月8日在延安干部会议上所作的讲演。抗日战争时期，中国共产党在延安和各抗日根据地开展了整顿党的作风，进行马克思列宁主义教育的运动。为了提高全党的马列主义水平，纠正党内的各种非无产阶级思想，毛泽东于1941年5月和1942年2月，分别作了《改造我们的学习》《整顿党的作风》和《反对党八股》的报告，号召全党反对主观主义以整顿学风、反对宗派主义以整顿党风、反对党八股以整顿文风。同年6月，中共中央宣传部发出了《关于在全党进行整顿三风学习运动的指示》，从此开始了全党范围的整风运动。

应该说，《反对党八股》在毛泽东思想形成的历史进程中具有里程碑的意义。它从讨论文风谈起，辨思析理，逐层推演，通过批驳错误的写作观念，揭示正确思想方法的哲学内涵。正如他在文章中所主张的那样：我们也仿照八股文章的笔法来一个"八股"，以毒攻毒，就叫作八大罪状吧。显然，从运思谋篇到取材设喻，作者正是以"现身说法"的方式告诉人们：什么才是真理形成的思想基础与认识方向。以下，我们姑且借"八股"之数，尝试从以下八个角度对本文写作特色做一番品读。

一 俗与雅

在毛泽东看来，文风之优劣，究其本质，是一个关乎思想立场的问题。说话行文，终须以理解交流为要。故成功的表达就绝不应孤芳自赏、旁若无人。那么在这里，就存在着一个对"雅"与"俗"之差异的认识问题。用本文的话说，就是要"言之有物"，不能"装腔作势"。文章的功能无非"表达"与"沟通"两端，若只关注表达上的绝对自由与极端个性，而罔顾信息接收的对象与目的，令人难解其意，就不免曲高和寡、应者寥寥。这便需要言说者、宣传家们在表达时要始终以普罗大众的精神需求为鹄的。但另一方面，认同也不等于简单迎合，文章毕竟还是要拿得出充实的内容方能打动人；否则，徒有其表，或败絮其中，都是害人不浅的精神垃圾，即如文中所云"懒婆娘的裹脚"。

可见，就以上意义而言，文章正是用十分通俗的行文语调，道出了典雅简洁的运思境界。毛泽东的语言实践，有一种由博返约、举重若轻的自如，议论说理往往就近取譬、微言大义，从而营造出一种"举类迩而见义远"的思想深度。例如，他在反驳党八股中那种"装腔作势，借以吓人"的文风时，就提出：共产党不靠吓人吃饭，而是靠马克思列宁主义的真理吃饭，靠实事求是吃饭，靠科学吃饭。这实在是再通俗不过的大白话，经作者一路排比，那晓畅自然的人间烟火气便扑面而来，从而非常形象地将思想方法与生活经验、斗争实践紧密联系起来，极易使人产生共鸣。又如，他把"党八股"中那种索然无味的语言风格生动地比喻成"像个瘪三"，于是，那种语言的贫瘠猥琐，缺乏生命活力与尊严的形象便立刻活灵活现、跃然纸上。由此可见，深谙中国传统文化精髓的毛泽东，正是对中文辞藻之精妙体悟甚深，方能运用得跳脱通达，而无胶柱鼓瑟的颟顸，更不落雕章琢句的俗套。一切古今中外的言说经验都只是其洞见思想的手段，为我所用却不能迫我就范。这，正是毛泽东文章耐人寻味的自在、自如之处。

二　深与浅

如果说，雅与俗是对立统一；那么，"深"与"浅"便是相辅相成。《反对党八股》立论高卓，从整顿文风入手，实则探讨的是全党工作作风以及革命实践斗争从何而来，为谁服务的问题，寄寓不可谓不深远。马克思在《1844年经济学哲学手稿》中指出：语言是思维本身的要素，思想的生命表现的要素，更是思想的直接现实。从来就没有一种割裂思想，脱离实践指向而存在的虚无空疏或纯粹抽象的表达。这意味着，在一个真正的革命者眼中，最深恶痛绝的，正是以故弄玄虚的言说姿态与无聊空洞的概念游戏，去遮蔽鲜活生动的生命存在与生产生活实践。

毫无疑问，毛泽东正是这样的革命者。在《反对党八股》中，他辛辣地嘲讽了那种纠缠于笔画多寡繁简等细枝末节的方巾气与冬烘做派。例如，他在文章中新解成语"对牛弹琴"。在反向开掘之中，揭示出语义内在的矛盾要素，在否定之否定中显现出深刻思辨的逻辑理路。再如，他批驳那种缺乏分析深度，简单罗列材料的文风时，用了一个中药铺的妙喻以批评其芜杂；接着又顺带一枪，煞有介事地戏拟出种种名目繁多的空洞符号，这便以归谬之法拆穿了此种文风看似丰富，实则无聊的假象。而这一层用意，却始终以一种看似轻松戏谑实则深刻犀利的笔调娓娓道来，既没有故作深沉、拒人千里，也绝不上纲上线、危言耸听。

毛泽东深谙谋篇布局之道，就像他排兵布阵、指点江山一般。那种欲擒故纵、以退为进的功夫在调遣辞令、驱驰文墨时同样高明。他很善于在自己的文章中运用对比。不仅有错误文风与正确态度的对比，即便是"党八股"之间，也有着不同层次的对比。例如，他说："空话连篇，言之无物，还可以说是幼稚；装腔作势，借以吓人，则不但是幼稚，简直是无赖了。"这就将不同"党八股"文风的乖谬错乱之处通过彼此映衬对照进一步彰显出来，从而加深了读者对其危害性的印象。作为伟大的思想家，毛泽东洞悉中国社会，思考无比深刻；但又绝不为这种深刻所累，而是善于通过人们喜闻乐见的方式表达自己的悲悯与关切——这，既源自其文章的思想魅力，也源自其人格魅力。

三　大与小

1942 年的延安整风，是在抗日战争最艰苦的时期举行的。今天我们重读这篇文献，不得不佩服当时共产党人身上所洋溢着的那种蓬勃的理想主义色彩。虽然前方战事正酣，敌人围剿日甚一日；但在这生死攸关时刻，以毛泽东为代表的共产党领导者们，仍然将其深邃的目光投向对民族精神走向的深远思考之中。毫不夸张地说，《反对党八股》反对的，不仅仅是形形色色的错误文风，更是那股因循畏葸、僵化保守的思想逆流。这股逆流，一度根深蒂固地闭锁着我们这个民族鲜活灵动的创造力与开拓精神。在这篇文章中，毛泽东从鲁迅的著作中汲取思想力量，并非偶然为之，而更像是一种基于对国民性反思立场与批判意识的精神传承。用他自己的话说：从历史来看，党八股是对于五四运动的一个反动。从某种意义上说，文风即学风，组织动员须以思想动员为前提。故本文立意高瞻远瞩，而"党八股"的八条罪状，实质上反映的都是有关意识形态的"元问题"。例如，第一条罪状"言之无物"，反映的是革命工作的效能问题。在外部环境恶化的条件下，这是进行组织动员时必须深切关注的。第二条罪状"装腔作势，借以吓人"，则不仅仅论证了工作方法问题，还提出了有关加强党内团结的根本原则。而第三、第四条罪状，表面上看是对行文语言风格的思考，实际上隐含着我党开展群众工作的基本思路，即走群众路线，一切以群众利益为根本出发点。第五条罪状是对认识论与方法论的深刻思考，讲的是行文分析论证方法问题，实际上也寄托着毛泽东对提升全党思想理论水平的殷切期待。第六、第七、第八条罪状是对之前论述的深化与升华，深刻指出了"党八股"的历史危害，以引起普遍警惕与高度重视。

本文理论视野高瞻远瞩，眼界阔大却丝毫不显空疏玄虚，正得益于作者对分析角度的精准定位。简而言之，从扭转文风这一问题谈起，作用有二：一方面，展开话题的切口较小，有利于全文逐层深入、借题发挥；另一方面，便于作者集中笔墨，有针对性地对错误观念逐一批驳，各个击破。最重大的关切，却要在极微末的话题中起落，从而形成了主题意蕴在表达上的思维张力，为其后揭示"党八股"的多重危害性蓄势。

四 繁与简

就章法谋篇而言，《反对党八股》层次清晰，结构简洁紧凑。而这种安排本身，正与作者在文中所倡导的"言之有物"主张相契合，反映出作者实事求是、知行合一的科学态度。文章所列八条罪状，都是先点其思想病因，以引起疗救的注意；然后再提出相应的解决办法。用作者自己的话说："要做对于这些东西的肃清工作和打扫工作，是不容易的。做起来必须得当，就是说，要好好地说理。如果说理说得好，说得恰当，那是会有效力的。说理的首先一个方法，就是重重地给患病者一个刺激，向他们大喝一声，说：'你有病呀！'使患者为之一惊，出一身汗，然后好好地叫他们治疗。"结构既定，则运笔布局就须面对一个"繁""简"安排问题。作者引譬连类、旁征博引,而又要保证中心论点的水落石出,以避免因议论说理进退失据而产生理解上的隔阂;就非要下一番剪裁挑选、省察检视的功夫不可。因此,这里就存在一个分论点关系是否协调,论据展开篇幅长短如何配合的考量,需要作者在构思擘画时统筹布局、突出关键。若材料列举、观点陈述失之于烦琐,则各论点之间必然暧昧纠缠,难以形成论证合力;但如果分析议论简陋轻率、逻辑不清,则结论往往粗疏傲慢,缺乏说服力,而本文则较好地处理了两者的关系。如作者所言:俗话说,'到什么山上唱什么歌';又说,'看菜吃饭,量体裁衣'。我们无论做什么事都要看情形办理,文章和演说也是这样。

可见,文章之简省繁剧与否,端赖其立论表达的实际效用高低。当需要探幽发微、寻根问底、讲清原理时,则用墨如泼也不显啰唆冗余,如本文所列之第五条罪状,作者铺陈各种序列符号,不厌其烦地营造眼花缭乱之感,婉而多讽,使那种只堆砌材料,不深入分析的肤浅文风昭然若揭;其后则抽丝剥茧、细致入微地从揭示矛盾、调查研究、综合联系等方面提出分析问题、解决问题的正确思想方法,从而使读者一目了然。而当结论显而易见,无须赘言时,则作者又惜墨如金、斩截明了,却并不觉支离残缺、脱漏模糊。如本文对第七、第八条罪状仅一语带过,点到为止。即如作者所说,这两条意义自明,无须多说。若据作者前文论证圆融精熟的境界观之,此处并非无话可说,而是自信其乖谬错误早已一目了然而无须再做蛇足之辩。这看似作者笔墨收敛之举,又何尝不是立意蓄势藏锋之处呢?毛泽东深谙兵法奇正虚实之妙,则其遣词造句也常有这种变化多端、出人意表的效果。繁简之间,正可辗转腾挪、声东击西。

在早已远去了烽火硝烟与刀光剑影的今天,我们再读《反对党八股》时,似乎可以以一种更为平和的求知态度来审视这篇文章所蕴含的思想魅力与艺术特色。在探索真知、完善自我的创造之路上,这篇文章所倡导的那种真诚朴素、严谨务实的文风与学风,永远都闪烁着理性的光辉与科学的力量。

冰肌雪骨远山长

——《哦，香雪》赏析

小说，是关于时间的魔术。高明的作家，总能在岁月的川流中抽丝剥茧，发现好故事的影子。他们或让时光放缓脚步，邂逅惊鸿一瞥的感动；或趟过历史的长河，在记忆深处打捞起寻常巷陌里的惊心动魄；又或者定格刹那间的领悟，撑起想象的长篙，向心灵更深处漫溯。当铁凝在 20 世纪 80 年代初登文坛时，或许连她自己也不会意识到，一篇《哦，香雪》，曾经醉倒过多少跋涉心旅的倦客那颗温婉善感之心，也深深镌刻下那段流金岁月里温润动人的时光记忆。下面，让我们通过三组关键词走进《哦，香雪》的美学世界。

关键词一 "一分钟"里的乾坤

在《哦，香雪》中，当汽笛在大山深处的台儿沟响起的时候，那长长铁轨带来的，不仅仅是山外世界文明、进步的讯息；更是在"香雪们"的心里打开了一扇小小的时间之门。姑娘们从这扇时间之门里，窥见了外面世界的精彩，与自己当下生活的无奈。汽笛声起，刺破了偏僻山乡的宁静，开始将时空翻转。

小说一开篇，这样写道：

如果不是有人发明了火车，如果不是有人把铁轨铺进深山，你怎么也不会发现台儿沟这个小村。它和它的十几户乡亲，一心一意掩藏在大山那深深的皱褶里，从春到夏，从秋到冬，默默地接受着大山任意给予的温存和粗暴。

环境的封闭，隔绝着信息的交流，也长久地将时间屏蔽在人们的意识之外。时光，也仿佛被"大山那深深的皱褶"所羁绊、所阻滞，时序轮回更替，却从未有所进展。大山，哺育了人，也困住了人。时间在这里不再生长。于是，时空的胶着纠缠，与人的挣扎摆脱，构成了这篇小说最基本的主题意象。在作者笔下，小说中的时间不再是一个概念，而是一系列意味深长、真实可感的形象。

这短暂的一分钟，搅乱了台儿沟以往的宁静。从前，台儿沟人历来是吃过晚饭就钻被窝，他们仿佛是在同一时刻听到大山无声的命令。……如今，台儿沟的姑娘们刚把晚饭端上桌就慌了神，她们心不在焉地胡乱吃几口，扔下碗就开始梳妆打扮。……尽管火车到站时已经天黑，她们还是按照自己的心思，刻意斟酌着服饰和容貌。

在故事里，火车短暂停留的这一分钟，犹如静静池塘里投下的一枚小小石子，在姑娘们的心里掀起了层层涟漪。小乡村既有的生活节奏被敲出了一个豁口，不甘寂寞的女孩子们第一次呼吸到了大山外新鲜而充满活力的朝气。于是，每个人的生活便再也无法回到不断重复的过去了。

那么，作者是怎样描述这"一分钟"的呢？作品没有按照一般时间顺序铺叙，而是巧妙地撷取了几段生活的横截面，将众多人物的活动组织成一首众声喧哗、多线并举、五味杂陈的岁月交响诗。在那里，姑娘们善意地戏谑，恣意地坑笑，酝酿着对年轻异性懵懵懂懂、质朴无邪的感情；更表达着对新事物、新生活的无限憧憬与好奇，流露出对自身处境的些许不安与不满。

哦，五彩缤纷的一分钟，你饱含着台儿沟的姑娘们多少喜怒哀乐！

日久天长，这五彩缤纷的一分钟，竟变得更加五彩缤纷起来，就在这个一分钟里，她们开始挎上装满核桃、鸡蛋、大枣的长方形柳条篮子，站在车窗下，抓紧时间跟旅客和和气气地做买卖。她们踮着脚尖，双臂伸得直直的，把整筐的鸡蛋、红枣举上窗口，换回台儿沟少见的挂面、火柴，以及属于姑娘们自己的发卡、香皂。有时，有人还会冒着回家挨骂的风险，换回花色繁多的纱巾和能松能紧的尼龙袜。

若仅就一般物理意义的时间尺度而言，这一系列动作是任何"一分钟"都容纳不下的。但作品巧妙之处，正在于其同时剪辑不同人物的活动场景，凝固片刻经历，雕刻时光，塑造出山乡小站在火车到来时妙趣横生的众生相，这就将故事中人物经历的现实场景内化为读者觉知的心理时空；将时代变迁带给封闭山野的冲击具象化为一种意识觉醒、渴望改变的生存状态。在看似不动声色的体物模态之中，呈现出作者深情的注视。从而最终在不同维度的时空间的呼应沟通之中，立体地展现着故事人物生存现状与时代意识间的碰撞、交融，拓展了作品的美学空间。

尺幅千里、旨韵悠长，正是这语言艺术里的时间魔方，让作家眼中的乾坤最终化为笔底的波澜。

关键词二　等待与出走——两个"边城"女孩

若就所处时代而论，《边城》里的"翠翠"应该算香雪的奶奶辈了。五十年间时光流转，两个大山深处的女孩有着同样澄澈纯净的双眸。她们都身处远离文明的"边城"，遥望梦想的彼岸：虎耳草与文具盒，憧憬着她们朦胧依稀的未来。如果，我们承认巴尔扎克所说的"小说被认为是一个民族的秘史"，那么，将翠翠与香雪形象进行比较，应该是一件很有意思的事。

看看两个姑娘的出场吧。翠翠似乎是天地间孕育的精灵：

> 在风日里长养着，把皮肤变得黑黑的，触目为青山绿水，一对眸子清明如水晶。自然既长养她且教育她，为人天真活泼，处处俨然如一只小兽物。人又那么乖，如山头黄麂一样，从不想到残忍事情，从不发愁，从不动气。

那一股扑面而来的生命活力，充满着明朗、灵动的原生态气息，这是一个与大自然气质紧密嵌合，忘情奔跑在湘西奇山秀水间的乡野少女。

而香雪，则是另一番神气。铁路的到来，打破了台儿沟地理上的隔绝，文明之光，照进偏远闭塞的山乡，古老的宁静从此被打破。时光，从此换上了另一副模样：

> 香雪总是第一个出门，隔壁的凤娇第二个就跟了出来。
>
> 七点钟，火车喘息着向台儿沟滑过来，接着一阵咔哐乱响，车身震颤一下，才停住不动了。姑娘们心跳着涌上前去，像看电影一样，挨着窗口观望。只有香雪躲在后边，双手紧紧捂着耳朵。看火车，她跑在最前边；火车来了，她却缩到最后去了。

在这里，作品细致刻画了少女内心既好奇又紧张的微妙悸动。第一个出门的香雪，对火车所象征的文明生活，有着比别的姑娘更为细腻敏感的觉察。但这觉察又因为已超出了她日常生活经验而多少显得有些朦胧而模糊。这令她心生惶惑却又无比神往，跃跃欲试而又瞻顾彷徨。这是新鲜的领悟，更是成长的迷惘。但，香雪毕竟不是翠翠。翠翠那"把光光的眼睛瞅着那陌生人，作成随时皆可举步逃入深山的神气"让她将几乎一切异质于自己生活状态的事物都看作某种不安情绪的来源；所以，《边城》对现代文明总是摆出一种忧心忡忡的不信任感，而作者则始终无比神往着那片与世隔绝的心灵桃花源。

显然，香雪不再也不甘心偏居这一度被现代文明所遗忘的角落。于是，这让她那颗善感的心灵，有着比别人更强烈的渴望走出大山，去看看外面世界的冲动。因此，你会看到：当别的姑娘在关注火车所带来的物质享受时，香雪总是更感兴趣于那些新生活方式所带来的不同往昔的精神体验。例如，她会好奇城里人一天吃几顿饭，会很快发现行李架上的书包，会抓空打听北京的大学要不要台儿沟人，打听什么叫"配乐诗朗诵"，等等。这一切都使得香雪最终走出了翠翠式的宿命，迈向更广阔的人生。

在《边城》里，沈从文以不无欣赏的眼光打量着"茶峒"山城里清澈见底的人情世态，恰恰反衬出身处都市人际关系漩涡中的自己，对于人性深处那片幽微难测的黑暗沼泽的深刻怀疑。而在《哦，香雪》里，香雪跳上火车走向自己梦想的那一刻，实际上就已经构成了一个从传统走向现代的古老国家青春蜕变的绝妙隐喻。那是对美好理想的憧憬，更是对人的重新发现。同时，也是铁凝以女性特有的清新、婉丽的抒情方式，向改革开放初期人文精神回归的艺术致敬。

面对未来与希望，翠翠选择等待，而香雪选择出走。两个现代文明的"边缘人"，呈现出不同的人格意蕴，却都有着独具特色的美学价值。如果说，沈从文是通过对故乡生活的诗意想象建构自己的精神家园的话；那么，铁凝则是对现代化来临前夜那种洋溢着淳朴人性的民间社会做出饱含深情的赞美，这种深远的意蕴，将会穿越时空而产生永恒的魅力。

关键词三 心理空间的深情注目

《哦，香雪》的情节非常简单，而相对较多的景物描写与心理描写，使得作品的叙事节奏从容舒缓、不枝不蔓。作者以诗一样的笔调为我们营造了一个具有浓郁抒情色彩的语言艺术空间。

作品里那个藏在大山深处的小镇"台儿沟",就是这样一个寄托着作者艺术情怀的故事空间。作品这样描写:

> 它和它的十几户乡亲,一心一意掩藏在大山那深深的皱褶里,从春到夏,从秋到冬,默默地接受着大山任意给予的温存和粗暴。

"皱褶"是大山崎岖、坎坷地势的隐喻;同时,又很自然地召唤起读者对山里人那饱经风霜、疲惫苍老的面庞的自然联想。那是岁月车轮碾过的印痕,也是山乡古老停滞的形象表达。在这里,作者通过对山乡空间地理特征的陈说,突出其对山民封闭落后、漫长久远的生活方式的深刻影响。远离文明社会所产生的"边缘化"的生活状态,使得山民安于大山隔绝所带来的封闭,却又不自知这种生活的落后与贫瘠。于是,"温存"与"粗暴"便同时作用在这个古老乡村社会的肌体之上。

从某种意义上说,这段景观描写,已不仅仅是对故事发生背景的简单构拟,而是在描绘中寄寓着作者深切的情感观照,即:作品对于山乡丰富人情的表达,显然是一种多维度的情感存在。既有基于现代文明立场对贫困的忧思,也有基于人性立场对于远离功利社会的自然生态的神往。这一切,都注定了小说人物形象在性格上所必然会具有的那种从传统走向现代生活过程中,持续发生着的深刻纠缠与剧烈挣扎。就像"香雪们"内心同时存在的对于新事物既好奇、向往,又胆怯、紧张的复杂而微妙的心态。

当香雪真的向往走出大山时,小说的空间营造又一次呼应了她那悄然萌发的梦想:

> 她站了起来,忽然感到心里很满意,风也柔和了许多。她发现月亮是这样明净。群山被月光笼罩着,像母亲庄严、神圣的胸脯;那秋

风吹干的一树树核桃叶,卷起来像一树树金铃铛,她第一次听清它们在夜晚,在风的怂恿下"豁啷啷"地歌唱。她不再害怕了,在枕木上跨着大步,一直朝前走去。大山原来是这样的!月亮原来是这样的!核桃树原来是这样的!香雪走着,就像第一次认出养育她成人的山谷。

香雪在停车一分钟的间隙里,毅然踏进了一个与她往日生活轨迹完全不同的车厢社会,这仿佛是她注定要邂逅的一个成长仪式——她要走向属于自己的广阔天地。她用积攒的四十个鸡蛋,换来了一个向往已久的带磁铁的泡沫塑料铅笔盒。那寄托着她对一切美好未来的忘情想象。为此,这个羞涩内向的山里姑娘甘愿被父母责怪,一个人摸黑走了三十里的山路。而一夜赶路中,香雪涉渡的,何止是月印群山的归途,更是自己灵魂深处那条遥接理想彼岸的心路。她重新发现:那些曾经无比熟悉的一草一木是如此新鲜活泼。可知那些蓬勃生命的律动让她也开始变得丰富,开始渴望摆脱日日重复的生活惯性。月光、群山、一树树核桃叶,是香雪的家园,又仿佛是她高高扬起的青春之帆。

《哦,香雪》,是一代人的青春记忆,那段洋溢着痛并快乐的流金岁月里的希望与憧憬,徘徊与期待,更是镌刻着一个国家从闭塞走向开放的新生阵痛。那种从与现代文明的对视开始的对我们民族性的人性观照与反思,一直到今天,都散发着独特而动人的人文主义光辉。

战地"百合"分外香
——《百合花》赏析

茹志鹃是 20 世纪 50 年代少数几个用短篇小说的形式来描写战争的作家之一。精致的结构与明丽的风格,使得小说在讲述战争故事时,带有鲜明的女性体验。相比于同时代很多男性作家笔下宏大的战争叙事,茹志鹃更关注战争中的人,她认为:"战争使人不能有长谈的机会,但是战争却能使人深交。有时仅几十分钟,几分钟,甚至只来得及瞥一眼,便一闪而过,然而人与人之间,就在这个一刹那里,便能够肝胆相照,生死与共。"(茹志鹃《我写〈百合花〉的经过》)以下,我们从叙述、情感、人性三个角度来解读一下这篇小说的与众不同之美。

"平视"英雄的叙述角度

在二十世纪五六十年代"题材决定论"主宰中国文坛的大背景下,绝大部分作品都无外乎"革命战争题材"与"现实农村题材"两类。从创作内容上看,茹志鹃的《百合花》也应该属于"革命战争题材"。与同时代很多革命战争题材小说的叙述对象一样,《百合花》也是讴歌英雄牺牲精神的作品,但与其他作品不同的是,这篇小说选择了一种"平视"英雄的视角。

在作者笔下,作品避开了慷慨悲壮的战争场面,将主要笔墨用于战斗打响前的一段看似寻常平淡的小插曲和一些轻松琐屑的生活细节。小说弥漫着浓郁的日常生活气息，以及对生命立场充满温情的理解。无论是"我"与小战士在奔赴包扎所路上充满谐趣的交往经历，还是在向老乡借棉被时小战士憨直可爱的窘迫，抑或是作者在紧张战斗前夜插叙的那段对故乡中秋风俗的温暖回忆，都洋溢着一种与残酷战场环境形成鲜明对照的强烈生存意识与青春活力。小说将英雄当成普通人来写，塑造了一个让我们耳目一新的英雄形象。作品中的英雄是个出身农村的十九岁的小通讯员。他腼腆、羞涩、质朴、憨厚，在异性面前既显得手足无措，又隐隐约约透露出一丝挥之不去的好奇与悸动，非常符合小通讯员青春年少的形象特征，是一个散发着亲切自然日常生活气息的"战斗英雄"形象。他的内心充满着对于美好生活的热情向往，正如小说中这样一个细节：

我走过去拿起那两个干硬的馒头，看见他背的枪筒里不知在什么时候又多了一枝野菊花，跟那些树枝一起，在他耳边抖抖地颤动着。

那种潜藏在作品平易淡远叙述中的一个个生活片段，无不营造出战争年代人与人朴素率真的关系。

及至小说结尾写英雄之死，也依然是立足生命立场的"平视"角度。小战士为了挽救他人生命而牺牲了自己，正与之前其充满青春热情的生活态度形成了一种顺理成章的呼应，从而为最终的壮举提供了一个符合性格逻辑的注脚。而洋溢在整个作品中的那种从容舒缓的言说节奏，也在结尾跌宕陡转中一变而成推波助澜之势，令故事情节既富于情感张力，又能够与人物性格逻辑水乳交融，体现出作者精巧的艺术构思。

平静言说中的情感深度

文学即人学。优秀作家笔下那一个个闪烁着鲜活灵魂的文字，既洋溢着才情，更烙印着人格；总有一种直抵人心的精神力量。

毫无疑问，《百合花》就是这样的小说。作者写战争年代的人和事，其笔调却并不重浊紧张，其风格更接近于清新明快、平和冲淡。作者并无意去渲染战场环境的惨烈暗淡；相反，遣词造句明媚温婉、灵动秀逸，颇具女性视角的别开生面的独特关怀。从某种意义上说，文学语言往往呈现出一种召唤结构，通过不断唤醒读者的经验与联想而创造出艺术上逼真的幻觉。用学者孙绍振先生的话："语言本质上不是模仿，而是象征，是一种符号，不过是社会约定俗成的……一个作家的任务，不仅在于准确用词，而且要有创造性，要开拓词语的可能性。"诚哉斯言！这部作品的语言就在一定程度上体现了作家对词语艺术表现力与意义可能性的积极拓展。整篇小说都围绕着"我"的追忆展开，以一种如话家常的语调娓娓道来，用词多近于口语，以短句为主，措辞洗练明丽。这是很符合一个年轻活泼、感受细腻的文工团女战士的性格的，也更有利于展示文中融洽和谐的家庭般的人际关系。毕竟，这种松弛从容的话语表达背后所透露出的，正是作者对战争年代那种简单而有意义生活的美好追忆。如果我们承认小说在某些方面有可能会表现出作家在现实中未达成的"白日梦"；那么，谁又能说，《百合花》的语言实践里没有茹志鹃自己心路历程的微妙投射呢？

例如，小说开篇写环境：

> 早上下过一阵小雨，现在虽放了晴，路上还是滑得很，两边地里的秋庄稼，却给雨水冲洗得青翠水绿，珠烁晶莹。空气里也带有一股清鲜湿润的香味。要不是敌人的冷炮在间歇地盲目地轰响着，我真以为我们是去赶集的呢！

寥寥几笔白描，勾勒出清冷宁谧的乡野秋景。作者行文俭省，褪去了刻意着色与铺排，营造出一种大战前的寂静——并非死寂，而是一种孕育着生机与希望的平和。显然，这隐隐勃发的生命意识与主人公后来的牺牲似乎也有着某种或隐或显的精神联系。

又如，小说中描述小通讯员的形象：

  刚才在团部我没注意看他，现在从背后看去，只看到他是高挑挑的个子，块头不大，但从他那副厚实实的肩膀看来，是个挺棒的小伙儿，他穿了一身洗淡了的黄军装，绑腿直打到膝盖上。肩上的步枪筒里，稀疏地插了几根树枝，这要说是伪装，倒不如算作装饰点缀。

"洗淡了的黄军装"，暗示这是一件反复穿着的衣服，联系下文小通讯员入伍仅一年，便隐隐点出了彼时部队生活的艰苦与主人公的朴素。通讯员"高挑挑的个子"却"绑腿直打到膝盖上"，表明军装并不合身；主人公肩负起的，亦是一种原本与其年龄并不相称的责任。"枪筒里，稀疏地插了几根树枝，这要说是伪装，倒不如算作装饰点缀"则透露出小通讯员并未上过战场，毫无作战经验，对战争的残酷尚无切身体验。而这一切，都在为小说结尾时主人公最终舍己救人的选择做铺垫，从而更凸显其英勇牺牲之价值。作者不动声色，却早已草蛇灰线、伏脉千里。这是在尺幅之间，通过言辞的暗示与照应所呈现出的语言艺术张力。

再看这样一段叙述：

  他一肩背枪，一肩挂了一杆秤；左手拎了一篮鸡蛋，右手提了一口大锅，呼哧呼哧地走来。他一边放东西，一边对我们又道歉又诉苦，一边还喘息地喝着水，同时还从怀里掏出一包饭团来嚼着。我只见他迅速地做着这一切。他说的什么我就没大听清，好像是说什么被子的事，要我们自己去借。

这是一个忙碌的乡干部的身影，作者写来诙谐俏皮，一段之内，连用十个"一"，看似絮叨，却活灵活现地把那个为救助伤员东奔西走，忙得脚不沾地的干部形象刻画得妙趣横生；同时，又在暗示了战况的紧张激烈。

另外，小说在推动故事情节逐层展开的同时，也不失时机地宕开几笔、微起涟漪，以避免叙述板滞单调。例如，当"我"得知小战士入伍前"拖毛竹"时，便神思飘飞，插叙了一段对故乡美好生活场景的描述，这就在主题上暗示了主人公为之牺牲奋斗的终极价值，使得故事内涵在时空交错之中得以丰富、深化。又如，在战斗最终打响前，作者从月色联想起故乡中秋节的风俗，将对家园的温馨回忆与现实中的惨烈战斗场景相互衬托，更彰显了作品深厚的生命意识。通过对战争破坏宁静家园与美好生活的有力控诉，有力地升华了作品的主题。这两个片段都于顺序记叙之外，撷取了时间川流中的横断面，赋予故事发展以更为立体的观照。

对于诗歌与散文而言，感情充沛是表达的必然基础；而对于小说而言，聪明的作家首先要懂得控制自己的情感，将深厚的情感酝酿于灵动鲜活的文字表现力之中。因为他们知道：好小说，自己会说话。

宏大背景下的人性潜流

2018年11月，作家王安忆在接受《新京报》采访时，曾经对母亲茹志鹃的创作做过这样的评价：个人情感体验和主流意识形态如何协同并进，始终是他们这一代写作人最严重的焦虑，关系到安身立命。这在很大程度上消耗了想象力和创作才能，但也使他们对庸俗化保持警惕。美国左翼作家斯泰因——就是为海明威们命名"垮掉的一代"的那个人——说过这样一句话："个人主义是人性，共产主义是人类的精神。"我就用这句话来诠释母亲们的努力。

故事的灵魂是人物，小说艺术上的成败，系于人物形象的成败。从某种意义上说，具有鲜活艺术生命的小说人物，正是创作者审美观念与价值追求的生动写照。当然，这种艺术反映的核心，并非将作品人物变成"时代精神的单纯传声筒"。毕竟，在一个精彩故事中，人物形象一旦被激活，便常常会循着自身的性格逻辑与命运轨迹，自足自为地生长起来。

从某种意义上说，小通讯员是一个"非典型"的英雄形象，有着自己的真实个性与纯朴追求：他并不完美，当遇到不情愿承担的任务时会犹豫为难，在没有弄清楚新媳妇不借被子的真相时也会急躁与抱怨。当然，他也未完全理解革命工作的真正意义。当他最后离开"我"时，我"看见他背的枪筒里不知在什么时候又多了一枝野菊花，跟那些树枝一起，在他耳边抖抖地颤动着"。在这里，没有义无反顾的决绝与口号震天的宣示，只有一个普通人对生活最自然的热爱与追求。

在这些叙述中，与其说作品在表达一种宏大的历史叙事，倒不如说是在讴歌普通人性一念之善的动人光辉。或许，唯其普通，方显普遍与广泛；唯其平凡与美好，方觉毁灭这一切的战争之丑恶与残忍。应该说，这一形象，展现出作者对革命战争年代特有的崇高情操的青春想象与深情表达。

敏锐地发掘宏大叙事背景下的人性潜流，不仅体现在作品的主要人物身上，也作用于次要人物形象。比如，小说中"新媳妇"甫一出场，就让小通讯员的群众工作碰了钉子；而两人从冲突到逐渐理解的过程，实际上映射着主人公性格的成长历程，使得平静的叙述尺水生波、摇曳多姿，同时为其后英雄的壮烈牺牲与群众的沉痛怀念蓄势。

纯洁的百合花，既体现出对英雄牺牲精神的崇高敬意，也是对英雄所为之奉献的这片土地与人民的深情礼赞。值得注意的是，"新媳妇"的身份设定颇耐人寻味：新婚燕尔，生机勃勃，是新生的希望；这恰与残酷的战争背景构成了鲜明的对比，从而暗示出通讯员最后牺牲的深刻历史意义与人性价值——奉献与牺牲，是为了让更多人好好地活。若没有对生命价值的张扬，英雄之死的意义就无从谈起。只有当"新媳妇"们所代表的最广大民众开始理解英雄之死的精神价值，小说的人性之美才能最终在战火青春中得到最动人的高扬。

艺术构思的最高境界，未必都须匠心独运，但应该追求动人心魄的真诚。一个作家，如果能够在自己的作品中始终保持对人性的追问与思考，那么，他就是在表达对人类命运与人类精神的深切关注。而《百合花》的艺术魅力能够超越同时代很多作品，不断打动着一代代读者的心灵，原因也正在于此。

"大痛快"与"微智慧"

——从《荷塘月色》中一个被忽视的比喻说起

语文教学的人文性决定了语文课堂上"发展性评价"的外延的广泛性。它不仅包括对学生评价制度与标准的再认识,也意味着教师要在不断接受新观念,学习新知识的过程中,积极尝试运用新的鉴赏方法重估课本经典篇目的审美价值,积极探求其中更为根本的心灵体验过程,并结合时代的特点,带给学生较为深刻的人生启示。显然,《荷塘月色》就属于这样值得进一步认识的作品。让我们从文中一个被忽视的比喻入手,重读经典。

作为一篇写景抒情的散文,表面上看,《荷塘月色》的抒情文字似乎呈现得很直接。作者在开篇说"这几天心里颇不宁静",正说明其内心的"闹";而下文作者在回忆江南采莲曲后又说"热闹是他们的,我什么都没有"。既"不宁静",又无"热闹",显然,这是一种悖论式的表述,但却很符合一般的人生经验——我们对某事的否定往往源于与其纠缠而不得脱的无奈。人常常越想摆脱某种情感,却往往更深陷其中。正如相恋的爱人在长久别离之后,说出口的竟是"恨死你了"。亦如杜甫《旅夜书怀》诗云"名岂文章著,官应老病休"。作者的盛名分明得自诗文,罢官也绝非老病。诗人反其意用之,不正表明了他与那对立矛盾的情感纠缠不清的关系吗?可见,文章悖理之处常常构成理解作者处境的关键。情与理的挣扎与纠结是文学永恒的主题。像这样的矛盾,在《荷塘月色》中还有很多，如"没有月光的晚上，这路上阴森森的，有些怕人。今晚却很好，虽然月光也还是淡淡的"。既"阴森森，有些怕人"却为何"今晚却很好"；还有"我爱热闹，也爱冷静；爱群居，也爱独处。像今晚上，一个人在这苍茫的月下，什么都可以想，什么都可以不想，便觉是个自由的人"。既想而又不想，究竟所思为何？这些细节，在我们以前的读解中经常被简单地贴上诸如"时代的困惑""大革命时期知识分子的摇摆彷徨"等口号式的标签。但若没有用人性做底色的文字，如何能成为超越时代，感动至今的经典呢？

　　循着这条线索，我们来仔细研习本文中的一处比喻。当然，解读《荷塘月色》中的比喻，似乎有炒冷饭之嫌。前人论及太多了，评价也趋于公认；甚至当我们一谈到典范细腻的白话文时，就首先会想到《荷塘月色》清楚、明晰而晓畅的语言，如：

　　　　曲曲折折的荷塘上面，弥望的是田田的叶子。叶子出水很高，像亭亭的舞女的裙。层层的叶子中间，零星地点缀着些白花，有袅娜地开着的，有羞涩地打着朵儿的；正如一粒粒的明珠，又如碧天里的星星，又如刚出浴的美人。微风过处，送来缕缕清香，仿佛远处高楼上渺茫的歌声似的。这时候叶子与花也有一丝的颤动，像闪电般，霎时传过荷塘的那边去了。叶子本是肩并肩密密地挨着，这便宛然有了一道凝碧的波痕。叶子底下是脉脉的流水，遮住了，不能见一些颜色；而叶子却更见风致了。

　　这样的句段，早已被公认为写作练习者锤炼语言的典范，因为它将白话文打磨得如此凝练静雅，又同时体现了传统文化"温柔敦厚""哀而不伤"的中和之美。不可否认，这样的评价是有其充分的理由的，《荷塘月色》也的确在语言学意义上为白话文的进化做出了自己难以磨灭的贡献。但如果我们不再将以上这段文字从全文中割裂出来，放在文字技巧的显微镜下做成语辞的标本，而是将其复归于整个文本的具体语境之中的话，我们就有可能得出与传统认识相反的结论——这段表面看上去阒寂优美的文字，在作者的行文语气中，更像是一种反讽。因为，在接下来的比喻句中，作者似乎对他在前文所刻意营造的月下荷塘宁谧氛围做了某种微妙的嘲讽。且看这句：

> 月光如流水一般，静静地泻在这一片叶子和花上。薄薄的青雾浮起在荷塘里。叶子和花仿佛在牛乳中洗过一样，又像笼着轻纱的梦。虽然是满月，天上却有一层淡淡的云，所以不能朗照；但我以为这恰是到了好处——酣眠固不可少，小睡也别有风味的。

笔者以为，这才是《荷塘月色》中最具审美价值，却长期被我们所忽视的比喻。"满月"本应朗照，皓月当空，玉宇澄清，荡涤白日所见诸多烦恼，岂非悠然自得的享受？若有"淡云"障翳，反倒平添些许遗憾才是。但作者却反其意而言之道"但我以为这恰是到了好处"，颇令人意外。既然前文将月下荷塘描摹得如此精美，为何此时又见不得月印万川，千里婵娟的清爽与流畅？一句"恰到好处"不又将前文那些栩栩如生的描写一笔勾销了吗？作者于娓娓道来中却陡生波澜，意欲如何？胃口吊得够足了，接着便引出这神来之笔"酣眠固不可少，小睡也别有风味"。可谓石破天惊，逗惹出多少遐思迩想呀。这一妙喻的动人之处正在于作者一反前文设喻的谙熟套路，另辟蹊径，将一个我们习焉不察的生活经验不动声色地引入喻体，别开生面。且看酣眠与小睡究竟有何区别："酣"，即意味足，"酣畅淋漓"，"酒酣胸胆尚开张"之意也；"眠"，则睡意沉，入梦长，"春眠不觉晓，处处闻啼鸟""花暖青牛卧，松高白鹤眠"云云，斯之谓也。酣眠，固然痛快，他使我们暂时收拾起那颗常常备受现实冷落的心灵，蜷缩在卧榻之中，躲进永夜。但诚如鲁迅所言"人生最大的痛苦，莫过于梦醒之后无路可走"。酣眠之后的清醒，反倒常常刺激了我们对人生更加痛苦的体验。毕竟，一觉醒来，有了昼夜的对比，谁还甘心沦为记忆的奴隶？

如此看来，那似睡非睡的微醺之态，倒更契合某种折中了人生理想与现实差距的权宜之计。正所谓"偷得浮生半日闲"，小睡，其眠也浅，入梦不深，在人生的错愕忙乱间，见缝插针，从容转寰；既不奢望梦想照进现实，又不失时机地润滑了灵魂的疲沓与倦怠。但见风平浪静，可"躲进小楼成一统，哪管春夏与秋冬"，自我调适，让劳累的心灵小憩；若有风吹草动，便"只恐夜深花睡去，故烧高烛照红妆"，抖擞一下精神，咬牙再次拥抱那经常令人无所适从的惨淡现实。可见，人生需要酣眠式的大痛快，也不妨小睡般的微智慧。我们很难说1927年的朱自清领略到的人生痛苦与欢乐究竟是什么，但这种纠缠在不尽人意的生命中的挫败感、无力感与挣扎后的疲惫体验本身，却是真实可感的；从而他也因此超越了时代的羁绊而长久地占据着人类的心灵，具有了"普世价值"的意义。

那么，这段比喻的美学价值又体现在哪里呢？其独特之处关键在于突破了传统比喻追求形似的窠臼，超越了本体与喻体在外在状态上的简单类比，引导读者从对语句修辞的艺术体验转向对作者想象力的自觉发现，从而最终达到追求比喻"神似"的更高境界。传统语法修辞类的教科书，在说到比喻的作用时，总首先强调其化抽象为具体、化虚为实的功能。认为比喻主要是通过特定的形象，特定的情境、意境、画面或境界，使虚的变成实的，死的变成活的。于是，思想、情感、心态经验等往往不可捉摸的精神活动，是抽象的；只有用语言文字通过修辞做媒介将其对象化、物化、情境化或直观可视化，才可感可触，可赏可鉴。而这，几乎成为了实现修辞（尤其是比喻等描绘类修辞）的不二法门。如果仅就修辞的性质与作用而言，上述说法并无不可。但事实上，即便我们就算说修辞的最重要作用是增强文章表达的形象性，可这"形象"的真正内涵本身就大可讨论：难道只有有形之物才算是形象吗？无形的感觉与人生体验在特定情境下算不算形象呢？当我们读李煜的"问君能有几多愁，恰似一江春水向东流"时，固然承认那东流的江水将无形的哀愁形象化了，但谁又能否认秦观的名句"自在飞花轻似梦，无边丝雨细如愁"中"梦"与"愁"不是形象呢？不能生动地表现出飞花与丝雨那轻盈而空灵的状态呢？问题的关键在于：比喻，就方法论的意义而言，其实质乃是一种文本表达策略，它终究是要依据文章的风格和作者的意图存在或调整的。正如钱锺书先生《读〈拉奥孔〉》中："比喻包含相反相成的两个因素，所比的事物有相同之处，否则彼此无法合拢；又有不同之处，否则彼此无法分辨。两者不合，不能相比；两者不分，无须相比。不同处愈多愈大，则相同处愈有烘托；分得愈开，则合得愈出意外，比喻就愈新奇，效果愈高。"可见，比喻中本体与喻体之间，既可同类相比，也可异类取譬。同类相比，如"柳腰桃面""红扑扑的脸蛋如秋天的苹果"之类，虽常见，却因本喻体之间特征雷同处居多，正应了"两者不分，无须相比"之弊；异类取譬，虽剑走偏锋，若运用烘托得恰到好处，也可先声夺人。显然，《荷塘月色》对月下荷塘的描写文字应属于前论所及的"同类相比"，设喻于形体相合之处，虽精致却不免平常；而"酣眠固不可少，小睡也别有风味的"一句则已完全摆脱了所比事物外在形象简单类比的束缚，而将读者的想象直接引入到对作者人生感悟的深度体验当中；实现了比喻修辞从"物似"到"理似"的升华。通过这一句，读者从对作品所描绘的月色朦胧之态的审美享受上升到对作者心路历程的初步认同。荷塘月色因此而成为作者心灵秘境的某种隐喻，与作者脆弱、敏感而又坚韧守正的人格特质相仿佛。

　　经典之所以为经典的意义，从来都不是仅仅存在于权威的解释之中，而在于其本身就是一个有着无限解读可能的开放式文本。世事变迁，铅华洗尽，我们不妨以更具人之常情的心态去理解乃至还原写作者真实的精神体验。唯其如此，才是对经典最崇高的致敬。

玉碎未必真豪杰，妥协如何不丈夫
——《廉颇蔺相如列传》中蔺相如与秦王形象新探

《廉颇蔺相如列传》是《史记》中的经典篇目，也是高中语文课本中的常客。司马迁赞扬蔺相如："知死必勇，非死者难也，处死者难。方蔺相如引璧睨柱，及叱秦王左右，势不过诛，然士或怯懦而不敢发。相如一奋其气，威信敌国，退而让颇，名重太山，其处智勇，可谓兼之矣！"。可见，在太史公心目中，蔺相如俨然是一位反抗暴秦的英雄，他大义凛然，视死如归，坚决捍卫了赵国的尊严与权益。而文中的那位秦王，作者着墨不多，似乎其被塑造的唯一理由就是反衬蔺相如的高大光辉。

一般而言，课堂上我们对于本文的讲授基本上也是沿着这条思路展开的。忠奸对立的二元模式固然能够简化我们观照历史人物的思考过程，但疑惑也往往就此产生：既然蔺相如在赵国君臣就是否奉和氏璧入秦犹豫不决时就提出"秦强而赵弱，不可不许……秦以城求璧而赵不许，曲在赵；赵予璧而秦不予赵城，曲在秦。均之二策，宁许以负秦曲"这样的见解，说明他对这一问题的看法还是基于对秦赵实力对比的清醒认识之上的，是能够从维护两国关系的战略高度去把握的。但他在出使秦国之后，却不惜以激怒秦王从而授人以柄的方式完璧归赵。进退之间，给人感觉竟颇为意气用事。谋而不断，自然会坐以待毙，但似蔺相如这般无谋而断，也实在谈不上果敢，为一和氏璧而使赵存灭国之虞，毕竟得不偿失。而作为故事另一主角的秦昭王在历史上绝非泛泛之辈：

他享国五十六年，重用范雎，远交近攻，拜将白起，纵横捭阖；其在位期间秦对六国的斗争都取得了决定性的胜利，为秦始皇统一六国奠定了坚实的基础。就是这样一位富于雄才大略的有为之君，为何在蔺相如面前却不逞其强，甚至还有些窝囊。我们关于历史的想象与真相到底有多大的距离，这的确是一个耐人寻味的问题。让我们不妨从这些质疑开始，重新审视一番这对冤家对头在历史中的真实面目。

征服者得到了土地与权力，却失去了舆论与道义。这几乎构成了上千年来人们关于历史逻辑的全部想象。却很少有人真正认真地去思考这一角度本身是否真正合理。期许权力中心与道德中心的重合，只是读书人的一厢情愿。但是他们掌握着话语权，便非要为君临天下者续上道统，还美其名曰"秉笔直书"。翻案文章做了一年又一年，粉墨登场的，依旧是白脸的奸佞之徒，红脸的忠义豪杰。谁说历史是由胜利者书写的？"难酬蹈海亦英雄"才往往是治史者的思维惯性，这一点，恐怕就连司马迁也不能免俗。且看蔺相如与秦王那次精彩的交锋，究竟谁是真英雄：

> 相如度秦王特以诈佯为予赵城，实不可得，乃谓秦王曰："和氏璧，天下所共传宝也。赵王恐，不敢不献。赵王送璧时斋戒五日。今大王亦宜斋戒五日，设九宾于廷，臣乃敢上璧。"秦王度之，终不可强夺，遂许斋五日。舍相如广成传。

> 相如度秦王虽斋，决负约不偿城，乃使其从者衣褐，怀其璧，从径道亡，归璧于赵。

> 秦王斋五日后，乃设九宾礼于廷，引赵使者蔺相如。相如至，谓秦王曰："秦自缪公以来二十余君，未尝有坚明约束者也。臣诚恐见欺于王而负赵，故令人持璧归，间至赵矣。且秦强而赵弱，大王遣一介之使至赵，赵立奉璧来。今以秦之强而先割十五都予赵，赵岂敢留璧而得罪于大王乎！臣知欺大王之罪当诛，臣请就汤镬。唯大王与群臣熟计议之！"

秦王与群臣相视而嘻。左右或欲引相如去。秦王因曰："今杀相如，终不能得璧也，而绝秦赵之欢。不如因而厚遇之，使归赵。赵王岂以一璧之故欺秦邪！"卒廷见相如，毕礼而归之。

在重新品读这段文字时，作者笔下三次出现的"度"字是应该引起我们特别注意的："相如度秦王特以诈""秦王度之，终不可强夺""相如度秦王虽斋，决负约不偿城"。在这里，我们暂且先分析一下这个"度"的具体含义。"度"意为某种范围、规则里的考虑、推测、估计，它通常只是基于对自身有限信息的认知，如成语"度德量力""以小人之心，度君子之腹"中，"度"字均含有自我思忖、臆断之义。可见，文中蔺相如与秦王的"度"都说明他们基本从自身角度出发对现状做出的判断；故而，"度"的结果很能说明较量双方各自洞悉世事能力的高下：秦王忖度的结果是趋向妥协，至少在表面上试图回避秦赵直接交锋；而蔺相如"度"的结果却是将不妥协进行到底，抱着必死的信念，强作玉石俱焚之态。俗话说"横的怕愣的，愣的怕不要命的"。遇上不要命的蔺相如这不按规矩出牌的野路子走法，想必秦王也着实是大跌眼镜，应对失据了吧。但秦王接下来的表现却尽显强者的风范：左右或欲引相如去。秦王因曰："今杀相如，终不能得璧也，而绝秦赵之欢。不如因而厚遇之，使归赵。"秦王在最容易被蔺相如激怒的时刻却没有被激怒，而是表现出一种可怕的冷静：面对蔺相如的爽约甚至揭老底式的痛斥，秦王却引而不发，反而对其礼遇有加。这样的心机，正如苏洵在《心术》一文中所云："为将之道，当先治心。泰山崩于前而色不变，麋鹿兴于左而目不瞬，然后可以制利害，可以待敌。"面对巨大的诱惑与强烈的刺激仍能从容不迫地算计利害，堪称真正的王霸之道。

而反观蔺相如的表现，如果不掺杂感情因素，对他真实形象的评价似乎就变得有些微妙了。我们不妨再回到这个问题的起点，即蔺相如可以拒绝秦国索璧的要求吗？应该说是可以的，但他先许诺再拒绝却大错特错。秦赵之争，虽因璧起，实为战国中后期诸侯实力消长间利益分配格局重新洗牌所致。对于秦国而言，比和氏璧更迫切的，是他需要一个蚕食乃至吞并赵国的合理借口。而秦国所提出的以十五城易璧的打算，在笔者看来，更像是一次对赵国的战略试探，这从后文双方这场较量的结果"秦亦不以城予赵，赵亦终不予秦璧"不难看出，秦国了解了赵国君臣的实际态度后，对和氏璧的问题也就不再纠缠了。所以，对于赵国而言，在实力不济，战略态势有利于秦的情况下，最佳的战略选择应该是韬光养晦，避其锋芒。正如蔺相如自己所说，赵国最现实的选择就是"严大国之威以修敬也"。但匪夷所思的是，第一个跳出来否定这一务实的战略研判，并挑战秦国容忍底线的人却正是蔺相如自己。他在秦国朝堂上那番反客为主，捎上人家先辈一起骂的所谓"怒发冲冠"的做派，毫不客气地说，简直是在以匹夫之勇的意气用事绑架老成持国的深谋远虑。而其后果则很可能招来灭顶之灾。对此，我们不禁要问："蔺相如，为了一个和氏璧，值得吗？"国之不存，璧岂全哉？从这一意义上讲，秦王的表现显然比蔺相如要高明得多，重要的是他懂得适时妥协。而政治斗争的最高境界正在于妥协，诚如十九世纪英国首相帕麦斯顿所言："没有永远的朋友，也没有永远的敌人，只有永远的利益。"拒绝妥协，对强者而言，固然是实力的宣示；但对弱者而言，则不啻是愚蠢的赌博，因为他们根本没有坐庄的机会，在逆袭之前就有可能被踢出局了。可见，在很多时候，面对国家利益得失的重大抉择时，和往往比战难。"引刀成一快，不负少年头"固然痛快，但是否死得其所，却大可商榷，因为生之承担远比死之解脱更需要勇气与毅力。那些"无事袖手谈心性，临危一死报君王"的所谓"义士"，无非把口号喊得山响，但他们留下的烂摊子却让谁去收拾呢？从古至今，这或许都是一个充满纠结与争议的难题，回想南宋建炎年间宋对金战略在是战是和间的摇摆不定，以及明末崇祯朝廷应对清朝崛起时且打且谈中的进退维谷，皆因统治者目光短浅，囿于舆情，缺乏长远战略构想，坐失扭转危局的大好时机，终至身死国灭，一失足成千古恨。这一切，都不禁让人感慨：历史总是有着惊人的相似。基于这样的认识，我们还能说，蔺相如所为是智勇双全之举吗？还能再嘲笑秦王的"色厉内荏"吗？需要补充的是，在完璧归赵的故事（公元前283年）发生23年之后（公元前260年），还是这位秦昭王，任用名将白起在长平一举击败了只会纸上谈兵的赵括，坑杀40万赵卒，使赵国元气大伤，再无半点实力抗衡秦国。这正应了那句俗话：谁笑到最后，谁笑得最好。当然，我们无意以成败论英雄，但秦王的形象被明显贬低也是不争的事实。在这场较量中，秦王以有为之君而有所不为，的确是一种充满智慧的选择。掌国者运用权力并不难，难的是自己清楚什么时候可以不用权力而达到目的，这需要对时机与人性有着深刻的洞察力。显然，秦王在这一点上比蔺相如更胜一筹，不逞一时之快，不斗一时之狠；是因为他深知：不谋万世者，不足谋一时；不谋全局者，不足谋一域。因而有所不为不是无所作为，而是有选择而为，有目的而为；与和氏璧相比，国家利益才是秦王争取的终极目标。据说，后来在秦始皇扫平六国，定鼎天下之际，和氏璧又最终如愿以偿地落入秦人之手，并被丞相李斯刻上"受命于天，既寿永昌"八字，成为秦国的传国玉玺。此时，距完璧归赵的故事已过去62年了，诚可谓：时也运也命也，非吾之所能也。若蔺相如地下有知，当作何感？

那么，在这段聚讼纷纭的历史公案中，秦王与蔺相如到底扮演了怎样的角色呢？我们不妨这样来看：蔺相如，赢得的是纯粹的心灵意义与人格价值，因为他满足了我们的道德期待，迎合了弱者渴望超越自身局限，摆脱平庸的传奇幻想；而秦王，则得到了现实馈赠，他影响了历史的进程，最终决定了许多人命运的走向，俨然强者风范。无奈，同情弱者却是人性的通病，因为从弱者的无助感中我们可以获得一种相对强势的心理平衡；于是，那些对弱者以弱胜强、以柔克刚的假想，代偿了围观者面对现实所产生的无力感与被支配感。就这一体验而言，同情弱者的心态实际上正是基于我们对强者的膜拜。而这，正是《廉颇蔺相如列传》中作者有意褒扬蔺相如而贬抑秦王形象的最根本的心理基础。人性在这里，向我们展示了某种有趣的悖论：我们厌恶秦王的原因，可能正是基于我们内心深处渴望成为他的那些想象。

品读史书，贵在无疑处有疑，而不必被作者牵着鼻子走。匍匐在权威脚下，在成见面前束手就擒，都非严谨科学的治学态度。须知怀疑一切并不等于否定一切，但否定之否定却的确是人的认识走向深入的不二法门。从这一意义上讲，历史记载中很多我们曾经司空见惯的看法、习以为常的评价也许都值得我们去反思、重审乃至大胆质疑。而作为教师，启发学生具备这种意识，远比告知他们既定的结论更为重要。

芥子之小，可纳须弥
——朱鸿散文的思想魅力

近读《在峡谷享受阳光——朱鸿作品精读》一书，再一次被散文名家朱鸿先生极具感染力与洞察力的文字所打动，尤其是书中"思考人生和社会"单元所收录的十二篇散文，更显现出作者深厚的文学功底与独特的人生感悟。这些作品中，举凡做人、论道、治学、读书、事亲、交友，内容广泛、感悟独特，持论精辟而不失平易，新见迭出又机智敏锐。充分显示了作为学者的朱鸿先生洞察世态、深刻通达的思想境界。

我们知道，按照传统的文体分类惯例，散文和诗歌都被称作"抒情性文体"，但二者所抒之"情"有着根本的区别。诗歌之情是情意、情绪，是通过想象与虚拟而高度概括并抽象化了的感觉类型；而散文之情则是情趣、情致，或通过叙述经历，或借助省察心境，或依凭审思意绪，从作者主体感悟出发，抒写其彼时彼地独特的心理体验。正如清人吴乔在《答万季野诗问》中所说："意喻之米，文喻之炊而为饭，诗喻之酿而为酒。"如果说，诗歌是把米酝酿成酒，淬炼情感、变化气质，重构审美对象形态的话，那么，散文就是把生米煮成熟饭——虽会聚一炉，但每颗饭粒却是具体而鲜明的。所以说，自明心志、独抒性灵正是散文写作最重要的文学价值与艺术特色。尤其对于本单元这类明显以哲理见长的知性散文而言，其美学价值主要体现为"审智"，即谋篇布局发端于"纪实"与"思辨",艺术特色体现为"随物赋形"与"明心见性"。

"纪实",则平中见奇,作者常常从身边琐事与点滴感悟写起,在时间的川流中发现、领悟、凝聚自我精神世界中那些特殊、精微、反常乃至突破一般思维惯性的理解与体验,透过习焉不察的人生表象,发现曾经被记忆尘封的生活智慧。比如,《药叫黄连》中,出生三天的经历与三十年间的领悟,便构成了一种饶有兴味的对视:纵然天道轮回,人事代谢,也始终无碍甘苦遍尝、步履蹒跚的生存宿命。黄连泛苦,是作者人生的况味,更见证着生命仪式的庄严。母亲意味深长的注视,最终内化为"我"反躬自省的视角。黄连虽小,作者却从中品味出运命际遇的大思考,在情感的深沉节制与意到笔随的章法开阖之间,构成了一种从容不迫的艺术张力,从审"美"走向审"智",这是哲理性散文纵深开拓心理空间的典型呈现。

"思辨",则引譬连类,作者跳出对事物普遍刻板的印象,积极挖掘文章表现对象的独特品格,多角度呈现自己对司空见惯、习以为常的社会现象背后之人性幽微暧昧的解构与颠覆,让读者从对"这一篇"内容的陌生化理解,到对"这一个"灵魂的独到发现,着眼于从"小"事件中寄寓的"大"道理,从而体现哲理性散文"以小见大"的创作手法。正如在《朋友之道》中,作者论交友之道,可谓别开生面。在世俗人眼中,所谓朋友,无非光风霁月、高山流水,无非千金一诺、生死相托。人们多习惯于从相知、相携,亲密无间的正面意义去理解交友之道。但本文起笔却另辟蹊径,将朋友关系脆弱与动摇的一面写得入木三分、发人深省。在作者笔下,伯牙在子期逝后孤独的背影,史迁跌入人生谷底时幽怨的悲怆,嵇康面对小人嘴脸的鄙夷与决绝,苏轼被佞友构陷而遭逢的坎坷运道,无一不展现出人心之莫测与知音之难觅。而犹大对耶稣的出卖,培根对埃塞克斯伯爵的恩将仇报,更是将损友的背叛与伤害在含蓄内敛的记述中展现得淋漓尽致。朱鸿先生散文的叙事风格颇具春秋笔法,在冷静客观的史料爬梳中寓褒贬于纤毫毕现的细节刻画之中。而在一番人性检视之后,作者又反躬自照,让历史照进现实,最后说出自己心目中理想的交友之道,一笔勾销前文郁结的心理阴霾，于顿挫中不失希望。本文从"审丑"始，以"审智"终，其思辨性依托心理纵深的拓展而有了层次丰富的提升。

散文，不同于诗歌，其情感突出呈现着独一无二、言人人殊的张扬自由的特点；散文，更不同于小说、戏剧，其行文结构开放而无定态，无须遵循特别的章法与模式。鉴赏散文，就是在体味散文"随物赋形"与"明心见性"的艺术特色。随物赋形，意味着散文创作不拘一格。作者独特的心理感受，对于其经验到的日常生活现象、自然风物或历史人文景观，往往表现为一种征服、重构乃至变形的效应。明心见性，则意味着这种征服最终将内化为创作者自我觉知的心理景观。如《张良论竹》一篇，作者以竹探理、用竹说史、借竹喻人。竹形、竹态、竹貌具体而微、活灵活现，简笔勾勒，如临其境，是谓以"实"通其意，着力营造局部的真实可感；而竹格、竹品、竹理则耐人寻味、启迪有方，工笔写意，循循善诱，是谓以"虚"明其旨，突出彰显全篇的知性魅力。静水流深，曲尽其妙，作者通过虚构张良托梦于己，道出生存需要视野中的"有用"与"无用"之辩，彰显出通透练达的人生智慧。艺术，是一种逼真的幻觉，在散文写作中，细节处越真实、越独特，则理性的哲思就越具有认识价值与思想深度。而《放弃》一文，以寓言的方式行文。作者摆脱字字务求来历的烦琐考据，卸下事事须有所本的沉重论证。在文章中，高山何处、城市多大、老者是谁，都无关紧要，重要的是，他们都是作者展开哲思的序幕与前奏。与其说是他们在与作者对话，倒不如说是作者在与自己对话。"放弃"的意义最终被放弃的对象所决定，视角对峙中拓展了思辨的深度。其他如《围墙》与《人生三大红运》中反向落笔，对面取譬，从否定性命题出发回溯心路历程；《生活的快与慢》《风凌石》中对于人化自然的独特领悟；《读书之乐》《贾余散文比较论》《周氏兄弟比较论》等篇章，在旁征博引中体现出品味独到的求知快感与理论从容。无不在形式上各擅胜场，在领悟中不宥成见、自脱流俗。如果说，散文的欣赏价值正在于作者要看到别人没看到的东西，以及感觉到别人感觉不到的自我；那么，本单元的文章正是在题材开拓与精神深度方面都达到了这样的高水准。

  好文章有聪明劲儿，但聪明人未必能写出好文章。如果创作者学问有余而聪明不足，则其文容易因炫耀才学而失之傲慢；而如果创作者聪明有余却学问不足，则其文又常常因卖弄机灵而稍显轻浮。所以，以点悟人生、思考社会、发现新知为主题的哲理性散文创作之难，就在于如何将情趣、见识与学问恰到好处地熔为一炉，使知性与感性之间不存芥蒂。选材"小"，并不是螺蛳壳里做道场，格局局促；持论"大"，也并非天花乱坠论虚无，内涵空洞。那些真正闪烁着思想光辉的散文，必定是"芥子能纳须弥"的深谋远虑之作。应该说，本单元的散文就比较好地协调了才、学、识之间微妙的比例关系，旁征博引，而并无掉书袋的芜杂，谈笑风生，却没有戏说式的浮浪。可见，学者创作散文，从容节制贵乎逞才使气。

鲁迅在作品里重新发现了时间

伟大的艺术作品，记录着心灵的探险，更是有关时间的魔术。作家，在作品中重新建构甚至颠覆我们对时间的习惯性理解；而读者，则在阅读作品中不断拓展着自己感知时间的多层维度。聪明的作家，既不会在既有语言秩序面前束手就擒，更不会在时间川流的日常经验里坐以待毙。他们总是试图在更深广的想象中完成主体精神的自我蝶化。

很多时候，在解读作品时，我们往往因为过于关注作品在时代语境下的意义还原，而忽视了作品同时也是作家的精神跋涉历程，从中见证着不同角色对时间意义的纠缠、抗拒、摆脱、警惕、对峙与较量。我们甚至可以据此认为：在相当广泛的意义上，一部作品的艺术张力很大程度上正来自人与时间的相爱相杀。

如果从这一意义出发，我们会发现，鲁迅作品中的永恒主题——对"国民性"的反思与批判，其深刻动机正源自其对时间意义的重新发现。例如，小说《祝福》里的这段话：

> "说不清"是一句极有用的话。不更事的勇敢的少年，往往敢于给人解决疑问，选定医生，万一结果不佳，大抵反成了怨府，然

而一用这说不清来作结束，便事事逍遥自在了。我在这时，更感到这一句话的必要，即使和讨饭的女人说话，也是万不可省的。

但是我总觉得不安，过了一夜，也仍然时时记忆起来，仿佛怀着什么不祥的豫感；在阴沉的雪天里，在无聊的书房里，这不安愈加强烈了。不如走罢，明天进城去。福兴楼的清炖鱼翅，一元一大盘，价廉物美，现在不知增价了否？往日同游的朋友，虽然已经云散，然而鱼翅是不可不吃的，即使只有我一个……。无论如何，我明天决计要走了。

为什么用"说不清"做结束，便可事事逍遥自在？因为遁入时间的无知之幕，恰可以成为逃避乃至麻痹自己的绝佳理由。往事已矣，来者未可知。于是，在鲁迅的笔下，"当下"不再是一个时间概念，更仿佛自我臆想之途。少不更事的岁月体验成了老来沉寂练达、精致圆融的修炼动机。追问可以被悬置，良心的内省可以当它未曾发生。在这里，鲁迅写出了时间的残酷，且看：一个生命逝去时，"我"灵魂的挣扎超不过一天；则所谓"生命无价"的喟叹倒显得空洞虚无，一切人生的重量在"当下"的苟且中，抵不过食指大动的欲望享受与物美价廉的功利算计。

当然，与鲁镇的其他人相比，"我"毕竟总觉得不安，从内心深处尚在抵触着被人性的冷漠放逐。但，"我"仍然从现实之中抽身而去，将对生命存在终极价值的拷问降维成只关注物价涨落的平庸琐屑。祥林嫂的苦难无法度量，寂寞地死在众人的记忆里；但福兴楼的鱼翅却始终明码标价、买卖公平！这是怎样的一种惊心动魄的对视呀！在《祝福》里，时间征服了记忆，遗忘成为每一个人的"原罪"。鲁迅不无绝望地写出了人在时间这条巨流河中的无奈困境。就这一意义而言，对时间的重新发现为鲁迅对人性的批判提供了足以自洽的哲理背景。再看《为了忘却的记念》这一段：

我早已想写一点文字,来记念几个青年的作家。这并非为了别的,只因为两年以来,悲愤总时时袭击我的心,至今没有停止,我很想借此算是竦身一摇,将悲哀摆脱,给自己轻松一下,照直说,就是我倒要将他们忘却了。

鲁迅似乎很喜欢用"竦"这个字。而摆脱记忆也须"竦身一摇",便大可玩味了。按照字典的解释,"竦"是一个会意字。字从立,从束。"立"指站立,"束"指捆绑。"立"与"束"联合起来表示"被捆绑着、站立着"。所以,其本义指"直立受束缚的样貌"。引申义则为"肃敬;恭敬"。看来,这"竦身"既不昂首阔步,也不挺胸叠肚,反而备受束缚,局促得很。选择这个字,不知是鲁迅有意为之,还是无心插柳。总之,它非常契合作者想要表达的心境:在岁月的淘洗中,忘却几乎是每个人的宿命——毕竟,忘却是摆脱痛苦的最优方案。所以,要拾回记忆,本身就将是一个非常狼狈、处处掣肘的过程。而鲁迅欲借悲愤来摆脱悲哀,则无疑是自讨苦吃!

从情感上来说,愤怒有时可以体现出某种净化记忆的功效。因为愤怒很容易区分并强化那些令我们不安的回忆。于是,在思考沉淀之后,负面的情绪便有可能被删除;而留下的,则往往只有那些迎合了世俗"享乐原则"的回忆。就这一点而言,鲁迅式的"拒绝遗忘"几乎等于是在抵抗绝望。希望之渺茫,诚如大战风车的堂吉诃德——战场就在那里,却又从来不清楚对手是谁。

时间,在这里又一次扮演了审判者的角色,一切人性的脆弱、迷失与荒谬都将被质疑。如果纪念,是为了忘却,那么,拒绝遗忘,又将为了什么呢?这正是鲁迅的深刻所在:质疑者本身,也在不断被质疑。意义被消解、扬弃的同时也在实现着建构——这是命运的乖张之处,也是时间的荒谬性所在。

与其说,"批判"是鲁迅作品的眼,倒毋宁说,"荒谬"才是鲁迅作品的魂。

哀辞不韵，字字惊心
——品读《祝福》的三十处点批

教学多年，我自己都记不清究竟讲过多少次《祝福》了；在汇报课、公开课、赛教课上，都曾经解读过这篇经典。而随着年齿既长、阅历渐丰，将人生百味遍尝之后，我便越发觉得这些文字其实是会伴随着自己的心灵一起生长的，每每品读，都能收获一些别样的感受，虽然不成系统，却注定与此身此刻的生命立场息息相关。也许，对于一名语文教师来说，摆脱职业倦怠的最好方式之一，就是不断努力丰富自己介入教材的领悟与体验，让那历久弥新的涵泳体察成为一种张扬职业生命意义与价值的积极姿态。

于是，当再一次走进《祝福》时，我便打算暂且悬置那些司空见惯的定见，不循成例、放空思虑，裸读一番。姑录几处点批如下。

……他是我的本家，比我长一辈，应该称之曰"四叔"，是一个讲理学的老监生。他比先前并没有什么大改变，单是老了些，但也还未留胡子，（点批一：四叔未留胡子，可见其年岁并不至衰朽，故"老"字便大有玄机，因何而老？老在何处？哪里显老？似乎都有值得探讨之处，老气横秋乎？未老先衰乎？抑或身体健朗而观念陈旧乎？）一见面是寒暄，寒暄之后说我"胖了"，说我"胖了"之后即大骂其新党。（点批二：交谈内容与思路跳宕错落，颇有点语无伦次之感，可见着实话不投机。而时过境迁已经十多年，四叔却还在大骂新党,又可知其思维停滞到何种地步。窃以为,他未必真的懂得"新党"为何物,大概也只是"照例"——鲁镇式的一仍其旧的照例)但我知道,这并非借题在骂我(点批三:既非"借题",可知或许四叔对谁都是如此,说明这几乎变成了一种下意识反应,一种对于变化的本能厌恶与恐惧,这是弥漫于鲁镇社会世态人心中深处的浓厚的麻木与冷漠,以及对于传统观念集体无意识般的接受、认同与膜拜):因为他所骂的还是康有为。但是,谈话是总不投机的了,于是不多久,我便一个人剩(点批四:剩者,多乎哉?多余也。格格不入、彼此违和。故此间心态,正应了《彷徨》扉页的题诗:寂寞新文苑,平安旧战场。两间余一卒,荷戟独彷徨)在书房里。

　　第二天我起得很迟,午饭之后,出去看了几个本家和朋友;第三天也照样。他们也都没有什么大改变,单是老了些;(点批五:不变的,是生活内容与人际关系;老去的,则是生命意识与思想观念。不变而显得老,正说明鲁镇的人们安于故习,不与时俱进)家中却一律忙,都在准备着"祝福"。这是鲁镇年终的大典,致敬尽礼,迎接福神,拜求来年一年中的好运气的。杀鸡,宰鹅,买猪肉,用心细细的洗,女人(点批六:特意点出是女人在忙碌,但支配鲁镇人思想观念的,则是浓厚的男权意识)的臂膊都在水里浸得通红,有的还带着绞丝银镯子。煮熟之后,横七竖八的插些筷子在这类东西上,可就称为"福礼"了,五更天陈列起来,并且点上香烛,恭请福神们来享用;拜的却只限于男人,(点批七:果然,男性是礼教秩序的主宰,掌握着判定伦常是非的话语权,而女人,只是男权社会的"它者")拜完自然仍然是放爆竹。年年如此,家家如此,——只要买得起福礼和爆竹之类的,——今年自然也如此。天色愈阴暗了,下午竟下起雪来,雪花大的有梅花那么大,满天飞舞,夹着烟霭和忙碌的气色,将鲁镇乱成一团糟。(点批八:呆板而无序,一如自相矛盾、乖戾悖谬的礼教观念)我回到四叔的书房里时,瓦楞上已经雪白,房里也映得较光明,极分明的显出壁上挂着的朱拓的大"寿"字,陈抟老祖写的;一边的对联已经脱落,松松的卷了放在长桌上,一边的还在,道是"事理通达心气和平"。(点批九:

联语恰可与前文四叔并不"和平"的激愤态度构成一种充满反讽意味的对比。由此可知,讲理学的老监生自己似乎也并未做到知行合一,故其所标榜主张者,只是一堆虚无空洞的混乱概念。行为实践与意识形态之间的分裂与悖反,恰是封建礼教最为荒谬、乖张、愚蠢之处。)

……

我就站住,豫备她来讨钱。(点批十:以己度人,想当然耳,对于祥林嫂,我的观念里似乎也只存有一些刻板印象。这算是另一种形式的冷漠吗?)

……这里的人照例……(点批十一:与自觉而信的信仰不同,"照例"点出这里的相信是因盲从而迷信,缺乏独立思考与自由意志的审辨。而作品中处处可见"照例"二字,更突出了鲁镇人即所谓"看客"与"示众的材料"。"看客",意味着缺乏主体意识,"材料"则表明非人的境遇。终其一生,鲁迅恨其不争者惟在一问:从来如此,便对么?)

"唉唉,见面不见面呢?……"这时我已知道自己也还是完全一个愚人,什么踌躇,什么计画,都挡不住三句问(点批十二:无论"我"精神如何优越,都抵挡不住现实的芜杂、混乱与矛盾)。

……她大约因为在别人的祝福时候,感到自身的寂寞了……但随后也就自笑,觉得偶尔的事,本没有什么深意义,而我偏要细细推敲,正无怪教育家要说是生着神经病;而况明明说过"说不清",已经推翻了答话的全局,即使发生什么事,于我也毫无关系了。(点批十三:自我安慰之语,习惯于既定的日常,也是一种麻木。)

……福兴楼的清燉鱼翅,一元一大盘,价廉物美,现在不知增价了否?往日同游的朋友,虽然已经云散,然而鱼翅是不可不吃的,即使只有我一个……。无论如何,我明天决计要走了。(点批十四:我终于要逃将去也。忘却果然是一位救主,而一个女人的灵魂之问太沉重,也太遥远,终究不如自己切近的口舌之欲来的轻松。毕竟,人是很容易找借口卸去责任的,至少可以视而不见,权当没有发生——这是人性的痼疾,也是人存在无法摆脱的宿命。在这里,鲁迅显然将批判的矛头也指向了自己。可见，小说中交错运用的第一和第三人称视角透露着作者深刻的自我反思意识。）

我因为常见些但愿不如所料，以为未必竟如所料的事，却每每恰如所料的起来，所以很恐怕这事也一律。（点批十五：这一段拗口、异质的表达，似乎也在语句结构与言说形态上同构着当事人纠结、错乱、混沌、彷徨的心理状态。鲁迅的文字为什么总给人以"不顺畅"的感觉，归根结底，是他气不顺呀！言为心声，此之谓也。）

……

然而我的惊惶却不过暂时的事，随着就觉得要来的事，已经过去，并不必仰仗我自己的"说不清"和他之所谓"穷死的"的宽慰。（点批十六：一种解脱，不必再承担某种沉重的道德义务。他人生命的消逝成为摆脱自己心灵束缚的条件，可笑！可悲！）

……

然而先前所见所闻的她的半生事迹的断片，至此也连成一片了。（点批十七：此后叙述句式多短促而简洁，似乎与前文多长句的语言风格迥乎不同。言说意脉语势往往与情感之起伏跌宕有着千丝万缕的呼应关系，故据此可知：前文多咏叹意味，而后文则更侧重直陈铺叙，这是以句式的参差变化驱动时间线索的流变蔓延。小说文本里的时间感受往往不同于日常生活中物理意义上的时间观念，多呈现为一种叙述者的心理镜像。）

……

大家都叫她祥林嫂；没问她姓什么（点批十八：这当然也是"照例"）。

……

"既是她的婆婆要她回去，那有什么话可说呢。"四叔说。（点批十九：处分由婆家，那得自任专。祥林嫂是做不得自己命运主宰的——就所谓族权逻辑上来说，这当然是"合理"的。既然此处已有披露，则后文再说"然而"便似乎有蛇足之嫌了。）

……

"可恶！然而……。"四叔说。（点批二十：果不其然，总觉得这里再加"然而……"反倒有些刻意，似乎是为了暗示而暗示。人情绪激愤之下，又如何能有如此周全考虑呢？反倒是下文四婶的愤愤之语更显得真实贴切。时人总以为此处转折颇有春秋笔法，意味深长、引人遐想；可若真从人物行为逻辑与叙事境界之现场感来看，颇有些白璧微瑕、多此一举的味道。）

……

"啊呀，这样的婆婆！……"四婶惊奇地说。（点批二十一：四婶这一句感慨，通常以为并无足观，实际上倒真有些"看似寻常却奇崛"的意味。试想，若没有这一句"发乎情"的感慨，又如何彰显那"止乎礼"的荒谬呢？想其言下之意大概是：这样的婆婆也实在霸道，还真让人有点受不了。作者不自己站出来评价，也不借反对礼教者之口言说，而是由礼教观念信奉者"情不自禁"地来披露，更突出了这种意识的荒谬与病态。）

……

"吓，你看，这多么好打算？……（点批二十二：在这里，人的自由与尊严一文不值，身体与身份可以待价而沽；而当事人不以为非，反觉其天经地义。越是娓娓道来，越是惊心动魄。）

"祥林嫂竟肯依？……"

"这有什么依不依。——闹是谁也总要闹一闹的……"（点批二十三：又是照例，大多如此，无人异议，扭曲麻木近乎残忍，则荒谬绝伦便成为一种窒息人性的奇怪秩序。可这难道不是所谓"三从四德"的夫权观念所认可的吗？而这又恰恰与受族权支配的命运相互矛盾，故礼教虚伪野蛮的假面具就此被戳穿。）

"后来怎么样呢？"四婶还问。

"听说第二天也没有起来。"她抬起眼来说。

"后来呢？"

"后来?——起来了。她到年底就生了一个孩子,男的,新年就两岁了。我在娘家这几天,就有人到贺家墺去,回来说看见他们娘儿俩,母亲也胖,儿子也胖;上头又没有婆婆,男人所有的是力气,会做活;房子是自家的。——唉唉,她真是交了好运了。"(点批二十四:四婶层层追问,必欲窥破床笫之事而后快,你道她是真关心祥林嫂命运?非也!无非探人隐私以慰藉其乏味空虚之日常生活耳!公共生活的贫瘠、性压抑之沉重,使得中国人总是对他人羞于启齿的脐下三寸之事,有着一种异乎寻常的兴趣与无比丰富的想象。其后鲁镇中人还有多次类似的兴致勃勃与穷根究底。)

……

大家仍然叫她祥林嫂。(点批二十五:又是照例,潜意识中没有人真正接受其再嫁身份。这样的遭遇几乎成为祥林嫂的无法摆脱的命运诅咒。舆论、观念的僵化保守仿佛一把软刀子,寸寸诛心;其辱其痛,甚于凌迟。)

……

镇上的人们也仍然叫她祥林嫂,但音调和先前很不同;也还和她讲话,但笑容却冷冷的了。她全不理会那些事,只是直着眼睛,和大家讲她自己日夜不忘的故事:

"我真傻,真的,"她说,"我单知道雪天是野兽在深山里没有食吃,会到村里来;我不知道春天也会有。我一大早起来就开了门,拿小篮盛了一篮豆,叫我们的阿毛坐在门槛上剥豆去。他是很听话的孩子,我的话句句听;他就出去了。我就在屋后劈柴,淘米,米下了锅,打算蒸豆。我叫,'阿毛!'没有应。出去一看,只见豆撒得满地,没有我们的阿毛了。各处去一问,都没有。我急了,央人去寻去。直到下半天,几个人寻到山墺里,看见刺柴上挂着一只他的小鞋。大家都说,完了,怕是遭了狼了;再进去;果然,他躺在草窠里,肚里的五脏已经都给吃空了,可怜他手里还紧紧地捏着那只小篮呢。……"她于是淌下眼泪来,声音也呜咽了。(点批二十六:此段叙述与前一部分讲述如出一辙,内容着意营造絮叨重复的效果,既凸显此事背后那一番刻骨铭心之痛，也反映出祥林嫂记忆日渐凝固，深陷于往昔惨痛遭遇而无法自拔的精神状态，暗示其生命活力正变得枯萎干涸。）

这故事倒颇有效，男人听到这里，往往敛起笑容，没趣地走了开去；女人们却不独宽恕了她似的，脸上立刻改换了鄙薄的神气，还要陪出许多眼泪来。有些老女人没有在街头听到她的话，便特意寻来，要听她这一段悲惨的故事。（点批二十七：这一段描写妙绝！写尽了从病态麻木的灵魂中弥漫出来的"平庸之恶"。这种滋生于麻木与自私之中的满足感被一层仁恕慈悲的糖衣所包裹着，如死水微澜一般，浮动着幽暗人性的阴沉底色。一句"宽恕"，让这个女人所有深重的苦难反成了她的"原罪"，从而给人一种潜藏于不动声色之中的毛骨悚然之感。这让人不由得想起鲁迅在《记念刘和珍君》里的那句话："造化又常常为庸人设计，以时间的流驶，来洗涤旧迹，仅使留下淡红的血色和微漠的悲哀。在这淡红的血色和微漠的悲哀中，又给人暂得偷生，维持着这似人非人的世界。我不知道这样的世界何时是一个尽头！"烈士也罢，欲做"烈女"而不得的未亡人也罢，最终都变成了这非人间里的无聊谈资，供人消遣，供人取笑，供人猎奇。）

……

她未必知道她的悲哀经大家咀嚼赏鉴了许多天，早已成为渣滓，只值得烦厌和唾弃；但从人们的笑影上，也仿佛觉得这又冷又尖，自己再没有开口的必要了。她单是一瞥他们，并不回答一句话。（点批二十八：尔之砒霜，彼之蜜糖，没有共情心与同理心，只有刻薄、阴暗与狭隘的调戏。这是弱者对弱者的欺凌，庸众对庸众的羞辱。）

……

她脸上就显出恐怖的神色来，这是在山村里所未曾知道的。（点批二十九：父权束缚，族权压迫，神权威慑。三重枷锁、阴阳两世，封死了一个女人欲得解脱的所有退路，更断绝了她苟延残喘的全部机会。那种密不透风的压抑感扑面而来。一种观念如果最终连其最忠实服从于它的信徒都埋葬掉了，那么，它的乖张悖谬与荒诞野蛮似乎也是可想而知的。）

……

然而她是从四叔家出去就成了乞丐的呢，还是先到卫老婆子家然后再成乞丐的呢？那我可不知道。（点批三十：我的"不知道"是因为隔阂，还是因为逃避，抑或是因为冷漠？作者并未言明。这如梦魇一般的困惑，恰与热烈喧嚣的祝福祭礼构成鲜明的对比，不断拷问着作者与读者的良心。）

最后，借孙绍振先生的话总结一下：祥林嫂的悲剧是没有凶手的，她是被一种观念杀死的。虽然这种观念是荒谬的（见孙绍振《名作细读》，上海教育出版社2009年版）。正因如此，则新国民之精神才是鲁迅终其一生都在关注的人生课题。

远近高低各不同

——《药》主题的叙事学探讨

鲁迅先生的小说《药》写于 1919 年 4 月，作品通过茶馆主人华老栓夫妇为儿子小栓买人血馒头治病的故事，为我们展示了一幅辛亥革命前后中国社会的民间风俗画卷。关于这部小说的主题与结构，一般教科书基本形成了这样一种看法：揭露封建统治阶级镇压革命、愚弄人民的罪行，颂扬了革命者夏瑜英勇不屈的革命精神，惋惜地指出了辛亥革命未能贴近群众的局限性。作品以华老栓夫妇给儿子治病为明线，以革命者夏瑜被反动派杀害为暗线，两线交织，结构故事。

这种认识固然无可厚非，也确实道出了小说深刻的社会意义和写作背景。但正所谓"诗无达诂"，文学作品最大的魅力就在于：它往往有可能在不同时代，以多元丰富的角度被不断地深刻阐释——只要这种阐释始终是从文本自身意蕴与逻辑出发。毫无疑问，《药》也不例外。

在本文中，笔者尝试运用叙事学的一般原理对《药》这部小说的主旨作出一些有别于传统的理解。

我们知道，鲁迅的作品经常以一种异质的方式思考现实。他无情地解剖着包括他自己在内的所有中国人的国民性。他的作品，既呈现着悲天悯人的人文关怀，也不断以近乎偏执、迥乎流俗的文字安排同构着自我灵魂的孤独挣扎。就像《一件小事》中的那个"我"：既冷漠、阴鸷地怀疑着这个非人的世间，又无情、焦灼地撕扯着自我卑微的道德耻部，以至非要榨出棉袍下那个渺小的"我"来。

于是，在解读鲁迅的小说时，我们便很容易有这样一种困惑：在作品中，作者更钟情于哪一种自我人格的镜像？在那看似冷峻逼肖的笔触后面，究竟是作者"立此存照"的极端绝望，还是"横眉冷对"的绝地反抗，抑或就是其精心安排下的披露人性真相的叙事圈套？

而阅读经验则告诉我们，一部优秀的小说，总是非常注重叙述角度的安排。它常常决定着作者的构思方向。故高明的叙述者总是善于把自己的观点隐藏在这种安排背后，潜移默化地影响、把握甚至控制着读者的阅读角度与思考重心。因此，叙述角度的设计，关涉的不仅仅是形式意义上的构思，很多时候更与作品主题的话语基调密切相关。

小说文本语境中的叙述角度首先体现在对人称关系的选择之中。叙事作品中的人称关系一共有三种：第一人称（我）、第二人称（你）、第三人称（他）。三种人称都可以完成一个相对完整的叙事单元。叙述者选择某种人称类型，也就意味着他同时确定了自己与故事主人公的沟通方式，进而预设着语境情感氛围展开层次。

具体来说：第一人称（我）是个人视角。这一视角使读者与作者通过本文对话的隔阂程度最小，主人公与作者形象呈现出某种程度的叠加，便于作者最为直接地表达自己对叙述过程的看法；另一方面，也正因为第一人称（我）是个人视角，从这一角度出发的叙述就只能表现为一种个体经验，正如我们每个人都无法同时经历两种人生一样，第一人称叙述视角是一种限知视角——它的表达不可避免地带有从个人主观认知范围出发的局部性。

第二人称（你）我们不妨称为朋友式的视角。选择这一视角来自作者的这样一种假定：文章原是以读者为对象的，不拘任何人，当他和文章接触的时候，就是作者平等的言说对象。因此，读者有权更为直接地参与文章的叙述过程。因为第二人称能够充分密切读者和故事主人公的关系，所以作者最大限度地缩短了读者介入故事角色的体验过程。如果说，第一人称视角下，读者仿佛是作者的倾听者；那么，第二人称则使读写双方同时成了彼此倾诉的对象。

第一人称的视角便于写出自己，第二人称的视角便于对话特定的言说对象，但两种视角都会受一定感知范围的限制。而比较自由的是第三人称视角。相较于前两种视角，第三人称（他）叙述方式是一种全知视角。也就是说，在这一视角下，作者俨然是无所不知的神，从天界俯瞰人生。对一切心曲隐衷之幽微难解之处，皆能洞悉通达，并因此而君临众生，操纵着叙述过程的来龙去脉。而读者则往往只能以旁观者的身份静观故事的发展变化。因此，第三人称往往比前两种人称视角显得更为理性，更接近于客观感受，从而能够更为有效地控制着主观情感的抒发。

用第三人称视角构思小说是多数小说所凭借的传统方式，因为有全知的态度可取，所以非常便利。但有一点须注意，全知视角适宜于距离作者现实立场较远（不仅仅是时空意义上）的叙述。如果叙述当下事态或眼前人物，或者作者有试图通过变化人称叙事角度来透露主题的需要，则一味采用全知视角讲述故事，反倒容易出现乖离世情，违背故事人物性格逻辑与心理动机的问题。每当此时，选择限制视角或许会起到更好的效果。毕竟，思维方式决定着文本的言说方式。如何讲故事，从谁的立场表达，终须从写作实际需要出发，不可一概而论。

其实，在阅读活动中，任何读解都不可能离开文本所提供的现实语境。下面，我们就回到《药》的文本当中，看看作者的人生哲学是否与小说的叙事技巧发生了有意味的共振。

《药》所叙述的故事本身并不复杂，以故事发生地点变化为依据，小说自然分为四个章节，分别是：刑场老栓买"药"，家中小栓吃"药"，店中茶客谈"药"，坟地母亲祭"药"。一般认为，第三、四章节是凸现小说主题的重点章节，国民的愚昧、麻木，革命者的孤独，统治者的残暴，亲人的不理解俱从该部分而来。这一看法本身无可厚非，但问题是，如此众多的主题意蕴究竟如何从前文的叙述逻辑中彰显出来。笔者认为，不少解读文章往往忽略了对《药》一、二章节的深度理解，似乎小说前两章节的叙述仅仅起着为下文张本或奠定抒情基调的作用。

如此理解，固然不算错误，但未免狭隘。我们知道，鲁迅是一位非常善于在自己的作品中革新写法并喜欢尝试多种叙事样态的作家。他的文字，常常有意无意地颠覆着既定的语法规则传统，从而使其作品有着比同时代许多作家的表达更为复杂而超绝的象征意蕴与创思结构——而这，也正是鲁迅的文字经常被误读的根本原因。

那么，在《药》中，我们有可能会忽略掉鲁迅哪些隐秘幽微的写作意图呢？正是人称，是那些叙事角度微妙而曲折的变化。

小说是从老栓买"药"（革命者夏瑜的血）开始的。故事以我们所习见的第三人称叙事展开，从天气写到主人公起身上街，包括老栓夫妇的简单交谈，作品都是以全知视角按部就班地进行描述。而这一过程，似乎预示着一种传统而自然的叙事单元的渐次展开，与多数以第三人称为主要视角的小说在写作手法上似乎并无二致。但在其后写到老栓在刑场上的所见所闻时，小说的叙事视角却悄悄起了变化：

……"哼，老头子。"

"倒高兴……"

老栓又吃一惊，睁眼看时，几个人从他面前过去了。一个还回头看他，样子不甚分明，但很像久饿的人见了食物一般，眼里闪出一种攫取的光。老栓看看灯笼，已经熄了。按一按衣袋，硬硬的还在。仰起头两面一望，只见许多古怪的人，三三两两，鬼似的在那里徘徊；定睛再看，却也看不出什么别的奇怪。

没有多久，又见几个兵，在那边走动；衣服前后的一个大白圆圈，远地里也看得清楚，走过面前的，并且看出号衣上暗红的镶边。——一阵脚步声响，一眨眼，已经拥过了一大簇人。那三三两两的人，也忽然合作一堆，潮一般向前赶；将到丁字街口，便突然立住，簇成一个半圆。

老栓也向那边看，却只见一堆人的后背；颈项都伸得很长，仿佛许多鸭，被无形的手捏住了的，向上提着。静了一会，似乎有点声音，便又动摇起来，轰的一声，都向后退；一直散到老栓立的地方，几乎将他挤倒了。

　　'喂！一手交钱，一手交货！'一个浑身黑色的人，站在老栓面前，眼光正像两把刀，刺得老栓缩小了一半。那人一只大手，向他摊着；一只手却撮着一个鲜红的馒头，那红的还是一点一点的往下滴。

　　老栓慌忙摸出洋钱，抖抖的想交给他，却又不敢去接他的东西。那人便焦急起来，嚷道，'怕什么？怎的不拿！'老栓还踌躇着；黑的人便抢过灯笼，一把扯下纸罩，裹了馒头，塞给老栓；一手抓过洋钱，捏一捏，转身去了。嘴里哼着说，"这老东西……"

我们看到，在这一段叙述中，主人公的感知视角显然受到了限制，作者不再像前文那样以一种全知全能的形象出现，而将进一步地描述通过老栓的现场感呈现出来，如以下这段描写：

　　只见许多古怪的人，三三两两，鬼似的在那里徘徊；定睛再看，却也看不出什么别的奇怪。……那三三两两的人，也忽然合作一堆，潮一般向前赶；将到丁字街口，便突然立住，簇成一个半圆。……却只见一堆人的后背；颈项都伸得很长，仿佛许多鸭，被无形的手捏住了的，向上提着。

显然，作者所描述的现实正是一群他自己一贯厌恶鄙夷的那种看客嘴脸。但作者并未在文中点明其身份，甚至仅就这段描述本身而言，我们根本无法获知故事人物到底在看什么。但此种叙述视角却恰恰非常符合身为局中人的华老栓的感知层次——他正是在这样一种无意识、无目的的观看中将自己也变成了看客的一部分。而看客的悲哀正在于：他们放弃了人作为精神主体所赋予自我的独立判断能力；故麻木一旦堕入精神的无意识层面，则个体行为就会很自然地缺失对是非、善恶、美丑等人性基本价值的理性选择。于是，我们看到，革命者就义过程所本应唤起的悲剧感，在华老栓的眼中，被消解到了令人不寒而栗的极端乏味的境地："静了一会，似乎有点声音，便又动摇起来，轰的一声，都向后退；一直散到老栓立的地方，几乎将他挤倒了"。人头落地，看客们的感官受到了短暂的刺激，然后，一切又将归于淡漠的沉寂之中。

在接下来的叙述中，作品始终沉浸在这一、三人称间的游移与撕扯之中。

一会是作者的全知视角："'喂！一手交钱，一手交货！'一个浑身黑色的人，站在老栓面前，眼光正像两把刀，刺得老栓缩小了一半……"。刻画着刽子手的贪婪与凶狠。一会又潜藏于华老栓的视野之内："那人一只大手，向他摊着；一只手却撮着一个鲜红的馒头，那红的还是一点一点的往下滴……"

这里描写的是人血馒头淌着鲜血的情境，但文字却全从华老栓的限知视角出发描摹，进而将读者带进这个灵魂僵化的躯壳中去，暗示我们：这样的人其实离我们并不遥远。而且，我们每一个人的意识深处，都很可能难以避免这种"看客"心态，甚至在对不同意义的"围观"中麻木了自己原本鲜活的灵魂。

《药》的这种叙事策略最终在华小栓吃"药"的描写中达到了高潮：

"小栓进来罢！"华大妈叫小栓进了里面的屋子，中间放好一条凳，小栓坐了。他的母亲端过一碟乌黑的圆东西，轻轻说：

"吃下去罢，——病便好了。"

小栓撮起这黑东西，看了一会，似乎拿着自己的性命一般，心里说不出的奇怪。十分小心的拗开了，焦皮里面窜出一道白气，白气散了，是两半个白面的馒头。——不多工夫，已经全在肚里了，却全忘了什么味；前面只剩下一张空盘。

很显然，诸如"一碟乌黑的圆东西"这样的表述并从作者的全知视角出发，而明显是华小栓视角下那个人血馒头的形象，更是一种模糊而苍白的存在。于是，启蒙者所为之付出的生命代价，就这样在小说叙述角度的置换中被解构得一干二净。而这牺牲的唯一作用，竟然只是让一切缺乏意义的生存变得更加没有意义。如此笔墨，不动声色，却足以惊心动魄，甚至令人毛骨悚然。

通过对以上作品内容的文本细读，我们发现，在《药》中，叙述方式的悖论性呈现正同构着作品更为深刻而普遍的哲学命题。即：小说中"启蒙者"（夏瑜）与"被启蒙者"（华老栓等人）的关系在中国历史与现实存在中，早已被异化成作为"被看"的先驱者与作为"看"客的群众之间的二元对立的关系。最终，启蒙者被其启蒙对象从容吃掉。于是，革命者为自己理想所作出的一切牺牲，便在看客麻木的灵魂中，被抽空了意义，虚无了价值，从而变得充满了某种反讽意味。

综上所述，在这篇小说中，鲁迅质疑、批判的对象与其选择的叙述视角之间构成了一种意味深长的对照，进而呈现出哲理意义上的某种双重悖反：作品批判反思的矛头，既指向"吃人"的庸众，也指向"被吃"的启蒙者，乃至启蒙之意义本身。

对于鲁迅自己来说，毫无疑问，他也是这启蒙者中的一员，故这种质疑与批判也必将与其对自身的深刻省察与剖析相始终。因此，我们才会在《药》中看到：人称角度的变化与纠缠，正是为了最大限度地缩短故事主人公与作者本人精神镜像的距离，从而在这部作品中融入更多属于鲁迅自身个性特质的生命体验。

鲁迅确实说过，他的作品里有"中国大众的灵魂"；但如果看不到与"大众灵魂"叠合在一起的"鲁迅的灵魂"，至少是没有完全读懂鲁迅的作品。毕竟，鲁迅从来都不是一个为技巧而技巧的空头小说家，因而，他小说中这种带有多重隐喻气质的叙事学意义上的深刻探索，才显得弥足珍贵。

但得此花能解语，何须对镜空嗟叹
——小议品读诗歌的三重境界

中国古典诗歌之妙，妙在"花未全开月未圆"的朦胧含蓄之中，更妙在"犹抱琵琶半遮面""此时无声胜有声"的曲径通幽之处。品读诗歌，恰似拨弄着无穷变幻的语言艺术魔方——常于闪转腾挪之中组合出无限可能，又仿佛是在堆叠着五彩缤纷的文字积木——能从松散随意的搭配里参透千变万化的奇思。据此而知，尺幅千里之间，唯有宅心玄远，情意缱绻，方能领悟诗歌之美。窃以为，创作诗歌固然有意趣深浅之别，而品读诗歌，又何尝没有境界高低之分呢？以下，结合我有限的诗歌阅读经验，姑且将读诗之境界一分为三。

其一 胜日寻芳泗水滨，无边光景一时新——平中见奇，发现陌生化

从本质上说，文学体裁也是一种积淀。形式对内容并非简单的迎合，有时也体现为一种对峙、磨合甚至征服。比如诗歌语言之凝练、跳宕的特点，说明篇制的精短既是限定与约束，也是触发与诱导。它启发着一代一代的诗人迂回游离于日常言语轨迹内外，更从言说习惯中突围出来，进而发现语义组合的陌生化效果，探寻聚合意象群落的意脉与法度。以无理而妙、无意之意，而求不似之似、象外之象。如竟日寻春，一路踏青而去，乐趣不只在探访"年年岁岁花相似"，更在于看出"岁岁年年人不同"。

在创作者眼中，没有任何一个词语是无用的，所谓陈词滥调、老生常谈云云，亦不过错放位置的表达而已。而比之更可怕的则是滥情，是熟视无睹，是麻木不仁，是味同嚼蜡，是置若罔闻。正所谓"问渠那得清如许，为有源头活水来"，若要景活、语活，先要情活、意活。一言以蔽之：抖擞精神，方能焕然一新。

其二 我见青山多妩媚，料青山见我应如是——设身处地，同心忖度

若要涵泳诗境，咂摸语言，便顾不得谦虚，总要有一点欲与诗人试比高的较量。当然，这种较量不是挑衅与博弈，而是力争让自己带着同情理解，设身处地、厕身其间。所谓求仁得仁，将自己设想成创作者，尽可能回溯作品彼时所形成的真实场域。诗人的情感固然属于其个人，但这种情感体验也只有具备高度的概括性才有可能与读者的心理感受产生交集，进而引起共鸣，打动人，感染人。

正如孙绍振先生所说："诗歌的意象或形象的情感特征的优势，使意象或形象中的生活特征并不是个别的，而是相当普遍化的，甚至是类型化的。……要抒情就要概括，概括了，不具体了，想象的空间就大了。概括性提高了，就可能给特殊的主体感知提供了广泛的自由，而形象的变异就比较自由了。"（《文学解读基础》）人同此心，心同此理。他人有心，予忖度之。诗歌情感的这种类型化特征为解读诗歌创作心态提供了一把金钥匙。可见，专业的鉴赏并不排斥主观倾向，只是我们务须搞清这种倾向性来自何种主观之立场。

其三 回看天际下中流，岩上无心云相逐——回溯手法，推求创作心灵密码

诗歌品鉴，是读者与创作者情趣与兴味的猝然遇合，更是审美意义的建构与淬炼。因此，诗歌鉴赏的第三重境界便是通过回溯作品的创作手法来充分发掘诗歌语言意蕴的互文性关联；并在对诗人运思心路的还原与假定中，实现对诗歌艺术境界的再造及升华。而另一方面，诗歌创作的心灵密码往往蕴含在丰

富的词句组合变化之中，所以，通过分析诗歌遣词造句的不同效果，我们便能够非常直观地体验到诗人的表达意图。从"炼"字倒推炼"意"的美学效果，正是中国古典诗话非常重要的品鉴方法。而对于鉴赏者尤为重要的，不是诗人为什么要选取这个用字，而是他为什么不选择其他措辞。

此种用心，诚如鲁迅在《不应该那么写》中所说："凡是已有定评的大作家，他的作品，全部就说明着'应该怎样写'。只是读者很不容易看出，也就不能领悟。因为在学习者一方面，是必须知道了'不应该那么写'，这才会明白原来'应该这么写'的。这'不应该那么写'，如何知道呢？惠列赛耶夫的《果戈理研究》第六章里，答复着这问题——应该这么写，必须从大作家们的完成了的作品中去领会。那么，不应该那么写这一面，恐怕最好是从那同一作品的未定稿本去学习了。在这里，简直好像艺术家在对我们用实物教授。恰如他指着每一行，直接对我们这样说——'你看——哪，这是应该删去的。这要缩短，这要改作，因为不自然了。在这里，还得加些渲染，使形象更加显豁些。'"鲁迅先生虽然说的是小说创作，但对于诗歌鉴赏又何尝没有启发借鉴的意义呢？无论如何，鉴赏终归不能游离于文本之外，依体式定读法，辨文体明章法，便始终是诗歌鉴赏的不二法门。

品诗之要，不仅仅在于揆情度理的类比迁移，更在于洞见本心的创思与生发。诗无达诂而心有所属。更可知真正高明的欣赏与品鉴，绝不会胶柱鼓瑟地囿于成见或削足适履地被动迎合。理解的过程，即是兴发感动、身临其境的过程。而投入诗歌艺术空间的同时，读者也在不断地走进属于自己的画境文心。所以，我们完全有理由相信：经典诗歌不仅仅为作者所创造，也被它的读者所创造；不同时代，新的解读角度与意义，总是能不断丰富诗歌自身的艺术品位与文化价值。

莱辛说过：艺术是一种逼真的幻觉。若所言不虚，那么，我们也不妨作这样一种设想：一旦领悟了读诗的以上三重境界，那么，距离洞悉诗歌创作之堂奥是不是也为期不远了呢？

回环往复，滴沥婉转
——小议三首"不避重字"的义山诗

古典诗歌遣词造句则常常有"一字功夫，足见学力"之说。在一篇优秀的文章里，字字都有分量，可谓是百炼成字，千炼成句。古人"吟安一个字，捻断数茎须"（卢延让《苦吟》），更是道尽了文学创作时选择至当至隽之字的艰辛；故可知重复往往是诗语言的大敌。这意味着，在传统诗歌艺术规范中，诗人往往避免在同一首诗中使用相同的字眼。正所谓：言有尽而意无穷。一旦不能在有限的词语空间中达成无限丰富的言说张力，则诗人的创作才华是要大打折扣的。

准确来说，使用重复字眼，并非在古典诗歌中完全没有先例。其在形式规则相对灵活的古体诗中倒也时有运用。例如，杜甫《乾元中寓居同谷县作歌七首（之三）》诗中："有弟有弟在远方，三人各瘦何人强？……呜呼！三歌兮歌三发，汝归何处收兄骨？"作者就将"有""弟""何""歌"等字重复了两次，"三"字重复了三次。

但这样的自由在唐代才发展完善、章法整饬的近体诗中就越来越少见了。因为在近体诗中，不管是律诗，还是绝句，其体式、章法、平仄、韵律都有较为严格的限制。一方面，近体诗字数容量有限，欲达成尺幅千里之效，便须力争在语义上呈现出最大程度的凝练；而另一方面，中文表意象形、音义结合的特点所造成的词语内部的言说张力，又为意象的直陈、意境之丰富表现提供了无限可能。故诗人们在创作时一般都会尽可能避免重复用字，以争取意义与想象空间的不断开拓与延展。即刘勰《文心雕龙》所谓：同辞重句，文之疣赘也。似乎可视为时人普遍的看法。

其实，在古典诗歌中，莫说重字，就是意义的重复往往也是大忌，诗家谓之"合掌"。但如果我们承认艺术创作是一种主体性非常强烈的个性化表达，那么，规则中也就不可避免地存在例外。毕竟，诗歌创作手法运用之妙，往往存乎一心，能够精致地抵达情感的彼岸，就是赏心悦目的好文辞。以下，试以李商隐《锦瑟》《马嵬》《夜雨寄北》三首诗为例，谈谈古典诗歌这种不避重字、另辟蹊径之妙。

这三首诗中，都出现了重复用字的情况：《锦瑟》第一联"锦瑟无端五十弦，一弦一柱思华年"中"弦"字重复；《马嵬》第一联"海外徒闻更九州"一句与第二联"空闻虎旅传宵柝"一句中重复用了一个"闻"字；《夜雨寄北》则干脆将"巴山夜雨"之辞重复一遍。而这三首诗歌都是体式严格的近体诗，尤其是《锦瑟》与《马嵬》更是章法精纯的格律诗。为什么会出现这种情况呢？难道才高如李义山，也有江郎才尽的时候？答案当然是否定的。那么，我们只能认为，这三首诗中的重复用字是作者有意而为之。

《锦瑟》向来以晦涩歧义而著称于诗坛，仅"锦瑟"二字所指为何，古往今来的注解就不下几十种，无怪乎元好问要慨叹"诗家总爱西昆好，独恨无人作郑笺"。但是我们在鉴赏品味时却不必似掉书袋一般一味胶柱鼓瑟，字字务求来历。只需就诗论诗，力争还原诗歌创作的当时心态与其间况味就算读有所得了。

回溯诗境，第一联的关节是"无端"二字。无端，则无根由，自然没法排遣，势必逗惹出不少因心绪难平而块垒郁结的情思。其结果，必然是越想逃避，却陷得越深；爱与恨、乐与忧，其实是同一种方向的情绪呈现，都是拿得起而放不下。放不下就意味着意识里的抗拒，在潜意识层面反而形成了强化。痛苦之于人，可怕的不是烈度，而是持续的广度与效度，即所谓：长痛不如短痛。于是，此诗首联我们似乎可作如是观：正因为"无端"，所以心弦虽脆弱却难以割舍，诗人重复一"弦"字，就是要营造出一种在絮叨缠绵中微妙悸动的感觉。有所在乎则有所顾虑，有所顾虑就无法割裂；而难以了断就必将在感情的漩涡中越陷越深，直至精神活力被心灵挣扎的痛苦勒索得渐渐失去灵动的底色；那么，人生便如一口枯井般走向干涸。诗人仕途无望，情感受挫，生命的色彩随之黯淡。百无聊赖，是感觉的缺席，是希望的退场。字的重复，同构着情绪的单调与灵魂的麻木。若换作其他字眼，恐怕还真传达不出这种了无意趣与兴味索然。

《马嵬》一诗用字重复之处不在一联之内，而是接续于两联之中。这是一首怀古题材的诗歌，诗人凭吊古迹，追想明皇曾经的得意与失意，讽喻意味非常明显。与上首不同，其用字重复并非在表达诗人自身命运的困境。实际上，这首诗一二联的"闻"字意义基本相同。所以我猜想，诗人重复用字不在于其意义不可替代，而在于他试图通过这个字连接起两幅不同时空，却在冥冥之中有所呼应的画面：一幅，写明皇为死去的杨妃招魂，"徒"字不仅有徒劳、浪费之义，也暗含多次所为无果的无奈况味，突出的是明皇期待杨妃泉下有知的渺茫希望，强调的是思念之深；而另一幅，是明皇独坐军帐之中，听到耳畔一阵阵宵柝声而产生的恍惚幻觉，勾起的是他对往昔极乐生活的无尽回忆，今昔对比，充满的是深深的悔意。而不辨军营与皇宫，也似乎暗点出他如今老病颓唐的窘境。如果说，上一联的"徒闻"是希望衰减后的虚无与煎熬；那么，第二联的"空闻"，就是乐极生悲后的失落与惆怅。"徒闻"而不可得，"空闻"而无着落。比相思更苦的是相思无处安放，是悲伤无所遁形。身为一国之君，做不了所爱一人之主，哀莫大于此。

如果说，《锦瑟》的重字是絮叨人语，《马嵬》的重字是失意人语；那么，《夜雨寄北》的重字则是亲密人语。李商隐与妻子王氏伉俪情深，但一生运命际遇也因这段姻缘而坎坷不平。他为爱情付出了沉重的代价，社会声望完全失去。《夜雨寄北》写于妻子死后三年，眼前的孤苦伶仃与回忆中的琴瑟和鸣构成强烈的对比。情至深处，是心心相印的灵犀一点，任千言万语，终归由繁化简。也许，真正的爱情，未必都在花前月下；那一问一答间，早已藏着许多不必说出的浓情蜜意。诗人两次提及"巴山夜雨"，历历在目，更仿佛那淅沥之声能平添几分心灵的阒寂。"却话"二字犹如在说："妻，当记得那晚你我深情相对，多少海誓山盟也抵不过你心领神会的莞尔一瞥。此种风情，又怎可与外人言说！"一首七绝，本来字数就不多，诗人却两次固执地重复"巴山夜雨"四字。故我们看到的，实在并非了无新意的意拙词穷，而是夫妻间精致的默契、困厄中的些许顽皮以及有些任性的得意。正所谓：雅人深致，独有一番旖旎我自知。

在诗人眼里，没有废弃无用的辞令，只有放错位置的感觉。义山这三首诗可资镜鉴。

新诗杂话之一
现代新诗的意义疏离与情感结构

现代新诗已经走过整整一百年的历史，对于生命个体而言，这是一个相当漫长的存在——至少，百年之间，诗人早已经历了几代。但相对于源远流长、体式精熟、规模庞大的古典诗歌的悠久历史传统而言，百年新诗，仍然只能算是一个涉世未深、尚显稚嫩的年轻后辈。而现代新诗在解除了形式的束缚之后，是否意味着同时获得了表达的绝对自由，与情感的完全释放呢？而我们在鉴赏诗歌时，是否还存在着某种普世性的审美观念呢？这，都是我们在理解新诗、品鉴新诗时所必须直面的问题。本文拟从三个方面来谈一点粗浅的认识。

一 现代新诗的意义疏离

我们知道，诗歌是语言的艺术，也是一套独特的话语系统。一般而言，几乎任何一个民族的诗歌都是最能体现这一民族语言艺术特质的文学体裁。从某种意义上说，中国古典诗歌的辉煌，也是传统中文话语范式的辉煌。试想，如果没有表意文字形象具足的书写结构，没有单音节构词形式所呈现出的浓酽的语义密度，没有基于温柔敦厚、从容中节等文化观念基础之上的蕴藉含蓄的美学追求，中国古典诗歌还会具有穿越时空，至今依然鲜活动人的永恒魅力吗？应该说，中国古典诗歌正是最大程度地彰显了传统中文仪态万方、化用无极的美学价值，才取得了空前的成功。正所谓：言之无文，行而不远。诗歌，若不能唤起读者对民族语言魅力的积极体认与敏锐感知，就根本无法持久流传。

而这，恰恰是中国现代新诗的尴尬之处，即新诗至今尚未能完全找到一种足以与传统文言表达分庭抗礼的全新话语逻辑与成熟言说范式。文学革命背景下的白话文运动固然释放了言语活动中的人性关怀，但这更倾向于从信息传播角度定义的文化价值，而未必就完全契合文学体裁自然进化的固有机理。我们须知，白话文之在文化普及上的成功，实际上是以有限容量内语句意义的被稀释作为代价的。显而易见，相较于文言文，以双音节词语为主的白话文词句的表意密度大大降低了，从而使得掌握信息传播工具的门槛相对降低。如果将语言作为知识传承的学习载体，这固然是一件惠及大众的好事，但我们同时也须清楚，语言自身也正是其存在之目的。我们用语言思考，认知，交流，表达；我们也因言说本身而觉知自己作为自由意识的生命个体之存在。即海德格尔所说：语言是存在之家。这，正是文学活动得以产生的最根本之精神动因。而从语文教育的角度来看，语文，是工具性与人文性的统一。

其实，无论是语文教学，还是文学鉴赏，都不能忽视语言现象的这种本体性特征。而恰恰在这一点上，现代新诗至今对于自身言说品格的追寻与塑造都还在不断尝试之中。不得不说，从文言文中释放出来的语言意义的平易晓畅，也同时不可避免地给诗歌创作带来了诸如"情感寄托显豁直白""意义内涵单一抽象""美学风格难以捉摸"等弊病。这使得很多人在欣赏现代新诗时，常会感叹其"诗味"不足。这与历经上千年文化积淀与语言锤炼淘洗的中国古典诗歌形成了鲜明的对比。毕竟，表达密度的降低往往意味着词语意义间的疏离。很多现代诗人，最后都以回归传统的形式，追求诗歌意蕴层次的丰富，原因也正在于此。

当然，现代新诗所表现出的意义的疏离也未必都是坏事，它至少在诗歌创作中引入"审智"一途，在浅易的白话文表述与深刻的哲理思考之间构建起一种新的艺术张力。应该说，这是现代新诗在美学品格上做出的一种积极的尝试。

二 关注抒情主体，理解体式特征

钱佳楠在《文学经典怎么读》一书中对诗歌"抒情主人公"有一个定义：诗歌的抒情主人公，简单来说，就是诗歌中的"我"，诗人通过这个"我"的姿态（动作、心理、神态等）来表达情感。（见《现代文实验》一章）这个诗歌意义形塑的"我"，用今天时兴的话语来说，就是"人设"。你不得不佩服汉语变化多端、灵动鲜活的强大构词能力与意义衍生能力。"姿态"意味着诗歌中的我，是再现与表现特征的深度契合；"人设"则透露着主观意绪的定向投射。这两个措辞其实都在说明现代诗隐藏在平静叙述背后的那种强烈的能指意蕴，也似乎隐约透露出现代诗歌与传统诗歌存在于艺术范式之间的那种独特而复杂的对照关系。

在我们通常所谓的四大类文学体裁中，诗歌的现代性进化是一个十分独特的过程，呈现着与其他体裁迥然不同的发展路径。

首先来看小说。我们知道，在现代白话小说诞生之前，传统语境中的古典白话小说已经发展成熟，并达到其巅峰。虽然古典白话小说的言说方式并不完全等同于现代汉语的话语习惯与语法规则，但毕竟其所代表的口语化、通俗化的陈述策略在传播学意义上为现代白话小说奠定了坚实的读者心理基础。

其次，现代诗与现代散文也不同。现代散文的精神格局受古典艺术氛围与文人趣味影响很深。内容的开放性呈现与形式的多元化选择，使得其在美学观念上与源远流长的古典散文存在着相当程度的契合与认同。如：无论是针砭时弊的杂文时论对"文以载道"观念的继承与扬弃，还是随笔漫谈作品对晚明独抒性灵的"小品文"的发现与致敬，都在艺术追求上存在着不同程度的呼应与融通。现代散文固然在语言形式上颠覆了传统文言语句的表达习惯，但这并不意味着其在谋篇布局、章法结构乃至语气措辞上完全与之决裂。实际上，现代散文的创新，正是立足于继承基础之上的深化与开拓。

至于现代戏剧，则完全可以看作"西风东渐"在文化革新上的典型反映，其艺术观念、言说体系实际上与中国传统戏曲是并行不悖的。二者虽有一定程度的相互影响，但实际上各擅胜场，是分属于不同文化传统的异质化的文学样式。所以，我们完全可以将中国现代戏剧视作世界戏剧艺术的一部分，是地道的"舶来品"，算不上中国传统戏曲的现代化结果。

显然，新诗的诞生与以上三种体裁的现代化衍生机理都不相同。新诗登上历史舞台这一现实，是始终伴随着对古典诗歌美学观念、语言系统的颠覆与重置而发生的。从某种意义上说，现代新诗艺术规则的创生，几无前例可循；甚至更有可能，是以一种传统诗学观念"叛逆者"的姿态在抵抗古典诗歌艺术魅力的强大磁场。于是，我们在很多现代诗人的作品中，都不难发现艺术水准良莠不齐的作品，而其诗歌艺术手法则往往存在着对西方诗歌简单而拙劣的模仿。这是断裂传统后，中国现代新诗必然要承受的孤独而痛苦的代价。

而最终接续这种断裂传统的后来者，便需要从对抒情主体的确立、反思中深度唤醒诗歌内在艺术品位。这就有了本文开头所引用的那句有关"抒情主人公"的论述。这意味着，中国新诗的深入发展，必然将伴随着诗人对自我形象的重新发现与高扬。故我们鉴赏现代新诗，正应该以此作为深入解读的基本前提。

三 现代新诗的情感韵律与心理节奏

我们知道，诗歌的灵魂在于韵律与节奏。作为人类最精致的语言形式，杂沓紊乱的言说永远与诗歌绝缘。对于古典诗歌而言，韵律节奏可以鲜明地表现为一系列诸如押韵、平仄、对仗等严格的写作章法。千年以来，通过无数创作实践积淀下来的这种美学范式，既限制着诗人天马行空的想象与冲动奔放的运思，也将传统诗歌的艺术形式发展至成熟烂漫的境地，被称为"戴着镣铐的舞蹈"。

而现代新诗的诞生，固然首先反映在美学观念的变革，但最终却是通过对文言话语系统的颠覆而实现的。现代白话文解放了诗歌创作诸多表达规则上的限制，却也不可避免地留下了许多审美观念上的真空地带。而一种新的美学原则的确立绝不是凭空想象、朝夕草就的，必须有坚实的创作实践作为其产生的土壤。因此，现代诗歌创作者们必须要回答的根本问题就是：现代诗歌的韵律节奏在哪里？应该如何定义？毕竟，相比于以单音节词为主的文言文，白话文那种双音表义的话语结构，其节奏密度与表意密度都要低得多。在小说创作与散文创作中，这还不算特别突出的颠覆性差别；但对于诗歌创作而言，则几乎意味着对言说规则的重置以及对表述形式的重构。

那么，现代诗歌找回节奏的着眼点究竟在哪里呢？是情感，是诗人内在心理结构与思考姿态的起伏变化样态。借用英国诗人华兹华斯的话：诗歌，是强烈感情的自然流露。这对于现代诗歌确立情感节奏原则有着极为重要的启发意义。

将诗歌视为一种抒情性文本，大概没有多少人会提出反对，古今中外皆然。但古典诗歌中的情感常常被其所寄寓投射的意象所遮蔽，很少有自然而直接流露；而现代诗歌的情感则要自由直率得多，抒情主人公的个体形象往往鲜明突出、丰富深刻。现代诗歌，在用韵、音节、声调等方面固然不如古典诗歌那般精纯考究，但这并不意味其抛弃了诗歌的内在节奏。恰恰相反，现代新诗的节奏往往与抒情主人公的心绪意脉起伏构成了某种深度契合与微妙同构。毫不夸张地说，现代诗的节奏形式，常常就是诗中所隐喻的抒情主人公的心路历程。明了了这一点，我们才能在现代新诗的鉴赏中，通过把握抒情主人公的形象特点与心理变化轨迹，去深度感知诗歌韵律节奏变化中的丰富寄托，进而理解诗歌结构形式的艺术魅力。

综上所述，我们可以得出如下结论：现代新诗的情感呈现方式，是其艺术品格与古典诗歌之最显著的差异。现代新诗对传统语言形式意义不同程度的颠覆，在本质上是人自由意志的解放与主体性的高扬。而与之形成巧妙照应的是，现代新诗在形式结构"放"的同时，往往又伴随着情感节奏化、旋律化的"收"。在这里，情感表达是内在目的，也是外显结构，是通向主题意蕴的意义阶梯。由此可见，在鉴赏现代新诗时，我们不仅要注意寄寓在诗中的情绪情感用以咏叹心声的表达作用；也须注意其声气相通、协调韵律的形式意义。

新诗杂话之二
从"从容节制"到"情动于衷"
——《立在地球边上放号》赏析

  中国新诗从登上历史舞台至今,已经整整一百年了。与源远流长的古典诗歌艺术传统相比,这百岁的年纪还是显得有些稚拙而青涩。但作为一种崭新生命意识的勃发,新诗百年,却已足够有资格发出"人生不满百,常怀千岁忧"般的生命浩叹。有人说,诗歌天然具有"青春写作"的气质,那明媚与感伤的纠缠,鲜活又迷离的凝望,深沉而动容的省察,肃穆也平易的洞见,讴歌的,永远是对年轻生命充满朝气的礼赞。纵然是"为赋新词强说愁"的少年,那种蹙额疾首,故作老成的风貌,也依然是无比真诚、满含虔敬的。

  就这一意义而言,部编版高中语文必修上册第一单元登场的五首现代诗歌被冠以"对青春的吟唱",可谓名副其实。我们的鉴赏视角也不妨与这氤氲其间的"青春气息"相契合吧!

  鉴赏新诗,我们首先面临的难点便是新诗的形式与节奏问题。诗歌是语言的艺术,而且通常是有着严格范式的语言艺术。这一点,在古典诗歌的鉴赏那里不成问题。正如孙绍振先生所说:"中国古典诗歌艺术烂熟到成为一种稳定性的程式,不但对于形式,而且对于情感都构成了某种强制性的规范。"平仄对仗、合辙押韵、起承转合,无不体现着古典诗歌艺术超稳定形式对其内容在某种意义上的征服。而中国新诗自诞生之日起,就颠覆了这一切——不仅仅包括对古典诗歌形式规约的颠覆，也包括对我们已经约定俗成的理解习惯的颠覆。即当诗歌突破了外在形式之统一规定后，诗歌之所以成为诗歌的那些理由，还存在吗？

这几乎成了决定我们能否真正走进中国现代新诗艺术世界的一道分水岭。现代新诗解除了形式的束缚，是否意味着就获得了表达的绝对自由与情感的完全释放呢？我们在鉴赏诗歌时，是否存在某种普世性的审美观念呢？这，都是我们在理解新诗、品鉴新诗时所必须直面的问题。

我们先看郭沫若的《立在地球边上放号》一诗。这是郭沫若代表性诗集《女神》中的作品。与本集中的很多诗歌相比，本诗篇幅短小，视野却极阔大。正如题目所云，作者是站在整个宇宙的尺度上来挥洒诗情。郭沫若的诗风受美国诗人惠特曼影响很大。他曾说："惠特曼的那种把一切旧套摆脱干净了的诗风和'五四'时代狂飙突进的精神十分合拍，我是彻底地为他那雄浑的豪放的宏朗的调子所动荡了。"

可见，诗人所要挣脱的是传统诗歌形式对于人自由灵动精神的僵化束缚，抛弃的是"旧套"，而并非彻底放弃诗歌的节奏。只是新诗在释放精神自由的同时，也将诗语言的外在节奏转向对诗人自我心灵的重新发现。

本诗开篇破空而来，诗人跳出俯仰之间的定向视野，超然独立天外，凝视"白云""怒涌"，一个"涌"道出了诗人自上而下的视角，这便暗合了标题"立在地球边上"的意蕴。可谓"异想天开"，起手便形象地表明诗人的眼界尺度不同凡响。继而诗人便从状物迅速转向咏叹，以"啊""呦"等语气词来直接酝酿、助推诗歌的情感波澜，这在古典诗歌的章法中显然不可想象；但诗人则将"好幅壮丽的北冰洋的晴景"一句嵌入其中，这便有了一种宣叙调的意味：仿佛那波飞浪卷、潮流涌动的壮景之上，始终有一副热情注视着万物消长的巨大身影在由衷地发出与有荣焉的感慨。"晴景"呼应上句"白云""怒涌"，可见诗人对意象的选择并非随意，而自有其深刻的洞悉。

这种意象间的遥遥相对，促进了诗意的深度关联与耦合；而意脉之接续，又召唤着语言内在节奏的呈现。接着，诗人从北冰洋一跃而至浩瀚无垠的太平洋，这不仅仅是视点的跳跃，更是情绪的跌宕。前句是汹涌的喟叹，这一层则翻作力量之标榜。"太平洋"三字提振抖擞，即成诗人自我人格的生动写照，摧枯拉朽、狂飙突进，简直要同整个宇宙对峙。这正是"五四"那个思想启蒙时代所着力张扬的个性解放、追求自由的"新人"形象。显然，在作者的理想中，自由亦非为所欲为，而是成为自我之主宰。正如《天狗》一诗中所赞颂的那样："我便是我了！我是月的光，我是日的光，我是一切星球的光，我是 X 光线的光，我是全宇宙的 Energy（能量）的总量！"而这誓将地球推倒的"太平洋"的形象，不正与"天狗"的形象在精神上是一脉相承的吗？当然，诗人意犹未尽，定要将眼里的江山化为笔底的波澜，于是，又一句"啊啊"的呼告之后，滚滚洪涛便澎湃于眼前。上句中那种以礼赞起、以咏叹收的语气词再次登场，造成情感回环激荡的强化效果，并反复出现在后两句诗中。最后，以"啊啊！力呦！力呦！"一句收缩凝练为两个语气词的直接贯通，瞬间击穿时空之迁延阻隔，达到情感宣泄的高潮。从毁坏，到创造，再到努力所召唤的未来之希望，使整首诗最终唱响了洋溢着青春活力的"五四"时代的最强音。

郭沫若认为："诗的本质专在抒情。抒情的文字便不采取诗形，也不失其为诗。"因此，对于中国新诗而言，诗歌的根本特征不在于外在韵律，而在于蕴藉于真实情感自然流淌过程中的内在心理结构的丰富变化。应该说，本诗非常典型地体现了新诗这一典型的美学观念。由"从容节制"走向"情动于衷"，这正是新诗现代性的重要标志。

新诗杂话之三
光影的徘徊,含泪的告白
——《红烛》赏析

闻一多是诗人,也是画家。这使他较之于其他诗人有着更为丰富而细腻的艺术感觉。他的诗歌,固然没有郭沫若诗歌那种冲决网罗、摧枯拉朽的果敢气势与颠覆力量,但这恰恰意味着,他代表了现代新诗的另一种美学追求:新诗格律化。如他自己所说:"假定'游戏本能说'能够充分的解释艺术的起源,我们尽可以拿下棋来比作诗;棋不能废除规矩,诗也不能废除格律。"因此,我们不妨说,闻一多的新诗创作,自有一种回归古典的气质。当然,这种"回归",不是再作冯妇,更非缴械投降;而是创造性转化,是传承中的新变,是文化理解与认同视野下诗歌艺术形式的精进。这在《红烛》一诗中有着较为典型的体现。

1923年,闻一多准备出版自己的第一部诗集。在回顾自己数年来的理想探索历程与创作成就时,写下了这首名诗《红烛》,并将它作为同名诗集《红烛》的序诗。此时的闻一多,24岁,尚是一名留美学生。与出版于1928年的第二部诗集《死水》中的很多诗篇相比,《红烛》最动人之处,就是它始终闪烁着青春的困惑与迷惘,也洋溢着青春的热情与希望。如前所述,作为画家,闻一多的艺术世界中,总是不乏斑斓的色彩、精致的光影与灵动的线条。这一切,都将构成他诗歌作品中永恒的美学要件。

本诗所选取的"红烛"意象在中国传统诗歌中是有其经典意义的。无论是"春蚕到死丝方尽,蜡炬成灰泪始干",还是"蜡烛有心还惜别,替人垂泪到天明"；烛的意象从来都自有一种"情种"气质。烛影摇曳中，氤氲着温婉感伤的气氛。而在闻一多笔下，"红烛"则成为见证其青春成长，镌刻心路历程的颇具新意的精神象征。全诗共九节，以第五节为界，分为两个层次：光影的徘徊与含泪的告白。

先说"光影的徘徊"。诗歌一开篇，就以诗人与红烛对话的形式赋予红烛以精神人格的观照。"诗人啊！吐出你的心来比比，可是一般颜色"一句，于呼吁之中唤起自省，吐露出诗人对严肃人生意义的勇敢追寻。第二诗节，相同旋律"红烛啊"的呼告再次唱响，其后各节俱以此句统率，形成语气上的回环往复。这一节，有两个问句，看似在追问红烛的来路，实则是暗示命运的挣扎。诗人将红烛"烧蜡成灰""放光出"视作"一误再误"的"矛盾！冲突！"，是站在理想的立场对红烛存在价值的叩问。那语气俨然在暗示：伴随着奉献自我、追求理想所付出的痛苦代价从来都是一种宿命。若不想错过选择的机遇，就必须随时做好牺牲的准备。这就呼应了上一节中"吐出你的心来比比，可是一般颜色？"的追问。正所谓：欲戴冠冕，必承其重。追问本身，不是对行为意义的质疑，而是对选择价值的考验。

下一诗节，话锋陡转，一句"不误，不误！"便一笔勾销了前文的冷峻与紧张。而"原是要'烧'出你的光来——"一句则令人恍然大悟。原来，考验本身远比考验的结果更具启发性。毕竟，青春的困惑总是伴随着意义的找寻油然而生；认清人性中光与影的角逐，才是成长过程中最痛彻的领悟。联想起诗歌结尾那句"莫问收获，但问耕耘。"，我们就不难理解，红烛燃烧着的，乃是一种理想主义的光辉与奋斗追求的天性。

明了了这一层意义，则红烛精神的真正内涵就被彻底释放出来——这不是用传统的世俗功利眼光所能理解的追求。于是，诗歌继续推波助澜：

既制了，便烧着！
烧吧！烧吧！
烧破世人的梦，
烧沸世人的血——

也救出他们的灵魂，
也捣破他们的监狱！

　　为什么要"烧破世人的梦"呢？因为"破梦"，是为了救赎，是为了挣脱一切造成心为物役的精神枷锁。这当然包括认清了人生真相之后所坚决抛弃的那些不切实际、麻痹自我的迷梦。

　　涉渡过青春的迷惘，便要走向对理想的探求。第五节过渡，从光影的徘徊走进含泪的告白。

　　第六诗节段落内部有一层情感的起落，这使得本诗的节奏错落有致，在轮回中追求变化。同时，参差的句式与整饬回环的情感节奏之间也构成了鲜明的艺术张力，就像那摇曳生姿，明灭不定的烛火一般令人萦牵。本节中，先生出一层误会，"既已烧着，又何苦伤心落泪？"这是欲扬先抑，营造一种红烛只为一己之利独品伤情的狭隘境界。紧接着，笔锋一转，逼出真相，原来红烛是怕奉献得不充分。这就使得前句与此句构成了一重反衬，反衬着红烛精神的崇高、蓬勃，这也是诗人自我人格成熟丰盈的生动写照。第七节是前一节红烛精神作用的现实结果，在诗人笔下，那悲天悯人的热泪盈眶，俨然成了兼济天下、滋养众生的宝贵精神资源，诗人于慰藉之余，充满着自豪。

　　第八诗节"灰一分心"一语双关，红烛献出自我，为理想而殉道。燃烧自我的终点，不是消亡，而是新生与创造。诗人，也在这创造的过程中张扬了对理想不懈追求的幸福。

　　《红烛》全诗，充分继承并发扬了传统诗歌咏物题材作品的经典美学风格。诗人咏叹红烛，自明心志，讴歌了追求理想过程中备尝艰辛又百折不挠的勤奋与执着。同时，诗人不落窠臼，又赋予了红烛意象以鲜明的时代风貌，唱响青春、奉献的主题。在语言组织上，主体意象贯穿全诗意脉；而复沓句式的运用，又在一定程度上采用了中国传统诗歌的押韵形式。前后照应的手法以及每诗节中词句相对匀齐的结构，又无不体现着诗人对于"新诗格律化"审美观念的初步追求与全新尝试。理解与鉴赏本诗，我们必须扎根于中国古典诗歌广袤的艺术土壤。在文化传承与理解中，实现审美鉴赏活动的积极创造。

新诗杂话之四
欢乐的精灵,动人的心曲
——《致云雀》赏析

在文学史上,有一个非常有意思的现象:具有浪漫气质的天才诗人大多运途多舛、天不假年。正如闻一多先生在《四杰》一文中所指出的那样:他们都年少而才高,官小而名大,行为都相当浪漫,遭遇尤其悲惨(四人中三人死于非命)——因为行为浪漫,所以受尽了人间的唾骂,因为遭遇悲惨,所以也赢得了不少的同情。这虽说的是唐代诗人,但其实也可以看作是浪漫派诗人的普遍宿命。就像英国十九世纪三位著名的浪漫派诗人:拜伦(享年36岁)、雪莱(享年30岁)、济慈(享年26岁),其生命,都如流星一般辉煌而短暂。如果,我们承认情感是一种生命能量,那么,这种能量在浪漫派诗人的作品中总是燃烧得最炽热、最辉煌、最壮丽,从而也最动人心魄。雪莱的《致云雀》就是浪漫主义诗风的代表作品。

与雪莱同时代的另一位英国浪漫派诗人华兹华斯有一句名言:诗是强烈感情的自然流露,它源于宁静中积累起来的情感。显然,这也是对《致云雀》一诗的精彩概括。据雪莱夫人回忆,这首诗是1820年夏季的一个黄昏,雪莱在莱杭郊野散步时听到云雀鸣叫有感而作。第一节写的似乎就是诗人当时的强烈感受和最初反应,其余各节全都是由此生发出来的。全诗模仿云雀高飞的节奏,云雀一边高蹿,一边歌唱,越唱越美妙婉转,越飞越高。诗人一边倾听云雀的歌声，一边希望自己的歌声也能给人们带来欢乐和希望。诗人是云雀的知音，云雀是诗人的化身。诗人与云雀，相互吸引、彼此镜像。诗中的云雀，并不纯然是自然界中的生物，更是诗人理想的寄托与自我人格的写照。

全诗共二十一节。从赞美开始，以摹态赋形贯穿，终于咏叹感喟。情感富于层次，推动节奏，呈现出一种流畅激昂，婀娜婉转的特点，召唤起读者对于云雀悦耳叫声的自然联想，极具艺术感染力。

根据诗意，我们大致可以将作品分为六七个层次。

第一诗节，诗人赞美云雀，也奠定了全诗的情感基调。在诗人眼中，快乐的云雀永远都是充满活力的大自然的精灵，它的叫声是从天堂发出的"酣畅淋漓的乐音"，这便俨然有了"此曲只应天上有，人间能得几回闻"般聆听天籁的效果。而那句"不事雕琢的艺术，倾吐你的衷心"则道出了诗人既是云雀动人歌喉的倾听者，也是自己热忱心曲的歌唱者。倾听与歌唱，构成了全诗最主要的意脉。

第二诗节，情绪进一步酝酿，也是其后丰富想象的依据。诗人细致地描摹云雀一跃而起、边振翅边歌唱的典型景象，羡慕云雀的灵动自由，也释放着自己那颗不甘压抑的心灵。"像一片烈火的轻云"写出云雀激昂而轻快的身姿，"掠过蔚蓝的天心"，则道出云雀对冲破束缚的渴望。其后各诗节的比喻、象征与类比等形式手法，都笼罩在云雀这自由自在、自如自然的天性之中。

三、四诗节，写云雀在晴空朝阳与黄昏晨星间的翻飞腾跃。诗人说这是一场"似不具形体的喜悦开始迅疾的远征"，仿佛在暗示云雀的欢乐无处不在，其对诗人的感染是丰沛而永恒的。而云雀所带来的希望，像"昼空里的星星"，虽不见踪影，却声息分明。云雀的叫声也随其飞翔之高远而逐渐变为"强音"。

五、六、七诗节，诗人安排了"星光的利箭""明月的清辉""霓虹彩霞降下的美雨"三个比喻，分别突出了云雀歌声明亮、温暖而圆润等特点。诗人别开生面，以视觉形象摹写听觉，运用通感手法丰富了诗歌语言艺术的表现力。而随着对云雀歌声感知的不断细腻与深入，诗人也渐渐成为云雀歌声最真诚的知音，开始走进云雀的灵魂深处，更从云雀的精神世界中找寻自我理想的寄托。这是诗人将自我人格形象与云雀形象深度连接的开始。

八、九、十、十一、十二诗节，诗人连用四个比喻："像一位诗人""像一位高贵的少女""像一只金色的萤火虫""像一朵让自己的绿叶隐蔽着的玫瑰"为情感的多重起落推波助澜。在这一层中，云雀的形象丰富多变：有诗人般的悲悯忧郁，有少女一样的寂寞情怀，有仿佛萤火虫似的潜踪匿迹，还有像玫瑰那样的馥郁芬芳。这些形象基于不同的情感维度与思绪状态，而统统隐去主语。诗人似乎在暗示：走进云雀的内心，就是在触摸诗人自己为寻觅理想芳踪而挣扎纠结、盘桓迁延的灵魂。诗人终于从一个云雀歌声的倾听者，而变为自我命运的勇敢歌者。于是，正如第十二节所描摹的那样：晶莹闪烁的草地、春霖洒落的声息、雨后苏醒的花蕾这三个密集的形象带出了三个具有高度概括性的形容词：明朗、清新、欢悦，这就在更高的层次上，将对云雀歌声优美品质的判断与诗人自我心路历程密切衔接了起来，从而到达"物我两忘、物我情融"的艺术效果，为后面诗人的哲思与咏叹张本。

十三、十四、十五诗节，诗人借对云雀的追问开始思考人生的意义与美的价值。十三节"飞禽或是精灵"呼应开篇，思考欢乐的根源。对照十四节，在诗人的心目中，一切如"赞婚的合唱"所代表的传统礼俗制度，与"凯旋的欢歌"所象征的世俗事功，都不过是压抑人自然天性，禁锢人自由意志的束缚。这一切，与云雀的天籁之音相比，是那样的庸俗浮夸。这是诗人浪漫主义美学观念的艺术化呈现。十五节，诗人以问带论，提出自己关于爱与美的深刻观照：那种超越自身功利算计的广博大爱，才是对人类高尚心灵与终极理想最真挚的赞歌。而这，也正是云雀这"欢乐的精灵"能够永远歆享天堂"神圣的极乐音流"的根本原因。

十六、十七节，这两节承接上一层诗人关于爱与美之追问，展开哲思。十六诗节是对上一节"是你对同类的爱，还是对痛苦的绝缘？"一句的具体回答。正是因为爱，我们才有可能对痛苦绝缘，从而有了"明澈强烈的欢快"，所以诗人说"你爱，却从不知晓过分充满爱的悲哀"。在这里，诗人那民胞物与的泛爱之思构成了其体验快乐的精神源泉。循着这层意思，在第十七节诗人又谈到了死亡。世俗常道人生最大的痛苦莫过于生命的消逝。但诗人认为，在以爱之名参透了生死真谛之后，便可达至无所畏惧、无所挂碍的坦荡之境。而只有那些造福众生的高尚灵魂才会永生不死，才会回归到他其来有自的生命本源，从而"独与天地精神相往来"。于是，诗人笔下那永恒的乐歌与真正值得追求的人生意义，正应该如"液态的水晶涌泻"一般流光溢彩、晶莹剔透而常动不居。

其下三节，体现了浪漫主义诗歌的共同特征：歌颂自然，以反衬人类社会的丑恶与人生而不自由之伤感。那田园牧歌式的理想正包含在对人类命运忧愤深广的大悲悯之中。三节诗，组织起两重对比：庸人自扰的卑微可笑与真挚丰饶的欢愉的对比；矫揉造作的机巧与不事雕琢的天然的对比。在这一刻，诗人致敬云雀，更是在向自由的灵魂追求致意。云雀，就是诗人艺术理想与生命意义的深刻写照与生动象征。

最后，诗人以感叹的口吻表达了他的愿望和抱负。云雀所熟知的欢欣，就是与一切美好理想、高尚情操，以及对于同胞真挚强烈之爱紧密相连的欢欣。

雪莱说："一切崇高的诗都是无限的，它好像第一颗橡实，潜藏着所有橡树。我们固然可以拉开一层层的罩纱，可是潜藏在意义深处的赤裸的美却从不曾完全被揭露过。"《致云雀》正是这样一首崇高的诗，也是理解雪莱其人其作的一把金钥匙。

凝练其神，旋律其音
——向古代诗文学习写作的两点启示

中文之美，美在不穿凿，"无边落木萧萧下，不尽长江滚滚来"，流利婉转，张弛有度；中文之妙，妙在不枯燥，"落霞与孤鹜齐飞，秋水共长天一色"，镜生象外，历历在目。向古代诗文学习写作，并不意味着我们要套用文言文的形式去约束现代意识；而是要通过对古代诗文言说特色的梳理，为作文的语言锤炼带来一些有益的启示。不管现代白话文写作者是否愿意承认，文言文正是诞生现代文的真正母亲。毫不夸张地说，古代诗文的话语方式非常典型地凸显着中文最纯正的言意之美。

在传统的课堂作文教学中，我们常常习惯于偏重从内容、立意的角度为优秀作文设计一整套既定的规则，似乎想得好就能够写得好。这一观点也许无可厚非，但它同时很容易忽略了这样一个基本事实，即人言语的丰富性总是滞后于个性思考的丰富性。理论上，语文的外延等同于生活的外延，但实际上"理论总是灰蒙蒙的，生活的金树长青"（歌德语），话语逻辑只是基于人对自己能够清晰描述的那些思想的预设；而人生的体验更多的不是非此即彼、营垒分明的观点对峙。模棱两可、稍纵即逝、言不及义、进退维谷，倒往往构成了人感知这个既丰富多彩又千变万化的现实世界的常态。

因此，笔者认为，学生在写作时面对的最大困惑往往并非来自对主题的探寻，而是对言说的紧张；困难的，不是素材上的"无米之炊"；而是形式上的"捉襟见肘"。从这一意义上说，某些成熟而精致的文言写作观念对我们现代文的写作也许会有一些不同寻常的启示。

启示一　凝练——佳作之灵魂

写作，并非廉价的倾诉，也厌恶肆意的宣泄。尺幅千里，字字珠玑，永远是写作者追求的至高境界。文笔的优劣与否，往往与其所承载的情感密度高低有着非常密切的关系。从这一意义上看，文笔的简洁凝练似乎并不仅仅事关作品的风格，更构成了灵动全篇的精神特质。而在这一点上，中文有着得天独厚的条件。

我们知道，中文是典型的表意文字，其意义与书写形式乃至发音方法都有着天然的联系。音形义之间互有形容，彼此摹状，使得中文几乎每一个音节单元都能够独立承载完整意义的构成。相比较于拼音文字，这大大浓缩了意义表达的单位篇幅，使得中文能够在较短的语义单位中熔铸更多的韵味与形象。我们可以想象，"雄州雾列，俊采星驰""落霞与孤鹜齐飞，秋水共长天一色"（《滕王阁序》）这样的语句如果用英文来转述，或许需要一系列从句去完善其意，篇幅自然要比这简省的中文复杂得多了。

当然，凝练不能简单地等同于言语数量的降低。"言有尽而意无穷"才是凝练追求的大宗旨。篇幅的收敛如果无法建立在意义充分释放的基础之上，那么所谓凝练，则不过是放弃了思考的偷懒。基于这一观点，古汉语直陈、倒置与省略的笔法堪称行文凝练的典范，值得我们予以创作上的关注。

直陈

几乎没有人否认真实感情的自然流露是写作所应达到的最终情境；但在实践中，那纠缠着芜杂修饰词的描写与叠床架屋般的意义赋予，却依然是我们的钟爱。也许，情感的线团化与思维的复杂化日益混浊了我们原本清澈的思考，岂不知，正所谓"情至无文，哀辞不韵"。铺张扬厉，汪洋恣肆是技巧，明心见性，娓娓道来却是境界了。其实，对于中文的魅力而言，最美的表达不会陷入类似"姑娘""老人"的概念甄别之中，"红颜""白发"的形象直陈才是更为动人的呈现。言说方式即思维方式。中国人长于直觉体验，乏于形上思辨；担水砍柴，百姓日用皆是穷究事理，参悟人生的诗意启迪。于是，现象的透视勾连起意义的建构。例如以下这两段文字：

（1）君子不重伤，不禽二毛。（《左传·僖公二十二年》）
（2）有乘轩冕过门者，宁读如故，歆废书出看。（《世说新语·德行》）

例（1）中的"二毛"指黑白相间的头发，是老人的特征，指代老人。头发颜色的变化见证着岁月对人年龄无情的剥蚀，故行文以"二毛"直陈，尽言老境到来时的沧桑感，较之"老人"的概念化表述，更能把那温良恭俭的谦谦君子之风跃然于纸上。

而例（2）中的"轩冕"显然是官员的标记。管宁所厌恶华歆者，正在于他那如蝇逐臭般的利欲熏心。着"轩冕"二字，状写诱惑如在目前，则二人的人生境界便在不同的选择之中判然有别了。直陈的建立，借助于联想，还原被描述对象的原生状态，寓褒贬于宛然在目。这确实是古汉语留给今天写作者的深刻启示。

上乘佳作往往最排斥主题先行般的空洞宣示，哪怕是愤激之语，在中文语境中也很少辞气浮露，笔无藏锋。且看鲁迅先生的《记念刘和珍君》中写刘和珍等人遇难经过的文字："但竟在执政府前中弹了，从背部入，斜穿心肺，已是致命的创伤，只是没有便死。同去的张静淑君想扶起她，中了四弹，其一是手枪，立仆；同去的杨德群君又想去扶起她，也被击，弹从左肩入，穿胸偏右出，也立仆。但她还能坐起来，一个兵在她头部及胸部猛击两棍，于是死掉了。"这段文字不做任何修饰之语,少有大段痛斥之声。但在这平静的叙述背后,作者却带着我们直逼血淋淋的真相本身;为惨状立此存照,还用得着那些故作深沉之言吗?真可谓铁画银钩,力透纸背。

倒置与省略

倒置与省略通常被认为是古汉语语法范畴的概念。其实,若从达成文笔凝练效果的角度看,它们又何尝不是一种对今天有所启示的写作观念呢?

先看倒置。故意颠倒语法或逻辑上词句的次序,叫倒置。如"红豆啄余鹦鹉粒,碧梧栖老凤凰枝"(杜甫《秋兴》),就是"鹦鹉啄余红豆粒,凤凰栖老碧梧枝"的倒置。一般而言,倒置在修辞上的意义与节奏的整饬有关。但若从篇法安排来看,倒置也有凝练笔意,重点突出作者心理感受的作用。例如:

(1)童稚情亲四十年,中间消息两茫然。更为后会知何地?忽漫相逢是别筵!不分桃花红似锦,生憎柳絮白于棉。剑南春色还无赖,触忤愁人到酒边。(杜甫《送路六侍御入朝》)

(2)楚天千里清秋,水随天去秋无际。遥岑远目,献愁供恨,玉簪螺髻。落日楼头,断鸿声里,江南游子。把吴钩看了,阑干拍遍,无人会,登临意。(辛弃疾《水龙吟·登建康赏心亭》)

例(1)前四句所写,若按事件发展一般时序来说,是写诗人和路侍御在幼年时就是好友,后来分开后没有消息,现在是偶然会见了,可是这短短的会见时间也就是分别时刻,而一别之后又不知在哪能再相会的情境。但诗人在诗中却又并未完全依从于这一时序,而是把对后会何地的追问提到当下旋聚旋散之前来说。这种时序的倒置强化了诗中所反映出的重逢之期渺茫、未来不可希冀的失意氛围与感伤体验。其笔力的回旋跳荡,给人以强烈的感染。

至于例(2),按一般顺序,似乎应该先有登楼的人,后有登楼远望之事,然后有登楼远望之见。而词中开头两句就写远望之所见,接着三句写"远目",

"落日楼头"三句才写到登楼望远的人,文笔破空而来,"千里清秋""秋无际",气势阔大奔放,假如按"人—望—所望见的情景"来叙述,就会削弱这种气势,而整章结构,也会显得平庸散漫多了。

可见,高明的作家很善于在自己的文字中变常态的物理时空为个性化的心理时空,通过控制甚至逆转篇章文句的秩序,使文笔精警别致,令叙述视角别具一格。因此,恰当地运用倒置,可以摆脱平庸,以求文笔的变化驰骋,造成一种特殊的意境,达到加强语势,调和音节或错综句法的效果。

再说说省略。一般而言,很少有人会把省略作为一种创作思路来探讨,更多的人可能认为省略应属语法范畴,因为一般的古汉语语法著作对"省略"都有较详细的论述。而实际上,从句子成分的角度看,省略是一种语法现象;但若从求简练避重复的角度看,省略其实也是一种布局章句的重要创作观念。清人吴增祺在《涵芬楼文谈·省文》中说得很明确:"文章之道,最忌重复。故于上文所有者,辄以一二语结之,此是省文之法。"可见,为使文章精炼,古人常常要进行剪裁,删繁去冗,保存精华,务求以较少的文字表达较多的内容。

例如,《左传》中《曹刿论战》一篇,就可谓详略得当、剪裁适宜的好文章。作者为了突出曹刿的智谋和他在整个战争中所起的重要作用,没有描写战斗进行的具体过程,只用"齐师败绩""遂逐齐师"等寥寥数语一笔带过,而着重描绘运筹帷幄之中的曹刿给鲁庄公出谋划策的细节。作者两次重复曹刿简单而明确的表态:"未可""可矣"。话语方式往往同构着一个人的思维方式,简省的表达恰恰印证着一个人判断力的果敢。因此,这些话语凸现了曹刿老成持重和机智敏锐,显得干净、利落、不拖沓。这正是通过叙事的省略达成对人物性格特征塑造的绝佳范例。

又如,《史记·冯唐传》:"上既闻廉颇李牧为人,良说,而搏髀曰:'嗟乎!吾独不得廉颇李牧时为吾将,吾岂忧匈奴哉!'"按杨树达先生的说法,在"吾岂忧匈奴哉"前,本当说"吾若得廉颇李牧为将",因语急而省,把汉武帝面对匈奴进犯却无将可用的愤愤不平之意表现得淋漓尽致。在此,省略俨然已成为刻画人物形象必不可少的写作技巧了。

启示二　节奏——佳作之格调

好文章不仅腾挪笔法，错综章句以闪动语词的"亮度"；更调动节奏，和谐韵律以提高语词的"响度"。美的中文可看，丹青意造，成竹在胸；更可听，珠落玉盘，秋雨惊逗。我们很多学生文章写得不动人，原因不仅仅在于摹形状物时的瘦硬贫瘠，也常常与其遣词造句时缺乏节奏感的观照有关。从这一意义上来看，我们师法古文，研习章句，固可秀其形态，而品味节奏，感悟音律，则更能摄其魂魄。

音义同构

声音与意义的彼此调节总会成为古人创作中饶有兴趣的问题，却常常被今天的写作者所忽视。究其原因，无外乎我们已逐渐习惯了把文字的形象简单地等同于视觉暂留过程，从而放弃了对言语内在节奏的讲究。似乎一谈节奏，就只属于诗歌创作的形式意义。岂不知，中文音义之间原本就存在着直观的同构关系，循声求义往往与因义定音互为表里，不断建构着我们在创作过程中的诗性思维，极大地强化了中文创作的音响形象。如下面这几行诗：

> 明月出天山，
> 苍茫云海间。
> 长风几万里，
> 吹度玉门关。
> ——李白《关山月》

相信很多人都会为此诗所描绘的宏伟壮观的景象所震撼。但除了视觉形象之外，我们同时很容易感受到一种更强有力的东西回荡在我们的耳畔，这就是它那响亮、强壮，甚至带有一种威压感的充满阳刚之气的语音。这些语音是：天，山，苍，茫，海，间，长，万，关。它们都是一些开口度较大的发音。由于它们在含义上表现了廓大的空间关系，语音上也响亮、开口度大，声威赫赫。因此，这种典型的音义同构现象，非常圆满贴切地传达了诗人想要为我们描绘出的万里长空的宏伟视像。设想一下，如果我们把这些充满刚性的发音改为相对细密绵渺的发音：将"天"念作 ti，"山"念作 shi，"苍"念作 chen，"茫"念作 mu，"海"念作 hei，"间"念作 ji，"长"念作 cheng，"万"念作 wu，"关"念作 di，即使仍然押韵，即使不改变原单字，这首诗也将立刻失去那种宏伟的音像美，甚至连其意义的传达也将受到很大的影响。

既然描绘宏伟场面的作品宜于使用带有阳刚之气的字眼，那么，不言而喻，描写低沉、压抑的情绪的作品就宜于使用具有阴柔之美的字眼了。我们来看一首在情调上与李白那种豪放诗篇完全相反的作品，即情绪压抑、低沉的作品：

声声慢
李清照

寻寻觅觅，冷冷清清，凄凄惨惨戚戚。乍暖还寒时候，最难将息。三杯两盏淡酒，怎敌他、晚来风急。雁过也，正伤心，却是旧时相识。满地黄花堆积。

憔悴损，如今有谁堪摘。守着窗儿，独自怎生得黑。梧桐更兼细雨，到黄昏、点点滴滴。这次第，怎一个愁字了得。

这是一首极度压抑愁苦之作。正如所料，作者使用了大量在发音上容易引起人苦涩、压抑感觉的字眼。尤其是韵脚"i"音，开口度最小，因而也最宜于传达负面、消沉的情绪。大量的双声、迭字全都是细碎愁郁的音响形象。全词共97个字，开口度较大的中性字只有21个字：乍，暖，还，寒，难，将，三，两，盏，淡，他，晚，来，伤，满，黄，花，窗，到，黄，了，其余76个字全是开口度小的发音，占全词总字数的百分之七十！这是极为罕见的文字构成。韵脚发音"i"音通常包含大量的舌音和齿音，在本词中运用特别突出。这就把诗人那种近乎咬牙切齿、欲说还休、愁肠百结的情状极微妙真切地描绘了出来。因此，这首词堪称文学创作中音义同构用得最精致的典范之作。

同理，如果我们对李白那些气魄宏大的诗篇中的用语做一番检点，便很容易发现，他常常对那些在发音上开口度较大的充满阳刚之气的字眼，诸如大、山、关、万、千、长、空、海、天、江、黄、茫之类情有独钟。这些语音与其意义所指称的视觉形象共同构成了李白诗歌雄浑壮阔的独特意境。

至于在文章创作中，诗性思维的观照在文言文中也比比皆是。例如韩愈那篇著名的《祭十二郎文》中，作者几乎完全颠覆了我们习惯接受的那种有条不紊的行文脉络。"呜呼！其信然邪？其梦邪？其传之非其真邪……"等感叹语气的繁复连用打破了传统祭文的骈偶句式，作者有意无意地在错乱、断裂着平稳的话语节奏，感情活动或平缓或激烈，或哀愤或疑虑，或悔恨或期望。起伏凌乱的看似已抛弃了字面上的章法布局，但这种节奏不正可用来传神地摹状作者此时因痛失至亲而剖肝露胆、悲愤欲绝吗？

可见，语言节奏和旋律的巧妙运用，往往可以成为我们在创作中丰富自己情感体验内涵，深化文字形象感知层次的重要表现手段。需要特别指出的是，这一启示对于我们的学生在文章修改阶段锤炼语言的内在表现力尤为重要。很多时候，我们的文章修改总是停留在"静默"阶段，缺少对文字的语音层面的关注。因此，笔者建议，在文章修改过程中，应当首先从诵读入手。如果自己的文章连读起来都不顺畅，不能打动人，那么，我们又如何能指望它在文字形象的塑造上有过人之处呢？

对称之美

如果说，音义呼应的字面节奏同构的是文章的外在理路；那么，对称构思的行文方式则内化着中文写作的精神格调。

如前所述，一种语言的话语方式总是与支撑这种语言的思维方式有着非常密切的对应关系。正是通过由言及意的引譬连类，中文的内在节奏方能展示出人心与天道的同律共博。于是，中庸和谐与含蓄内敛的东方艺术精神深刻影响了中文审美旨趣的选择。中庸，重对称平衡；含蓄，讲究暗示启发。因此，在中文创作中，对称与其说是一种修辞手法，倒不如说是突出语言独特写作节奏的运思方式。

如果我们承认修辞的作用正在于让语言更美，那么，对偶、排比、整句、联用、错综、并提、反复、顶针、叠词、层递、互文、博喻、对比、回环等，或错落有致，或对句互训，或举类照应，或连义引申；均包含着语言对称的"因子"。由此可以看出，对称堪称语言美的基本形式。诗一向被认为是文学的最高样式，因为诗最精粹，最讲究节奏，最美，而诗的语言形式的美不也正是对称吗？所以，说语言的音乐性的源头是对称似乎也不应该算偏激。现举一例：

> 项脊轩，旧南阁子也。室仅方丈，可容一人居。百年老屋，尘泥渗漉，雨泽下注；每移案，顾视无可置者。又北向，不能得日，日过午已昏。余稍为修葺，使不上漏。前辟四窗，垣墙周庭，以当南日，日影反照，室始洞然。又杂植兰桂竹木于庭，旧时栏楯，亦遂增胜。借书满架，偃仰啸歌，冥然兀坐，万籁有声；而庭阶寂寂，小鸟时来啄食，人至不去。三五之夜，明月半墙，桂影斑驳，风移影动，珊珊可爱。

——归有光《项脊轩志》

我们对这段文字并不陌生，作者介绍自己的书斋时饱蘸着一种诗意的美。品读时，连那些描述书屋鄙陋情状的文字，如"百年老屋，尘泥渗漉，雨泽下注；每移案，顾视无可置者"似乎也氤氲着一种典雅平和的气息。这，不能不说是得益于文中四字句间均齐对称的关系所体现出的整饬之美。而正是这种对称关系所呈现出来音节的匀称和谐，使其较之其他的构思安排更符合美学上的均齐原则，从而自然地由美的形式联想升华为美的感情凝结。而且，如果我们细心考察，或许还能发现更妙的韵味。古文里，除了明显的四字句对称外，还有隐含的。有的句子，虽是五字、六字、七字、八字……看似参差，但其中却分明可以分解出"四字对称"来。仍以上文示例：

每移案，顾视／无可置者。又北向，不能得日，日／过午已昏。

余／稍为修葺，使不上漏。

又杂植／兰桂竹木／于庭，旧时栏楯，亦遂增胜。

可见，精简洗炼的四字对称语句将文言的表情达意、摹形绘声功能作了富于张力的提纯。

制造语言对称的关键其实是思考角度的变化，横向变化，即是并列；反向变化，即是转折；纵向变化，即是层递。而同时，汉字音形义的互相关联又从不同角度丰富了对称的层次。从这一意义上看，对称，可谓是文言文留给现代文最重要的创作养分；优秀的现代作家中，对此心向往之，趋笔从之者向来不乏其人。

且看我们对郁达夫名作《故都的秋》相关句段的分析：

江南，秋当然也是有的；但草木凋得慢，空气来得润，天的颜色显得淡，（结构对称，"得"字重叠对称，"慢""淡"相呼应，押韵对称"草木""空气""天的颜色"，变化中的对称，更见灵动）并且又时常多雨而少风（转折对称）；一个人夹在苏州上海杭州，或厦门香港广州（押韵对称）的市民中间，混混沌沌（叠音对称）地过去，只能感到一点点清凉，秋的味，秋的色，秋的意境与姿态，（起首对称）总看不饱，尝不透，赏玩不到十足。（结构对称，"不"重叠对称）秋并不是名花，也并不是美酒，（重叠对称）那一种半开半醉（重叠对称）的状态，在领略秋的过程上，是不合适的。

不逢北国之秋，已将近十年了。在南方每年到了秋天，总要想起陶然亭的芦花，钓鱼台的柳影，西山的虫唱，玉泉的夜月，潭柘寺的钟声。（"陶然亭"发音绵长悠扬，而"钓鱼台"却音声短促利索，形成对称；"芦花"音声高扬，而"柳影"音声沉缓，也对称；"西山"与"玉泉"，"虫唱"与"夜月"都在语音上有比较明显的对称效果。再整体看，"花—影—唱—月—声"，一起一伏，一清一浊，对称极好。卓然大家笔法）

…………

南国之秋，当然也是有它的特异的地方的，比如廿四桥的明月，钱塘江的秋潮（"明月"与"秋潮"，一悬挂于中天，一涌起于海面；动静互衬，仪态万方），普陀山的凉雾，荔枝湾的残荷（"普陀山""荔枝湾"句内押韵对称，节奏平衡中有变化），等等，可是色彩不浓，回味不永（押韵对称，互文见义）。比起北国的秋来，正像是黄酒之与白干，稀饭之与馍馍，鲈鱼之与大蟹，黄犬之与骆驼。（对称中有类比，类比中凸现形象，化情理为物理，直观可感）

——《故都的秋》

如此言语，焉能不美？俨然是流淌着真挚情意的美妙乐音。

鲁迅说过，汉字有三美：形美以悦目，音美以悦耳，义美以悦心。诚哉斯言，通过对古典汉语创作之美所做的简单巡礼，我们不难看出，真正成功的写作，无一不是最大限度地去发挥语言的天然美感。写作的魅力来源于思维的魅力，思维的魅力又来自文化的魅力。也许，这才是今天的我们向文言文学习写作时，所收获的最重要的启示。

虚弄干戈原是戏，又加装点便成文

——关于戏剧语言动作性特征的几点思考

教读戏剧单元，最有意思的莫过于引导学生体味戏剧语言的动作性。与小说、散文、诗歌等其他文学的作品样式不同，戏剧是一门综合性很强的舞台艺术。其语言由于受舞台艺术形态的限制，既不能像诗歌一样通过积淀意象或直抒胸臆去反映思想情感的审美价值，也不能如散文那般以随物赋形、自明心智的方式来表达作者的独特心理感受，更无法类似小说可以在多视角交织、全方位铺陈中呈现错综复杂的人物关系。

从某种意义上说，除戏剧之外的其他三种文学样式的语言形式，都有条件在读者脑海中营造某种类似"视觉暂留"式的艺术效果。即：当我们在品味、领悟这三种文学体裁的语言特色时，其所唤起的审美体验完全可以在一个相对宽裕、延宕，甚至疏离的时空中呈现，是所谓涵泳体察、反复玩味。故诗歌、散文以及小说作品中的某些富于哲理性、启发性的语言甚至可以超脱于上下文本的限制而成为一种语言。但戏剧语言艺术魅力的表现却不可能完全脱离持续、流畅且鲜活的表演情境，在这种情境中，优秀演员的精彩演绎构成了对戏剧语言的无限丰富与天才发挥。

与此同时，舞台表演又是一个流动性、即时性、外显性的创作过程。演员既不可能直接而明确地在表演中说出创作者的意图（诗歌可以暗示，散文可以抒发），更不可能完全将其所扮演的角色的心理活动彻底宣示出来（小说可以表现）。实际上，演员的舞台表演一般都是流畅不间断的，甚至是稍纵即逝的。而戏剧文学对艺术形象的塑造，又几乎只能通过戏剧语言。故只有厘清戏剧语言的这些限制，我们才能真正充分认识戏剧语言动作性的显著特点。

而一提到"动作性"，我们似乎首先想到的就是肢体冲突，或言语对抗。当然，我们并不否认戏剧的核心要素是戏剧冲突。但如果仅仅把冲突理解为一种简单直接、外在展现的矛盾，则必然是对戏剧语言"动作性"的一种肤浅理解。我们须知，角色的性格特征、故事发展脉络乃至作品呈现出的精神空间都要通过戏剧语言背后所包含的丰富信息之间的充分交锋来呈现。而演员从戏剧语言中能够解读出的，主要是帮助其在塑造人物，发挥表演才能时可能存在着的话语张力。即戏剧舞台上的语言交流主要呈现为一种召唤观众联想的功能。

高明的剧作家最擅于在三言两语之间浓缩密度极大的，包含着角色性格、经历、命运密码的舞台信息；并通过演员在表演时所选择的语势、语调、姿态、表情、动作等内容，个性化地解码这些信息，调动观众的现有生命经验，使他们深度浸入对角色的共情体验与代入联想之中，从而使其在欣赏过程中充分理解剧作家对作品人物的态度。而这种效果，即所谓：唱戏的是"疯子"，看戏的是"傻子"。显然，若没有这般揣摩操控人心的本事，就不配称之为一个出色的剧作家。

以下，我们试以课本节选的《雷雨》相关内容为例来具体分析一下戏剧语言动作性的若干特点。

其一　周朴园的问

第二幕开始，表现的是周朴园在三十年之后又一次与鲁侍萍相遇的场景。周朴园上场时没有认出鲁侍萍，看她进入自己的房子，就随口问一句："你不知道这间房子底下人不准随便进来么？"在生活中，这句话也许再平常不过了，但在戏剧营造的场景中，则颇耐人寻味。这里传达出这样一种基本信息：周朴园的语气是不容置疑的，这里透露着略带指责意味的命令式、祈使式的反问语气；而这是与其高高在上、说一不二的周公馆大家长的身份、气质相契合的，这构成了戏剧语言动作性的表层特征——交锋问答，制造冲突。

显而易见，这里通过语言所制造的人物矛盾与冲突不是肢体性的，而主要是观念性、意图性的，是不同角色间因性格、身份、经历、态度、理解、诉求等差异而产生的角色错位。这样的冲突是指向内心的，往往更能引起观众感同身受的联想。而戏剧语言的真正精彩之处还不仅仅是动作性的这种外在呈现。更有意思的是通过周朴园的这句话所透露出的微妙信息：周朴园错认鲁侍萍为自己家的下人，可见他对家中下人是非常陌生的。于是，在这里我们产生了这样一个疑惑：纵然周公馆深宅大院、仆役众多，但作为主人的周朴园似乎并没有理由对一个能够进出自己内宅的仆人全无印象。

结合上一幕的内容，我们是否可以作出这样一种推测：此时的周朴园，其实是一个家庭观念淡漠、感情生活枯竭的人。三十年来，他远离了自己的家乡，封存了当初的记忆。家里的摆设依旧，说明他并未真正忘记；但他对公馆里的几乎所有人都印象淡漠，则表明他似乎又在逃避家庭生活对自己以往情感经历带来的某种程度上的唤醒。试图摆脱，却又牵扯不清；这，也许就是周朴园矛盾而真实的心理状态：对于他而言，三十年来，鲁侍萍从未在他的生活中真正消逝过；但当活着的鲁侍萍从他的记忆中走出时，他却又不敢面对。毕竟，他的回忆即使再美好，也早已被无情的岁月与圆滑的世故所风干，更无法浸润此时空寂无聊的心灵。

简单的一问，却容纳着如此丰富的信息。不得不说，精彩的戏剧语言，的确是在给我们创造一个"果壳里的宇宙"，可知所谓"芥子虽小，可纳须弥"绝非妄言。《雷雨》中诸如此类的精彩戏剧语言还有很多，值得我们通过深度勾连语境，细致揣摩品味。

其二 侍萍的"不敢说"

周朴园向自己还未认出的鲁侍萍打听三十年前的往事，侍萍答曰："不敢说。"这三字字不奇，语不奇，意不奇，但放在这里却妙趣横生、意味深长。一边，是不明就里却疑窦丛生的大老爷；一边，是心知肚明而欲言又止的老妈子。三十年间的纠葛纷扰快要在此刻有个着落，但作者就是不点破，就是在两个当事人之间造成信息的不对称。不平衡就会有落差，有落差就会有错位，有错位就会产生误会、误判、误解；于是，身不由己的当局者就会受到命运的拨弄、摆布。细细品味，鲁侍萍的这三个字牵扯着多少关节呀！抽丝剥茧，我们可以发现三层意蕴。

第一层，"不敢说"暗示"我知道"，甚至明了其利害关系，这说明我不是泛泛了解，而是所知甚深。因为知道而说不出口的，要么是难言之隐，要么是惊人内幕，要么是恶毒诅咒，要么是不堪往事；但对于听者却是一种诱惑，一种有意而为之的诱惑，看似拒绝透露，却在期待揭示。

第二层，"不敢说"也是对侍萍的诱惑，"不敢"不是因为怯懦，而是未曾释然。爱的反义词不是恨，是冷漠。故"不敢"说明侍萍还有疑惑，还在试探，还有期待，还在印证；于是，她也因此还在受着拉扯，忍着纠葛，更难以摆脱那份"在乎"之意。只要在乎，就有牵挂；只要回应，就在挣扎。三十年的苦，不甘心一语勾销；而重回那刻骨铭心而又备受煎熬的记忆深处，无异于再揭伤疤、颠倒伦常。说，还是不说？这两难困境，将侍萍打出了生活的正常轨道。作家就仿佛一个高明的生命化学家：他要为他的人物加温加压，进而催逼出人格多侧面、非常规的展示。唯其如此，则人性的复杂才能在有限的特定时空场景中进行淋漓尽致的呈现。生活的逻辑可以为艺术创作提供素材与灵感，但生活逻辑本身并不是艺术假定的对象。我们真正欣赏的艺术作品，主要源自一种审美意义上的逼真幻觉——否则，我们过好自己的寻常日子即可，又何必看戏？不疯魔不成活呀！

第三层，"不敢说"，也是对观众的诱惑。都说当局者迷、旁观者清。但高明的作者是不会放任观众自作主张的，他要在自己的艺术创造空间里迫使观众就范，引诱观众在自己编织的意义之网中跋涉。可见，在某种程度上，艺术就是创作者与读者的心理博弈与智力角逐。故真正伟大的作家绝不迎合他的读者——他就是他作品里的命运，更是自己艺术世界中的王者！他要用高超的语言表现力重塑观众的审美经验与感知惯性。于是，当鲁侍萍说出"不知道"三个字时，没有观众会真正淡定。我们意外，我们焦虑，我们紧张。我们自以为是地替角色作主张，却不知道早已被作者牵了鼻子。我们催促侍萍说出来，可实际上，我们根本没有料到，正是这一否定性的表达，迷惑了我们对于剧情发展的猜测，我们好奇于"不敢"背后欲说还休的动机，但我们却中了作者构思的"诡计"。于是，"不敢"对于观众而言，变成了一种召唤，一种期待突破禁忌后所享受到的那种灵魂的快感。然而，这却恰恰是作者的叙述圈套：与其说，作者在关注"不敢说"的内容，倒毋宁说，作者更愿意表现"不敢说"这一生命姿态本身。因为，对于人的普遍心理期待而言，否定性的表述通常比肯定性的判断更容易唤起人性深处的对抗欲望。毕竟，摆脱束缚、冲决网罗、觅渡自由、宣示意志，正是人的本能与天性。

演戏的人在台上演别人，看戏的人也在演绎着自己对人生的理解。你的眼中，是角色里的他；而我的眼中，则是他扮演的自己。舞台上下，心事纷扰，人生内外，生命律动。戏剧中人，莫不在登上自己的舞台，扮演彼此的角色。

中文之美的文化心理归因

中文与西文,形意皆有天壤之别,源出不同,语法自有差异。其投射在文化心理与民族性格上的区别,颇可玩味。中国人敬天法祖,看重家庭血缘的联系,个性常常淹没于族群之中,我们认同权威,顺从集体。而中文的表意规则,不也呈现出中国人人格中这种集群化的倾向吗?正如我们的语法中没有从句的概念一样,中文词句单个看来,简短斩截,浅显质朴,似乎缺乏棱角分明的逻辑观照。可一旦中文组句成段,铺叙成篇,则立刻气势恢宏,淋漓磅礴,排比、铺陈、互文、对仗、列锦、错综,皆此类也。这就好比体型瘦小的中国人,若与外国的彪形大汉较量起来,单挑并不占优,组团群殴却绝不吃亏。就这一点而言,中文恰恰因为没有了类似外文中系表结构的羁绊而获得了一种诗意的自由:我们可以彻底逃离动词的纠缠,直接呈现名词间的关联;尤其是相较于拼音文字,中文象形表意性的书写特征又使得这种关联颇具镜头感。

曾记得当年美国的意象派诗歌大师埃兹拉·庞德的名作《地铁车站》:"人群中这些面孔幽灵一般地显现,湿漉漉的黑色枝条上的许多花瓣"(In a Station of the Metro, The apparition of these faces in the crowd; Petals on a wet, black bough.)。这首诗就是因为通过直陈意象,颠覆了西方传统诗歌的形式规则而被美国人奉为里程碑式的作品。岂不知,这种手法,早已是中国古典诗歌创作的不二法门，如"枯藤老树昏鸦，小桥流水人家""桃李春风一杯酒，江湖夜雨十年灯""鸡声茅店月，人迹板桥霜""楼船夜雪瓜洲渡，铁马秋风大散关""故国三千里，深宫二十年""雨中黄叶树，灯下白头人"。在这些诗句中，单个的名词平淡无奇，但经过诗人的剪辑与意味深长的组合，而达到了一种类似电影艺术中"蒙太奇"式的美学效果。狄德罗说"美在关系"，此之谓也。而与中国文明相比，西方海洋文明鼓励冒险，推崇个人奋斗，自由主义传统深厚。亦如他们的语言，不重铺排，而追求单句表意的严谨精确，逻辑衔接紧密，从句安排滴水不漏。任何时候，我们看英语的句子，都像是在面对一个全副武装的角斗士，他算好了自己前进路途中的每一个步骤，步步为营，不蔓不枝，计划周详，义无反顾；虽然不免给人一种冷峻险峭的疏离感，但我们却也因为这种理性精密而倍觉踏实。那么，我们不妨据此作一假设：现代科学诞生于西方，是否也与其语言表述上的线性特征而非中文那种诗意发散性有关呢？

　　另一方面，一个民族对待宇宙自然的态度似乎也有可能影响其言说方式的选择。中国人与自然的关系重在一个"合"——"天人合一"。这并非意味着人能与天地同寿，而是说人本身是天地的一部分，其所作所为只有顺天而行，才能使其从自然中觉知、领悟到的心灵体验同时成为与自然永恒性存在密切相关的一部分。从某种意义上说，我们民族这种"人化自然""万物有情"的观念，深刻影响了我们对时间意义的言说方式：中文不存在时态、语态的概念；所以，我们在描述动作的存现状态时绝没有外文那种畛域分明的强烈规定性，甚至还有意呈现出一种模糊性的陈述。于是，在中文语境中，每一个动词的书写便不会随着时间的变迁而轻易改变；从而使语言流与时间流达到了一种微妙的共振。且看在那中文的世界里，时间竟有可能在片刻之中凝固成永恒，则个体对这个世界的观照与体验便有可能从容地自凡尘俗世中剥离出来，而不必再乞灵于欲望的狂欢与记忆的风干。那一个个鲜活的心灵也因此超越了物质的局限，获得最彻底的自由与释放。君不见，当李白说出"相看两不厌，只有敬亭山"时,他一定是希望这份"不厌"能定格成永恒,因为"古来圣贤皆寂寞"呀!自中文解构时态的那一刻起,我们的文化便同时获得了一种与时间做朋友的永恒魅力。中国人在很多方面都表现得比西方人更含蓄,但在面对时间的变迁时,我们有着超乎寻常的自信。而我们的语言,则优雅地承载了这种自信。时间去哪儿了?时间哪儿也没去,就在我们心中。

  一年又一年,我已教过多届学生。年年岁岁花相似,岁岁年年人不同。在课堂上,我总是希望孩子们不要仅仅把语文当作考试得分的工具。更重要的是,那里寄托着我们的精神家园,是我们思考这个世界,参与这个世界的最基本的生命姿态,是我们彼此信赖与认同的基础。正如海德格尔所说:"语言是存在之家。"如果没有对自己母语最基本的眷恋与敬畏,那么,无论走到哪里,身处何方,我们都不过是一群无家可归的孤魂野鬼。

我的"经典"观

什么是经典?这本身就是一个非常"经典"的问题。而在一般人的印象之中,"经典"似乎并不那么平易近人,可见,"经典"问题同样也应该不好回答。因为,我们首先面临的,便是一个如何界定经典,理解经典的棘手任务。至于所谓"经典"的范畴或边界究竟在哪里,古今中外,圣哲先贤们见仁见智而又莫衷一是,故很难有公认、统一的标准。但人就是这么爱较真,越是难以回答的问题,就越喜欢给出答案。

读鲁迅传记时,曾经看到过这样一则轶事:一九二五年一月,《京报》副刊征求"青年必读书十部"的篇目,鲁迅因此写了一篇《青年必读书》的短文。鲁迅的答案很短:"从来没有留心过,所以现在说不出。"但是有个挺长的附注,附注里说:"……我以为要少——或者竟不——看中国书,多看外国书……"鲁迅当时讲的中国书,即指中国古书,就一般意义而言,也可以说属于我们今天所理解的传统文化的经典著作。而这层意思,他又在一年后的《写在<坟>后面》和《古书与白话》等文章里反复阐明,可见不是一时兴起的意气用事,而是有其深思熟虑的文化观照的。彼时的鲁迅,还深受进化论的影响,身上带着"五四"一代强烈的反传统主义的思想印迹,故其对于传统经典,可谓知之深,而痛之切了。但我们依然无法就此认为鲁迅对于经典是无感的,实际上,这种戏谑嘲弄的态度本身,也是对经典的一种独特理解——只不过,这种理解一以贯之地带有着鲜明的鲁迅式的话语风格。可见,有关"经典"的那些聚讼纷纭早已超出了文本解读或单一学科知识积累的范畴,而总是体现着一个时代内,人们对自我精神家园与文化基因的求索、体认、省察以及认同与坚守。

如果单从字面意思理解,所谓"经典",就是世所公认的经籍典策。但具体来说,即便是这"公认"二字都极难做到。在专家学者一方,博览群书、皓首穷经、薪火相传,则奉前贤不易之论为圭臬,从"我注六经"中为往圣继绝学,承续道统,自是其循道不二的文化使命;而对于更多凡尘俗世里的芸芸众生而言,未必有领袖群伦、经天纬地之才,但同样希望从前辈的人生体验与文化理解中汲取形塑自我人格,启迪人生智慧的精神养料。或许,这样的领悟,未必精深透彻,却更为通达灵活,是以"六经注我"的方式,追求一种经典文本的现代性转化。故我们也因此有理由相信:每一个人,其实都可以拥有契合自己生命视野的个性化的经典理解样态。而这种样态,或许不一定与学问直接相关,但必然与内心紧密相连。而在我眼中,"经典"至少应该具有以下这样的气质。

其一 "经典"之"经":经常性、经验里、经历中

经典,固然有某种历经岁月淘洗而不可替代的永恒性,但这并不是说经典的内容解读、意义接受以及价值评估必定是一成不变的。经典得以流传的核心要素是人,是阅读者进入其内容的频率与立场。一部"养在深闺人未识"的作品,不能称之为真正的经典,只能算作历史范畴中的"古籍"或"文物"。而一部真正的经典,必须经常性、持续性地介入时间的川流、洞悉人性的深邃。例如,《庄子》为什么至今还被很多人尊崇,不正因为疲惫的心灵总是很容易在俗世中蒙尘,从而需要那仪态万方、汪洋恣肆的文字去润泽吗?唐诗宋词历千载而下仍能被一代代读者引为良朋知己,也缘于我们丰富的情感永远渴望用

美妙的文字去触摸、去形容、去表达；至于《红楼梦》独步古今文坛，被一代代各行各业的人所喜欢，亦端赖它那博大精深的生活洞察力与穷形尽相的人生百态画卷，一直从古烛照至今，为无数种人生存在之可能提供着变化无穷的启发与顿悟。至于经史子集里的传统中国，原本就是今日之我灵魂深处的"应许之地"，更生动诠释着构成我之为我的全部理由。所以，在我眼中，"经典"无论来自何种篇目，必定要与我的心灵律动同频共振。它绝非坐而论道的高头讲章，只能令我可望而不可即。它是我觉知这个世界的生命经验的核心要件，也是我心路历程清晰而生动的成长轨迹。一言以蔽之，经典对于我的意义，最重要之处不在于尊崇与礼敬，而在于陪伴与对话。应该说，经常性地介入，经验里的省察，经历中的观照，正是我最为期待的经典意义与价值。

其二 "经典"之"典"：典范、典雅、典藏

如果说，以上是经典感召我的永恒魅力。那么，典范、典雅、典藏则道出了经典之为经典的自在形态与自足品格。经典打动我们，所以我们走近它，但经典绝不逢迎任何读者。一部经典之形成，恰如一个伟大生命的诞生，在成长的过程中与这个世界不断对视、相互影响，从而自我确证、自我扬弃、自我超越，最终破解天地间那深邃神秘的精神密码，以使其独立之精神，自由之思想，历千万祀，与天壤而同久，共三光而永光。在我看来，经典之最伟大品格，不在于仅仅依葫芦画瓢去毫无分辨地摹写大千世界的"实然"状态，而贵在逐日飞升、凌虚御风地为我们呈现一个自由王国的"应然"状态。经典是一种尺度，一种度量人格境界的典范。这意味着，我们对于经典的接受广度、领悟高度与思考深度，将最终决定我们自己人生格局之辽远与宏阔。同时，作为尺度的经典自身也必须典雅：其言，要能禁得起岁月的淘漉，为中文的言说表达提供最精致、最持久的范式；其思，要有高屋建瓴的时代视野、鉴往知来的历史意识，以及珍存记忆的文化自觉。正因如此，经典与其所蕴含的恢宏家国情怀

与深刻文化观照,共同构成了揭示民族性最灵动鲜活的话语符号系统,以及最令该民族引以为傲、普遍认同的宝贵精神财富。所以说,经典之于其追随者,既是一座巨大的思想宝库,也是值得其以信仰之名典藏的精神宝藏。可见,经典之"典",不仅仅意味着那浩如烟海、汗牛充栋的翰墨书册,更是一种再现心灵镜像、披露文化基因的精神认同。缺失这种认同,则我们不知从何而来,是谓"典范";缺乏这种认同,则我们难以从欲望的泥淖与名利的混沌中脱身出来,是谓"典雅";缺席这种认同,则我们将永远失去标识自我人格特质的心理图腾,是谓"典藏"。总此三端,可视为经典存在与流传之根本逻辑。

我们生活在一个急剧变化的时代,世界每时每刻都在改变着模样。步履匆匆的求索者,可曾想过,自己的心灵是否跟得上生活的脚步。如果不能,不妨缓一缓、停一停,倾听一下经典的声音吧。

专辑二 我以我手写我心

对于语文教师而言,写作能力既是体现教学能力的核心内容,也是促进专业成长的必由之路。本专辑围绕写作课程反思、写作学习方法指导及教师职业写作路径等三个方面展开议论,以期通过驱动教师澄清思想、精准提炼与理性表达,深化专业自觉,形成示范效应,从而给予学生科学有效指导,推动其投入积极的写作实践。

"具体说理"的思维展开路径

　　语文教育名家余党绪老师有一段关于高考命题变化趋势的论述,颇有见地:"抽象议论易,具体说理难。我国的高考命题在内容与形式上做过很多尝试,到了今天,具体说理受到越来越多的关注。原因在于,具体说理往往能够考查出一个人的综合素养和现场写作能力。"高考作文,再也不是命题者傲慢浮夸的灵魂独舞与矫揉造作的一厢情愿。那种置身事外、坐而论道式的命题形态越来越不为新课程理念所容。更多"接地气、有干货"的高考作文题目正在摆脱谈玄说理、抽象空洞的学究气与考据癖。优秀的高考作文题目必须关注对考生实际思维品质的提升,必须站在人生体验的高度,来理解考生在审读作文材料时表现出来的精神境界与文化积淀。关注高考作文命题"具体说理"的趋势,就是要在平时的作文训练中关注议论文的思辨色彩,引导考生写"有深度、有价值、有情境的经世致用之文",真正将写作视为观照现实的思想实践与培育积极思考习惯的根本途径。以下,我们就从写作实践的角度,谈一谈"具体说理"的思维展开路径所包含的几个关键步骤。

步骤一　概念拆解

　　我们知道,在议论说理的过程中,确立论点是非常重要的一步。而论点的确立往往伴随着对写作材料中基本概念的厘定与分解。就一般意义而言，分解概念的过程实际上就是界定说理范围的过程。边界既清，则议论才能有针对性，从而论证的方向与形式也会相应变得清晰。但在写作实践中，这却是常常被考生所忽略的一步。很多考生一拿到写作材料，往往更习惯于摘取材料中某些未经审辨的孤立词句，然后生硬地植入自己耳熟能详的写作素材，却很少有人主动尝试对自己提炼出的关键概念进行内涵挖掘与意义解构。实际上，分解之后的概念往往有可能对写作素材的深入理解产生一种全新的吸引力：分类思考与界说的一个直接结果，就是使我们对话题的思考从线性的定向联系，变成了立体的多元解读与意义创生。而另一方面，写作者自我界说概念的论述范围，其实也是一种提高议论说理严谨性的有效方式，等于是在传递这样一种信息：我的议论是有特定条件与语境制约的，从而也就有着明确而集中的说理对象。这使得议论之展开不会堕入空疏与偏颇的思维陷阱，故而保证了具体问题具体分析。可见，分解概念，不使议论凭空而发，论据则更有针对性，从而也就避免了因对论据不完全归纳而产生的含义不周延之弊，为之后分层阐发留下了可供进一步发挥的思考空间。

我们以2018年全国2卷高考作文题目为例，具体说明这一步骤：

> "二战"期间，为了加强对战机的防护，英美军方调查了作战后幸存飞机上弹痕的分布，决定哪里弹痕多就加强哪里，然而统计学家沃德力排众议，指出更应该注意弹痕少的部位，因为这些部位受到重创的战机，很难有机会返航，而这部分数据被忽略了。事实证明，沃德是正确的。

拿到这则材料，我们首先提炼关键词（对关键词的解释说明在某种程度上暗含一定立场与态度倾向的信息），如"幸存""加强""力排众议""忽略"等，然后对这些概念进行定向拆解。例如，"幸存"。"幸"，即侥幸、幸运。"幸"意味着战机生还存在一定偶然因素，故与其后'决定哪里弹痕多就加强哪里'的必然性分析存在着一组矛盾，再联系后面"很难有机会返航"一词，则说明被击毁飞机防护措施不当的原因显然具有一定程度上的必然性，却在样本分析中被忽略了。所以，军方对战机防护问题的归因便很可能产生所谓"幸存者偏差"。在对关键词语概念进行这一系列拆分理解之后，我们对该作文题目作出如下的初步思考：成功的因素或许各不相同，毕竟"条条大路通罗马"，但失败的原因却往往由于更逼近真相而有着至关重要的借鉴意义，因为"前车之覆，后车之鉴"。如果我们只关注成功者或幸存者的"得"，而忽视了失败者之"失"，便很有可能在归因时由于一叶障目、一"得"之见而错过了认识真相的机会。

步骤二　分层阐发

阐发，即"阐释、生发"。而"分层阐发"实际就是梳理概念内部语素之间的意义差别。这是对写作材料的二度解读，是确定分论点的关键一步。我们知道，一个完整的作文题目材料，其实就是一个有机联系、意义相关的定向信息片段。材料各部分内容之间在含义上往往构成一种彼此映射、前勾后连、意图关涉的互文关系。这决定了我们在审读题目材料时，始终要保持对材料所呈现的核心概念"瞻前顾后"的理解姿态，通过聚合、对接、类比、对比，呼应核心概念所呈现的对位信息。所以，作文题目材料的分层阐发过程就是寻找、确认各论点在说理论证环节中地位与价值的过程。一言以蔽之，"阐释"环节，要求我们通过分析材料的内涵特征与态度倾向，提炼重点概念；而"生发"环节，则是在分层理解的基础上，将写作材料中的价值立场透析出来。概而言之，分层阐发的思考步骤就是：回溯意义关联，聚焦议论靶向，统观对位信息，定位中心论点。这里需要说明的一点是：分层，并非对材料中系统信息的简单肢解。对于作文题目材料而言，被陈述遮蔽的命题意图才是作文构思的关键性信息。中文是一种注重联想与直观体验的意合性特征明显的语言，作者的立场往往隐藏在看似静观平实的场景描述之中。如果仅仅孤立理解单个词语的概念释义，则其真实内涵往往表现得含蓄而微妙；但如果将该词语信息置于上下文关系的差异对比之中，则那些春秋笔法与微言大义便很可能会变得豁然开朗。

我们以2015年高考作文题为例，具体说明一下"分层阐发"的操作思路。

> 因父亲总是在高速路上开车时接电话，家人屡劝不改，女大学生小陈迫于无奈，更出于生命安全的考虑，通过微博私信向警方举报了自己的父亲；警方查实后，依法对老陈进行了教育和处罚，并将这起举报发在官方微博上。此事赢得众多网友点赞，也引发一些质疑，经媒体报道后，激起更大范围、更多角度的讨论。
>
> 对于以上事情，你怎么看？请给小陈、老陈或其他相关方写一封信，表明你的态度，阐述你的看法。

显然，题目呈现的是一个"事实"，但价值立场与命题指向都隐含在事实陈述之中。读解材料的第一步是抽取关键信息，重点关注材料中透露当事人态度倾向的表述，如"屡劝不改"一词暗示了对父亲之前行为否定性的评价——高速路上开车接电话令家人也无法容忍。这无疑增加了小陈举报的合理性。而"迫于无奈""通过微博私信"等词语，说明小陈的举报是以一种非公开的方式透露给警方，对她而言，不仅合理，而且得体。如果联系其后警方"发在官方微博"上的行为，相互对比，则材料中最具思辨性的构思角度便不难挖掘出来：虽然警方的处理于法有据，小陈的举报得体合理，老陈的违规确定无疑。但警方通过官微等公共平台发布涉及个人信息处理决定的行为，是否存在尺度失当的问题，就值得商榷。而材料中"也引发一些质疑""激起更大范围、更多角度的讨论"等表述，也为从这一角度解读留下了一定的思考空间。通过以上解读，我们可以得出这样一个结论：作文材料的"具体说理"离不开对材料文本的"具体解读",而解读的关键则有赖于对材料信息的对位摄取,以及对核心概念的分层观照、对比联系。与此同时,作文材料解读角度的独特性便往往蕴含在文本内部差异立场的相互影响之中。从某种意义上说,写作,也可以视作阅读过程的逆向回溯。文本细读的深度,决定着写作构思角度的丰富性。

步骤三　综合联系

前两步,是谓写作创思中的"分",侧重于对写作题目材料的深度读解与立场定位。实际就是以文本细读的方式揣摩与体验命题者的出题思路与立意指向,这是由高考作文的考查目的所决定的。在高考作文备考过程中,我们务必要清楚这样一个事实:高考作文与日常写作在功能上是有根本区别的。日常写作的功能主要有两种,个人表达与社会交往。写作的个人表达价值不难理解,"言为心声""体物写志",是之谓也。表达之功用内化于心,是个人思想立场的宣示传达;它未必一定进入公共视野,无须外在标准判断,所以形式自由,无所禁忌。而写作的社会交往功能则着眼于沟通与劝服,需要在公共话语场域中确立姿态,必须要考虑受众的接受、反应、理解与认可程度。所以,文字组织通常有一定之规,思路严谨、有理有据,情绪从容节制,论析客观理性。而高考作文则介乎这两种功能之间,一般更倾向于社会交往与沟通。所不同者,更多一层作为考查对象的要求,即作文题目所创设的写作情境要体现清晰的命题意图及评价导向。同时,要回应高考作为选拔性考试所必须体现的考核结果的层次区分度。所以,高考作文题目往往会给人一种既"似曾相识",又"不易落笔"般"熟悉"的陌生感。似曾相识,则有话可说;不易落笔,则说理议论便须有所依傍,非具必要的阅读积淀与写作经验不可。而说理越具体,就意味着考生综合联系作文题目给定信息与整合写作素材的能力越高。如果说,前两步的"分",侧重于对作文题目材料的甄别、解析,是"审读"环节的话;那么,综合联系这一步,则更侧重对提炼概括后的重点信息梳理与引导,是"成思"的关键环节。形塑思想、淬炼意识，全在于写作者是否能够为经提炼后的关键信息安上逻辑链条，或循着逻辑思维的线索审视分论点之间的相互影响与作用。其维度有二：一则以持续质疑的方式展开因果分析；一则从多元理解的立场进入事实判断。持续质疑，就是通过层层追问，不断充实论题的具体内涵，使其立意的界定趋于精准，在对写作材料的认读与创作者的辨思之间建构因果关系；多元理解，则意味着写作者要勇于对材料中看似既定的事实进行"批判性反思"，按照美国批判教育家亨利·吉鲁的观点，就是要让学生明白"这个社会在我身上已经塑造出来的而我不再愿意按照这种状态生存下去的（东西）到底是什么"。反躬自省，才能平中见奇；跳出自我，方可获得新知。所以，我们只有对话题的理解做到标新立异且能自圆其说，才有可能以日益丰富的思维体验去拓展作文材料的意义空间。

其实，类似综合联系这种系统性的思维，在语文各知识板块的学习中都有其广泛运用，而在作文审题中尤为重要。我们以2017年全国卷1作文题为例来做一具体说明：

> 据近期一项对来华留学生的调查，他们较为关注的"中国关键词"有："一带一路"、大熊猫、广场舞、中华美食、长城、共享单车、京剧、空气污染、美丽乡村、食品安全、高铁、移动支付。
>
> 请从中选择两三个关键词来呈现你所认识的中国，写一篇文章帮助外国青年读懂中国。要求选好关键词，使之形成有机的关联；选好角度，明确文体，自拟标题；不要套作，不得抄袭；不少于800字。

材料中，第一组暗示立意的关键性信息是"来华留学生"关注的"中国关键词"。综合联系两者内涵便不难发现，作文任务情境被定位为一种与自我认知角度有别的异质文化理解。所以，其后关键词各要素的"有机的关联"就必须兼顾不同文化立场之间的多元对话与交流。深度创思该作文的核心路径，就是写作者突破自身思维惯性，合理设想文化、民族、地域隔阂对于三个关键词意义的深刻影响。从而在借助"他者"视角的审视当中，深化自我的文化认知与精神省察。因此，对这道作文题相对高明的构思，恰恰蕴含在对于材料所呈现的一系列有关中国的关键词的批判性反思之中。了解来龙去脉，对比立场差异，直面认知矛盾与悖论，揭示他国对中国文化的理解或误读，都可以作为本作文立意进一步深度剖析的逻辑起点。而只有当这些要素作为一种整体观念被联系与观照时，本文的构思才有可能存在可资发挥的理解张力。

步骤四　类比拓展

叶圣陶先生曾说，"文章思有路，遵路识斯真"。这通常是对阅读理解方法的概括，其实也可以看作是文章组织的路径。谋篇布局不过投石问路、步步为营。构思的过程就是在自己的观念与文章立意之间建立特定的关联。这种关联，依赖辩证思维的充分发展。故议论说理，离不开辩证思维；而辩证思维的精髓就是以"联系"与"发展"的眼光看待世界与人生。前述第三种步骤就是"联系"的观点，认为信息各要素之间存在彼此影响、相互呼应的意义关涉，肯定思维的系统性原则，明确材料内涵与命题者意图总是有着共同的价值指向。而从"发展"的角度审视作文题目材料，则更多是将作文材料视为一个不断丰富变化着的开放文本，将新立意描述为一组密切耦合的关系。例如，2017年高考全国卷2的作文题：

阅读下面的材料，根据要求写作。（60分）

①天行健，君子以自强不息。（《周易》）

②露从今夜白，月是故乡明。（杜甫）

③何须浅碧深红色，自是花中第一流。（李清照）

④受光于庭户见一堂，受光于天下照四方。（魏源）

⑤必须敢于正视，这才可望敢想，敢说，敢作，敢当。（鲁迅）

⑥数风流人物，还看今朝。（毛泽东）

中国文化博大精深，无数名句化育后世。读了上面六句，你有怎样的感触与思考？请以其中两三句为基础确定立意，并合理引用，写一篇文章。要求自选角度，明确文体，自拟标题；不要套作，不得抄袭；不少于800字。

准确地说，这道高考作文题的别致之处就在于它突破了一般高考作文材料文本信息的封闭性特征，而呈现出一种通过勾连语句关系创生话题立意的新趋势。六条名句本身并无特定的系统意义与因果联系，这提示我们在审读材料时，不一定要固守于寻找彼此类同的价值关联，词语之间在类比乃至对比之中重新发现自身未曾理解的角度，也不失为拓展话题深度的一个别开生面的新思路。再联系材料提示中的"中国文化博大精深，无数名句化育后世"一句，不妨做如下思考：名句对于后世的深刻影响，不一定总是以"代不乏人"式的思想接力的方式逐步进化而成，也有可能是在不同时代圣哲先贤的对视、对峙，乃至对比之中，完成着心灵高度的不断突破。例如，杜甫"露从今夜白，月是故乡明"中从身世漂泊到精神还乡的那份渴望，不正是中国文人在时代乱离之际，欲求"天行健，君子以自强不息"而不得之后的一种反躬自省与明心见性吗？而无论自强不息，抑或莼鲈之思，则其精神实质，都是一种对于生活积极而真诚的回应，与对于自己社会角色（自强之君子／乡愁之赤子）的勇敢担当。在心灵高度上，不也深切契合着鲁迅所谓"必须敢于正视，这才可望敢想，敢说，敢作，敢当"的严肃人生态度吗？这正应了那句"无情未必真豪杰，怜子如何不丈夫"。通过以上分析，我们不难看出：作文审题策略的坚持与新变并非营垒分明，可以一概而论。对作文立意的探寻，既是一个在不断审辨中层层阐发的过程，也是一个在多元比较中步步拓展的境界。运用之妙，虽然存乎一心，但并非无章可循。归根结底，具体说理，有赖于对材料具体内容的精思研读。只有明晰文体特征与语境制约，才能最终确定作文谋篇布局的基本思路。

语文学习中，我们总爱说"读写不分家"，但在实际审读作文材料时，又把阅读降格为对题目信息的粗糙筛选。于是，所谓在写作中渗透阅读的成果，便被简单理解为只需在作文中调动自己有限阅读经验中，那些对只言片语形成的被"格言化"了的廉价记忆。却很少有人想过：为什么我们的思考如此干涩？为什么我们的理解如此肤浅？为什么我们的表达如此混乱？归根结底，全在于阅读与写作之间失衡而隔阂的关系。阅读，是吸收；写作，是释放。收放之间，张弛有度，才能运用自如。很多时候，我们写不出好文章，正是因为我们读不到好文章，读不懂好文章，读不透好文章。而另一方面，没有在写作实践中对于惨淡经营、苦心孤诣的创思之难的切身体验与深刻反思；那么，我们在阅读活动中也就永远学不会换位思考，进而带着同情的理解贴近作者的创作心理，揣摩文本的重要信息。读，为写提供借鉴；写，为读带去体验。一言以蔽之，高三作文备考中议论文"具体说理"的思维展开路径就是：精读助写，辨理运思；分类讨论，系统观照；立足事实，逻辑分析。

以写促读，取之有道

——《先秦诸子选读》的写作学习启示

  《先秦诸子选读》曾是 2007 人教版语文教材选修部分的重头戏，篇幅多，所占比例大，意义广，具有一定的思辨深度，对于学生的文言知识积淀与文本理解能力都是不小的挑战。求学贵在温故而知新，从本质上说，新课程改革并非对已有行之有效的教法的颠覆，而是立足于固本培元、殊途同归基础上的充实与丰富。为此，我们通过重新梳理《先秦诸子选读》课程的学习策略，为组织统编版新教材单元学习活动提供一些可资借鉴的思路。

  语文教材以选文为主的编排体例决定了本专题的学习一般主要立足于"读"，从疏通文义到品味内涵，都是将选文作品作为阅读学习对象来处理。毫无疑问，这种立足基础、深耕细植的方式有助于学生文言阅读能力的习得，但也有一个比较明显的弊端，即：教与学容易陷入舍本逐末，一般的琐屑繁复之中，无法体现出高二专题性阅读与高一通识性阅读之间的认知差异；故学生的学习体验与效能感便常常与高一文言文学习一般无二，很容易让人产生倦怠。

  对于语文教学来说，合宜的教学内容是一堂好课的底线。既然"咬文嚼字"式的传统读解套路越来越难以体现新课程背景下的核心素养导向，那么，我们不妨换一个思路来重构《先秦诸子选读》的学习策略。从"我注六经"到"六经注我"，以写促读，从写作教学的角度来定位教学内容的选择，积极推动选读作品从作为"定篇"的读解认同价值走向作为"例文"的写作借鉴价值。基于以上思路，我们提出如下几点有关《先秦诸子选读》课程的学习启示。

启示一 摆事实就是讲道理——《天下有道，丘不与易也》《当仁，不让于师》

立意申论，常有"摆事实，讲道理"之说。可事实上，"讲"的学问全在于你如何"摆"。因为中文长于表意象形，故文章内涵往往言在此而意在彼，更于召唤联想之中力争让读者自悟其理，是谓"以叙带论"。高一所学《过秦论》一文即可视为实践此种观念之典型篇目。题虽曰"论"，但全文层层铺叙、步步为营，全是对事实的精心组织与引譬连类，故最后点出"仁义不施而攻守之势异也"的结论便水到渠成了。《先秦诸子选读》中《论语》选读单元的《天下有道，丘不与易也》与《当仁，不让于师》两个专题多记叙孔子游学交往的具体日常，典型如"长沮桀溺""侍坐章"等篇目，寄寓深远却不做高头讲章，写人记事则娓娓道来，言简意赅又一波三折，正是通过讲述驱动读者对其人其说的体悟。若我们能以这些内容为范例，现身说法，学习议论说理中精选事例、确定角度、突出细节等方法，那么学生应该会有一个比较直观的体会。

启示二 以小见大，近取喻而远取譬——《王好战，请以战喻》《乐民之乐，忧民之忧》

先秦儒家所讲的大都是人生的基本道理，正所谓：孔曰成仁，孟曰取义。超越性、前瞻性的思考必然决定了其立论之恢宏深远、高屋建瓴。但议论说理的尺度既大，则一旦分寸掌握不好，便很容易变成或"空对空"的高蹈凌虚、坐而论道，虚无缥缈得让人摸不着头脑；或"掉书袋"一般的孤芳自赏、夫子自道，宅心玄远得令人不知所云。可我们看孟子的文章，却全无这种弊端，皆在于其善用比喻、类比、对比的手法以小见大、举重若轻的本事。在《王好战，请以战喻》和《乐民之乐，忧民之忧》两个专题中，孟子为阐述自己的"仁政"之理，常常从切身经历与周围小事说起，精思傅会、层层剥茧、小题大做，最终引诱劝服对象入其彀中，拜服于雄辩滔滔的话语逻辑里，让人在不知不觉中受到其思辨魅力的影响。从某种意义上说，言说方式就是思维方式。而中国人的思维往往体现为一种综合性、系统性的意义范式，天理无非人心，万物草木皆有情。这意味着，如果议论说理者能够从各种事物错综复杂的关系中迅速找到能够与自己核心主张对照呼应、借题发挥的意义支点，那么就更容易在各种观点的博弈中占得先机。一言以蔽之：写作的重要作用在于沟通与交流，谁能充分理解阅读者的立场，换位思考，生动形象、简洁明快地讲清道理，谁就更有可能打动对方。

启示三　结构相似，意义相关——《大天而思之，孰与物畜而制之》

《论语》上"质胜文则野，文胜质则史"之说启示我们在写作时要充分注意形式与内容之间的相互协调与彼此促进。一味追求形式，忽视内容充实与意义建构的无病呻吟固不可取，但遣词造句，罔顾语言文字形意生发变化之美，误将表达的呆板贫乏视作格调的朴实无华，亦不足为训。很多时候，表意象形的特点常常让汉语较于很多语言更具有一种视觉与声音形式上的美感。正如过去读书人常说的"《文选》烂，秀才半"，抛开讽刺冬烘先生死记硬背的那层意思不谈，这句话包含着一个非常朴素的写作之道，即：提升写作能力往往从模仿借鉴前人成例与套路开始。而《文选》上的文章则大多为铺采摛文、体物写志之作，言说结构整饬紧凑，非常典型地体现了中文对称均衡的表达特点。荀子之文或可成为此种文风之渊薮。在他手中，孟子那种纵横家式的雄辩之文变成了体制更为磅礴雄壮的鸿篇巨制。课本所选《大天而思之，孰与物畜而制之》专题篇章，排偶密集，行文错落有致，通过言说气势上的共振推动了情绪观念中的认同，集中体现了汉语以结构节奏相似对位意义内涵相关的声气相求、文质兼善之美。由此可见，我们学习《荀子》之文运思谋篇的关键点之一，就在于要充分认识到：在中文语境中，很多时候，文章体式在被内容决定的同时，也往往表现为对内容的某种反作用甚至征服。尤其是汉语中诸如排比、对偶、反复、互文等结构类修辞，语句间因严整匀称而形成的那种高表意密度的语流、语脉与语势本身，就是对文章核心观点的宣示与强化。窃以为，学习这类文章的一个有效途径就是删繁就简、观其大略，不纠缠于词句意义的具体枝节，而先从提炼排偶句式的框架入手，以仿句、扩句、联句等方式深入体会汉语表达的形式感，进而有效介入写作学习活动。

启示四　在矛盾对比中深入开掘话题——《有无相生》

《老子》仅仅五千余言，但影响中国人思维既深且远。不得不说，《老子》中所蕴含的朴素辩证法思想正是其书最有价值与魅力的文化精华所在。我们今天学习《老子》中的言论，重要作用不在于仿其形，而在于悟其神。这意味着，在议论说理中，几乎任何一种欲进行思想观念深度开掘的尝试，都须从各种事物与矛盾对立统一的关系中建构思考的意义框架。而这也同时启发我们：议论中只就事论事，往往会流于浅表性的理解。故正面阐述只有通过反面论证的不断强化，方能达到彰显突出之效，即所谓"反者，道之动"。可见，在写作实践中，用"排除法"定位中心论点的内涵，往往比用反复申说的方式直接阐发更为丰富深刻，从而也更有说服力，这就好比无论你看到多少白天鹅，也不能就此证明世界上的天鹅都是白的一样。肯否正反的判断关系，应该成为我们进行说理议论时的基本思维模型。

启示五　在丰富变化中追求出人意表的高阶思维境界——《庄子》选读单元

在先秦诸子的作品中，《庄子》中的文章文将学色彩与理性思辨结合得尤为完美。我们既可以将其视为一部仪态万方、天马行空的灵魂之书，也可以将其看作是一部寄寓深远、微言大义的哲理之作。其言说的开阖自如、汪洋恣肆，其譬喻的精致丰富、才气冉冉，其运笔构思之游刃有余、无远弗届，都达到了一种让后人难以企及的高度。故在我看来，《庄子》之文可品可赏而难学难师法。但正所谓：取法乎上，得乎其中；取法乎中，得乎其下；取法呼下，无所得矣。《庄子》其书虽然有如天籁，但时常浸润其中、涵泳其间、徜徉其内，自能于潜移默化中不断提升欣赏者自身的领悟力、感受力与洞察力。归根结底，写作就是使不被看见的东西被看见。我们在引导学生积极投入写作活动时，也应该对那种只有写作者甘苦自知而外人无法企及的幽微难寻、含蓄蕴藉的个性化写作心理保持一些最起码的敬畏，故在为学生创设写作学习情境时，便须知有无、懂进退、明得失；教其当教者、能教者。用李镇西老师的话说：写作，就是让心泉自然而然地流淌；阅读，就是让思想自由自在地飞翔。既然是"自然而然"，就不能刻意干涉；既然是"自由自在"，就无法亦步亦趋。阅读《庄子》的自由之文如此，阅读《墨子》里环环相扣的演绎推理之文如此，而阅读《韩非子》中那些批郤导窾、一针见血的寓言之作亦当如此。

总而言之，通过"以写促读"组织《先秦诸子选读》教学设计的关键，不在于教师用自身写作经验代替学生的阅读方法，而是在为学生创设积极写作情境的过程中，支持并促进学生将对诸子文章行文意脉、思维方式的生动借鉴、自主探究与深入体察内化为与自身学情相合宜的表达能力与实际有效的学习支架。课文无非例子，为学重在举一反三，故得鱼忘筌方为高效学习、深度学习的上乘功夫。

观念的水位,还是观念的错位?
——从一篇高考满分作文说起

2020 年高考尘埃落定,各地满分作文纷纷浮出水面。虽说:文无第一、武无第二。但在高考考场那样紧张局促的环境中尚能从容运思,于严格束缚之中将自己遣词造句的水平发挥到极致,获得阅卷者的青睐,也的确是一件很不容易的事情。

而在我看来,在赞叹之余,这些"急就章"中的佼佼者之最大价值,似乎也就是成为各种优秀考场作文选集炒作的噱头抑或成为写作课上时刻更新的素材,以及验证各种作文教学观点的鲜活例证。除此以外,我实在也想不出它们还有什么更深刻的意义。虽然不排除有个别作文的确蕴含着相当程度的思考深度,但毕竟在事关前途命运关键选择的那样一种激烈较量中,没有多少人会真正不顾一切地在自己的文章中由着性子大谈情怀,或者旁若无人地思考所谓人生的终极价值。非不愿也,乃不敢也。因为,我们必须承认,考场作文的沟通与交流作用一般是要高于其单纯表达目的的。也就是说,如果考生在行文时,罔顾读者意识与接受角度,只一味地自娱自乐、自说自话,即便不一定都会被打入另册,也终归是要冒剑走偏锋之险的。

无论如何,决定权终归不在自己手中,言不由衷固不可取,但肆无忌惮更不值得提倡。要知道,考试,既是一种测试,也是一种博弈。故一般而言,聪明的应考者在作文谋篇时，更倾向于选择那种体物写志、随物赋形的写作策略。毕竟，来历明晰、根底清楚的文字，总好过高蹈凌虚、无所依傍的玄思。

但我们并不因此就认为考场作文只能有一种迎合阅卷者趣味的套路。那种认为考场作文必定循规蹈矩，乃至僵化呆板的看法，实在是对所谓"戴着镣铐跳舞"的应试写作的降格以求。如上所述，考试在某种程度上也是一种博弈。语文考试，尤其是作文考查，更呈现为基于不同知识背景、生活经历、生命体验以及认知层次等诸种思维向度间错综互动与多重影响之沟通交流过程。而在这一过程中，阅卷者的眼界如果窄于写作者的视野，就很可能造成考场作文评价的遗珠之憾，或者产生莫衷一是的巨大争议。事实上，这种情况几乎在历年高考作文阅卷过程中都出现过。就像今年浙江高考那篇引起热议的满分作文《生活在树上》，认同者，称赞该文"老到和晦涩同在，思维的深刻与稳当具备"；不以为然者，则认为该文"辞不配位"。

实际上，这篇作文在被初次评阅时，也仅得到了 39 分。究其原因，则或许就与文中大量出现的专业学术用语、较为生僻的书面化表达，以及古奥奇崛的言说方式有关——当然，似乎还由于作者所展示出的相对小众化的阅读积累。而这一系列话语姿态又很有可能挑战着相当多阅卷者的知识储备与思维边界。所以，就我的理解而言，该文初次评价时较低的得分，未必与评价标准的差异有关，更可能的是受制于阅卷者审读时的某种陌生化体验的影响。也就是说，在思考该文是否优劣之前，阅卷老师大概会首先面对这样一些问题：作者这些措辞表述的确切含义究竟是什么？为什么这看似平静沉稳的语气却让我的理解不得其门而入？

就作者自由驱遣并正确使用这些冷僻词汇的用心而言，我相信他并非故弄玄虚。这正是这篇文章所引起的争议中最引人注目之处，即作者的文化积淀与写作功底不仅仅远超同辈，很可能也超越了很多评价他文章的老师。换句话说，这是一篇因为写作观念的高水位而容易引起评价观念错位的"好"文章。

之所以加引号，是因为这样的"好"并非人人适应，更非人人认同。

至于有人说这篇文章把一些原本可以朴朴素素讲好的道理，以一种近似"佶屈聱牙"的方式"辞不配位"地讲出。我倒觉得此论失于苛责。须知文章终归是观念与思维的产物，而思维自有其自洽自适的逻辑机理。油条豆浆无碍牛奶面包，小资情调也不必一定非要为了接地气就卷起裤管迎合下里巴人的口味。这就好比，你若在大排档推杯换盏、大快朵颐，一般不会招来鄙夷；但如果你非要在星巴克喝咖啡时讨要葱姜蒜佐餐，则显然是一种充满违和感的画风。这往往与品位并无多大关系，只是一个介入姿态与行为习惯适配兼容的问题。孔夫子三言两语，便成至理名言；而康德、黑格尔终其一生构建的那些艰深晦涩的理论体系，即便在本国也没有几个人能够完全搞懂。但这并不妨碍他们皆为不世出的伟大哲学家与知识英雄。

所以，我们不妨对这种并不"孩子气"的表达多给予一些容忍与悦纳，更多一点平视与尊重，并试着承认自己有时未必就比学生更高明。那么，一旦遇到这种"与己不同"的文章，我们是不是也可以先抱着学习的态度，包涵一点？若实在无法理解，也不必立刻侧目而视，生出一种"非我族类、其心必异"的狭隘心。不妨请更高明的先生审看审看，其实也无损于自己的师道尊严。毕竟，写作这件事，门槛不高，堂奥甚深；水平高低，未必与学历、阅历始终正相关。君不见，小学没毕业的作家，也可以拿诺贝尔奖。而学生之中藏龙卧虎，又岂是我们尽可得知的？作为语文教师，对习惯与权威，我们应该保持距离，心生警惕；但对某些学生所具有的那种非常规、非均衡的写作能力与语言天赋，则不妨乐观其成。我相信，新高考、新课程评价改革的方向，就是鼓励我们在考查学生时，既见分，又见人。而人，永远都是丰富多彩、充满潜力的。

令人欣慰的是，浙江高考的阅卷者有勇气给这篇"非典型"的考场作文以积极的评价，这本身就是观念上的与时俱进。如果，我们再把眼光放长远一些，那么，在这个熙来攘往的芸芸众生更习惯读图的时代，在很多人已经轻易地放弃思考的年代，在相当多的年轻人更喜欢浸淫于"浅阅读"与"丧文化"的时代，如果有孩子还愿意在自己的阅读与写作活动中保持某种体现思考深度的表达姿态，哪怕其不可避免地会带有一定的功利性，或者就是为了在文章中体现出自己的某种人设，我依然认为他们在精神追求的大方向上并没有走偏。毕竟，写作从来都不是一件绝对自由的事情，入门容易，精进极难。若有范式可遵循，只要能够自圆其说、自如驱遣，又何乐不为呢？或许，有人会说这样的写作形态是故作深沉、附庸风雅；但那也比公然拿无知当个性、视肉麻为有趣的格调要高得多。

至于这类文章的思想深度如何，则我们必须承认这世上似乎从来就没有出现过完全脱离特定存在形态的思考活动。很多时候，不见得就是我思故我在，而更仿佛是我在存我思。考场作文尤其如此，在考生落笔成文的那一刻，他就等于是在描述、陈述自己的思想轨迹。而文字内涵的深浅其实早已被考生的思考介入姿态所决定。可见，如果一个考生能够将一种内涵精深、意义权威、概念整饬的话语圆融地作用于自己的文章，并且做到了准确扣题，那么，我们实在没有理由武断地认为其思考必定是空洞虚无的。至于说观点有没有新意、是否切近现实，这似乎也是一个见仁见智的问题，原本就是言人人殊的，又岂能一概而论？至少，在我看来，所谓文章的新颖，只要在义理（观点）、考据（议论方法、言说范式）与辞章（文笔创思、话语内涵）三者中任意一个维度有所变化，并言之成理，则皆可谓一篇不同寻常的好文章。当然，我们同时也必须清楚，这样的文章可遇不可求，仅仅是写作者自身天才的创见，既无法复制，更难以迁移。但给这样独特的文章留有一席之地，以丰富考场作文评价的不同选择，还是很有必要的。

综上所述，考场作文的评价者应该有包容不同写作观念的胸怀，更应该保持一种学无止境、教学相长的谦逊心态。

附：2020年高考浙江省满分作文

生活在树上

浙江某考生

现代社会以海德格尔的一句"一切实践传统都已经瓦解完了"为嚆矢。滥觞于家庭与社会传统的期望正失去它们的借鉴意义。但面对看似无垠的未来天空，我想循卡尔维诺"树上的男爵"的生活好过过早地振翮。

我们怀揣热忱的灵魂天然被赋予对超越性的追求，不屑于古旧坐标的约束，钟情于在别处的芬芳。但当这种期望流于对过去观念不假思索的批判，乃至走向虚无与达达主义时，便值得警惕了。与秩序的落差、错位向来不能为越矩的行为张本。而纵然我们已有翔实的蓝图，仍不能自持己在浪潮之巅立下了自己的沉锚。

"我的生活故事始终内嵌在那些我由之获得自身身份共同体的故事之中。"麦金太尔之言可谓切中了肯綮。人的社会性是不可被除的，而我们欲上青云也无时无刻不在因风借力。社会与家庭暂且被我们把握为一个薄脊的符号客体，一定程度上是因为我们尚缺乏体验与阅历去支撑自己的认知。而这种偏见的傲慢更远在知性的傲慢之上。

在孜孜矻矻以求生活意义的道路上，对自己的期望本就是在与家庭与社会对接中塑型的动态过程。而我们的底料便是对不同生活方式、不同角色的觉感与体认。生活在树上的柯希莫为强盗送书，兴修水利，又维系自己的爱情。他的生活观念是厚实的，也是实践的。倘若我们在对过往借韦伯之言"祛魅"后，又对不断膨胀的自我进行"赋魅"，那么在丢失外界预期的同时，未尝也不是丢了自我。

毫无疑问，从家庭与社会角度一觇的自我有偏狭过时的成分。

但我们所应摒弃的不是对此的批判，而是其批判的廉价，其对批判投诚中的反智倾向。在尼采的观念中，如果在成为狮子与孩子之前，略去了像骆驼一样背负前人遗产的过程，那其"永远重复"洵不能成立。何况当矿工诗人陈年喜顺从编辑的意愿，选择写迎合读者的都市小说，将他十六年的地底生涯降格为桥段素材时，我们没资格斥之以媚俗。

蓝图上的落差终归只是理念上的区分，在实践场域的分野也未必明晰。譬如当我们追寻心之所向时，在途中涉足权力的玉墀，这究竟是伴随着期望的泯灭还是期望的达成？在我们塑造生活的同时，生活也在浇铸我们。既不可否认原生的家庭性与社会性，又承认自己的图景有轻狂的失真，不妨让体验走在言语之前。用不被禁锢的头脑去体味切斯瓦夫·米沃什的大海与风帆，并效维特根斯坦之言，对无法言说之事保持沉默。

用在树上的生活方式体现个体的超越性，保持婞直却又不拘泥于所谓"遗世独立"的单向度形象。这便是卡尔维诺为我们提供的理想期望范式。生活在树上——始终热爱大地——升上天空。

万紫千红安排着，妙悟皆在指顾间
——文学短评写作提要

诗歌阅读，是贯穿初高中的学习任务，要求各有侧重。初中诗歌阅读侧重于欣赏，以感知其美、领悟其情为要；而高中诗歌阅读则要求学生学会鉴赏，在沉潜涵泳、分析比较中准确地体察出诗歌情境相生、含蓄蕴藉的言意之美。

从欣赏到鉴赏，虽然仅仅一字之差，但体现出的认知层次却大有不同。如果说，欣赏只是要求学习者感性地体验到诗歌的"好"，那么，鉴赏则要求学习者必须准确地捕捉到诗歌"好"的种种特质以及为什么这样"好"。这意味着，我们不仅要为优美动人的诗歌艺术拍案叫绝，还要能够通过合宜的表达、精准的陈述将诗歌艺术的魅力彰显出来，从而使其可以被观察、被解释以及被品味借鉴。

针对上述诗歌阅读学习要求的变化，窃以为，在诗歌鉴赏活动中积极尝试撰写文学短评，站在写作学习的立场透视诗歌表现方法与艺术价值，以写作实践驱动审美鉴赏与创造素养的提升，不失为一个促进诗歌阅读鉴赏能力的好办法。

当然，文学短评不同于一般意义上摆事实讲道理的议论文，它的思考对象是鲜活灵动、丰富多彩的文学艺术创作活动。咬文嚼字自可不拘一格，探幽发微却离不开批郤导窾。总而言之，在鉴赏过程中，回溯心路、洞见本心需要穷形尽相的叙写描述，而提要钩玄、引譬连类则端赖精准深刻的辩证思考。为此，我们提出以下三点文学短评写作建议。

其一　善于聚焦切口小

既曰短评，便无须长篇大论、空发感慨，必以理解为先，沉浸文本、感知情绪、品读字里行间的旨韵意味。正所谓：弱水三千，我只取一瓢饮。而文学创作又最讲究独出机杼、别开生面，故评论尤其需要有针对性，切不可千篇一律、泛泛而谈。这意味着，分析点评总要善于聚焦作品中最吸引自己的地方，或辨别遣词造句之能力深浅，或品鉴构思手法之效果优劣，或体悟精神趣味之境界高下。总而言之，我们在探究作品的艺术价值时，要能立足于点、延展成线、辐射到面，是谓：管中窥豹、一叶知秋；与此同时，还须以阅读过程中的生成性问题为导向，相机而动，切不可主题先行，迷恋于死板僵化的模式套路，以至于到头来感觉面面俱到，说了不少，可细细品味，又仿佛什么都没有说透。

其二　别开生面感觉新

如上所述，文学短评既然不必千篇一律，那么精准定位理解入口与鉴赏支点就显得至关重要。常言道：文似看山不喜平。优秀的作品总是在不遗余力地抵抗读者的审美疲劳，而我们的品味鉴赏活动也应该积极呼应作家们这种对艺术创造力与表现力的不懈追求与突破，进而敏锐地去感知并剖析那些言近旨远、意在言外的独一无二的言说策略与表达效果。意象的别出心裁、谋篇的独辟蹊径、情节的出人意料、情绪的微妙波动、结构的跌宕错落，乃至创作心理与阅读期待之间的较量角逐，都可以成为我们审视作品特异性的重要维度。

其三　叙议结合角度深

鉴赏活动绝非在空中楼阁里叠床架屋，当然也不能脱离文本理解"躲进小楼成一统"。文学审美固然是一种创造性活动，但必须以还原并尊重言语活动背后的文化习惯与历史经验为前提，更不能背离作者寄托于作品中的创作意图与思想情怀。我们并不否认鉴赏者有借他人酒杯浇自己心中块垒的权力，但阅读活动又必须尊重文本意义空间的自洽性。简单来说，纵然一千个读者中有一千个哈姆莱特，可鉴赏对象终归还得是哈姆莱特而非其他什么人。这说明准确理解文本内涵始终都应该是鉴赏活动的根本出发点。否则，天马行空的创意就有异化为高蹈凌虚的臆测之虞。

所以，写作文学短评要特别注意复述文本内容与评议作品价值之间的安排比例。"叙"要精当，为"议"提供支撑或依据；"议"则要言简意赅、一语中的，从叙述中合理发挥。总而言之，"叙"为"议"之导，"议"为"叙"之旨。来路清楚，去处才能有方向。叙议之间，相辅相成、有机交融。

阅读大单元，写作小任务，鉴赏活动需要以笔为犁，深耕细植字里行间的微言大义，以鉴赏者的积极运思揣摩创作者的丰富创造，同声相应，以写促读，或许才能更为深入地品味出蕴藏于作品内部的无上妙境。

辩论词写作指要

辩论，是一种针对性极强的言语交际活动。其以劝服为目的，以质疑反驳为逻辑线索，以对话争论为展开结构，体现出强烈的思辨色彩与明确的目标达成性，是最能够体现理解力、洞察力、判断力，以及分析能力等高阶思维素养的话语形式之一。近年来，随着新课程对于学生在语文学习中思维品质培养的日益重视，撰写辩论词等具有明显思维价值的写作任务正开始受到青睐。据统计，新课程标准中，提到"辩论"二字的相关表述达十九处之多。所以，在高三写作教学中，我们应该对辩论词的拟写予以高度重视。

我们知道，在写作教学中，正本清源方能明体达用；所以，行文谋篇的要义在于辨明其文体特征与章法理路，从而进行有针对性的训练与反馈，方可期一时之效。具体到辩论词的写作学习中，我们需要清楚地了解有关辩论的三个显著特点，以及四组辩证关系。

先说辩论词的三个显著特点。

特点一　开门见山，倾向鲜明

如上所述，辩论词是实用性很强的论说文本，立论的着眼点在于发现、掌握、批驳对方言说表达中的思维逻辑漏洞，从而进一步强化己方立论的合理性。

在这里，我们需要特别强调的是：辩论的首要目的，往往并非确认事实真相（除非这种确认有助于确证己方观点的合理性），而是以符合规则的方式通过说服对方来确证自己的观点表达。所以，辩论方自己的表达立场必须非常明确、清晰而简洁。所以，辩论词开篇的拟写一般无须铺排与渲染，最好直接表达出强烈的倾向性，可多以"对方辩友，我方观点是……""对于对方辩友的……观点，我方并不认同，理由如下……"等带有明显对峙性、竞争性的语气来强调观点。而辩论词不同于一般议论文之处就在于：其写作任务情境突出体现为你来我往、干脆斩截的质辩关系，故写作者并无必要将太多精力放在如何圆融、过渡、衔接论点等结构技巧方面。可见，论点无他，只能是论辩的中心议题；而所谓辩论词的构思，无非就是对对方观点见招拆招的回应过程。简而言之，辩论者只需有一说一，单刀直入地表达、坚持、强化己方的立场倾向即可。

特点二　针锋相对，找准靶向

俗话说：真理越辩越明。其实，这并非意味着真理之真相一定可以通过观点的对峙而水落石出。实际上，辩论的内容往往并无关是非判断，甚至远离事实判断。因为，非黑即白的一元思维最终很可能只会导致肤浅混乱的争吵，甚至简单粗暴的压服。而辩论则不然，它是思维的体操、口才的竞赛。故而辩论议题一般多选择围绕价值立场的内容来设计。因为，价值观的讨论往往并无特定明确而单一的结论，所以对辩论双方的立论就显得相对比较公平。而论题的这一特点也同时意味着，辩论效果追求的就是通过立场分歧与差异的激化、扩大来达到否定之否定的思辨深度。由此可见，辩论词拟写的另一条原则就是及时抓住对方表达漏洞，对标论题靶向放大其谬误，同时对己方观点自圆其说、分别立场而绝不调和。应该说，这是辩论词区别于其他文体的最为典型的写作特点。而在教学实践中我们发现，有些学生在拟写辩论词时，常常因为不了解这一特点而误将辩证思维中全面、联系地分析问题等原则简单化为一种观点的骑墙态度。结果，论辩到最后，变成了对对方观点与己方观点做出一种平衡与妥协，各打五十大板，从而在无形中消弭了双方争论的立场差别。这实际等于从根本上取消了辩论词自身存在的逻辑，表现出一种自相矛盾的混乱思维。当然，我们并不否认，甚至鼓励辩方在坚持自己观点的同时须对对方意图做充分了解与洞察，但这绝不意味着要对竞争方的立场产生同情的悦纳。归根结底，在辩论中，理解对方不是将心比心、设身处地，而是以子之矛、攻子之盾。所以，在辩论词中，一定要严格界定，明确指出己方、彼方观点之根本区别。而辩论的终极目的，实际上就是在强化、刺激这种区别的进一步分化，以达到瓦解对方，确证自我的效果。

特点三　预判议题，条分缕析

　　辩论过程，既是对思维反应能力的挑战，更是对思维组织连贯性、系统性的考验。在辩论中，最易被对方抓住把柄、死缠烂打的地方，往往就是自己思维断裂、漏洞百出之处。所以，一个有经验的辩手，不会坐等对方寻找自己立论之软肋，而要主动出击，积极预设议题。所以，辩论词的写作过程不妨通过以问带论、"无中生有"的方式，自我预判对方对自己观点所可能进行的阐述，或者对自己观点可能做出的反驳，确立假想敌，导出自己最有说服力的观点，进而带偏对方的辩论节奏，掌握辩论的主动权。一旦对方陷入对己方观点的分辨与解释之中，便意味着其已经处于被动应付的局面了。具体而言，辩论词在阐明自己观点后，可以采用诸如"想必，对方辩友是这样理解的……""显而易见，对方辩友的意思是……""恐怕，对方辩友不能否认……"等措辞以及连珠炮似的不断发问、质疑、诘责等手法，都会达到上述效果。而另一方面，辩手在确立己方观点时，可以多采取平行立论的结构，条分缕析，定点阐发。这样做的好处一则是清晰显豁、简单明了，便于听众理解；二则观点离散，分进合击，不易被对方一网打尽。即使有某个观点被对方抓住攻击，亦可回避转移、声东击西，以免被对方牵制。总之，对辩论议题适时研判，定向前置，往往能够决定辩论词的表达效能。

明了以上特点，则辩论词的拟写才会做到有的放矢、观点鲜明、反击有力。同时，在具体立论过程中，我们还需要注意协调四种关系，以使己方观点更加严谨周密。简要分析如下。

关系一 可以"强词夺理"，不能自相矛盾

论辩不是一团和气的经验分享，辩论双方具有明确的竞争关系。所以，占得辩论的先机就显得尤为重要。一方面，辩论者要通过着力强化言辞的语气态度，有意识地塑造那种当仁不让、说一不二的强势形象，是为"强词"；另一方面，要不断提升理论论证的深度，优先选择能够体现逻辑思维水平的概念、术语，是为"夺理"。需要注意的是，写作者在议论说理可以有明显的倾向，但必须要通盘考虑，不要出现前后矛盾的表达，反被对方抓住漏洞。

关系二 可以"断章取义"，不能牵强附会

辩论虽是观点、立场之争，但绝不应该缺少论据的支持。各种材料，凡能为我所用，都要积极整合。而且，辩论现场，双方你来我往，未必有时间深思熟虑；所以，使用论据不一定时时刻刻都追求完整全面。重在通过观点立场对引证材料的再加工，做到因势利导、取舍得当即可。当然，有一点须谨记：我们对论据运用虽有详略安排，但对其内涵还需充分了解，避免强拉关系、贻人口实。

关系三 可以"穷追猛打"，不能胡搅蛮缠

之前说过，辩论的实质是以理服人，甚至以理屈人。双方在交锋时，可以抓住对方观点的漏洞，攻其一点，不及其余。只要令对方理屈词穷，就算分出高下，不必纠缠，也无须保证结论本身绝对正确。但，辩论毕竟不同于泼妇骂街、说客诡辩，双方相互理论自有规范可循，总之一条，就是要保证议题的

统一，与论辩方式的对等。东拉西扯、离题万里已不可取，而动辄乱扣帽子、人身攻击更不足为训，是所谓辩论的伦理原则。

关系四　可以以事说理，不能煽情滥情

辩论虽以议论分析为基调，但并不排斥利用事实本身来劝服对方。从某种意义上说，摆事实就是在讲道理。因为一切议论中所包含的思维逻辑，都不能违背事实。如果辩论者能够找到充分体现己方立场的事件，无论如何，都是一种最有力的反击，但这同时也意味着辩论过程需要严格控制情绪化的表达。在写作实践中，有些学生喜欢动辄宣泄情感、卖弄情怀，还美其名曰"以情动人"。岂不知，此种滥情煽情，不仅无助于观点之完善，反而容易令人反感，总觉得你是无理可说，才用空洞的情感凑数。毕竟，辩论不同于抒情散文，语气往往明快而直接，甚至有时显得咄咄逼人，若拿不出切实有效的真实证据，就很难令人信服。这决定了情绪化的表达并不适合论辩场合。

综上所述，无论是辩论词的特点，还是拟写时需要协调的思维关系，都清晰地表明了：辩论词是一种实践性很强的应用文体，而积极思维的表达习惯也只有在具体运用中才能得到不断强化。所以，教师在辩论词的写作指导中要尽可能主动为学生创设展开辩论的思想环境与话题机会，促进学生在对争议性观点的多元理解中提升自身的批判性思维品质。

附：示范写作

阅读下面的材料，根据要求写作。

针对《关于在全国中小学进行繁体字识读教育的提案》，教育部日前在官网公开相关答复：文字作为记录语言的工具，应当便于使用。但这一答复引发了人们的争议。有人认为由繁化简是汉字发展的必然，为了方便使用，不能推崇繁体，不应让繁体字教育进课堂；也有观点坚持，认知传承繁体字是继承和弘扬传统文化的重要方面，

应让繁体字教育进课堂。为此双方各抒己见，辩论不断。

请问你支持哪一方？请你以自己一方的立场写一篇辩论词，反驳对方。要求：自定立意，角度自选，明确文体，自拟标题；不要套作，不得抄袭；不少于800字。

示范写作：

谢谢主席，大家下午好！

对方辩友认为"为了继承和弘扬传统文化，繁体字教育应该进课堂"，我们认为，此举断不可行。理由有三。

其一，于法无据。《中华人民共和国国家通用语言文字法》明确规定：学校及其他教育机构通过汉语文课程教授普通话和规范汉字。 使用的汉语文教材，应当符合国家通用语言文字的规范标准。请对方辩友注意：此规定措辞的重点在于"课程"与"教材"二字。我们知道，构成学校教育内容的根本要素就在于课程、教材与学习者等方面。课程，是教育活动的内容；教材，是知识学习的依据；而学习者，则是教学活动的对象。三者密切相关、缺一不可。一言以蔽之，所谓教育，就是在课堂这一特定的学习空间内，学习者借助教材，在一定学习目标或任务驱动下，通过课程实施获取知识、提升能力、提高修养的过程。当然，我们不否认将繁体字作为学习材料或者教学案例进入课堂，帮助学生积极理解祖国传统文化的作用。但这里需要明确的一点是，繁体字与繁体字教育在概念上有着根本区别。繁体字，可以理解为一种知识内容，可以表现为学习的材料、手段、任务或途径；但繁体字教育的意义则完全不同，一旦对繁体字的运用、掌握本身变成了学习目的，试问，这样的教育符合以上法律对于课程内容与教材规范的规定吗？尤其对于基础教育而言，课堂传授的知识内容应该是明确无误的清晰信息，而不能受到争议性内容的干扰。尤为重要的是：教育，是体现国家意志的公益事业，必须严格遵守国家相关法律法规，正所谓：法无授权即禁止。学校更应该成为遵纪守法的表率。所以，我们认为繁体字教育进课堂缺乏法律依据。

其二，与史不符。对方辩友坚持认知、传承繁体字的另一个重要理由在于：你们认为对繁体字的学习是继承和弘扬传统文化的重要方面。我们是否可以将这一观点的潜台词理解为：作为传统上一直在使用的信息传播载体，繁体字必然能够体现出历史文化传统中的核心内容，是一个确定的存在事实。我们当然不否认繁体字在历史上长期存在的事实。但问题的关键在于，从来如此，就一定意味着在当下也合理吗？实际上，即便对于汉字本身的历史发展而言，其书写形式与传播途径也不是从来都一成不变的。所以，那种认为目下所见的繁体字就代表了历史文化的全部而一贯面貌的看法，并不符合历史事实本身。而真相则是：从甲骨文、金文，到大篆、小篆，再到汉隶，一直演变为行书、楷书，中国汉字的历史从来都是与时俱进、积极变革的。甚至于连草书这一书体本身都完全可以被理解为书写形式的传统简化版，而20世纪50年代在国家推行语言文字改革时，简化字的很多偏旁部首都直接参考了草书的书写形式。这，难道不是对历史与传统的一种尊重与传承吗？因此，我想请问对方辩友：如果你认为繁体字继承和弘扬了传统文化；那么，你又如何理解汉字始终处于发展进化这一深刻的历史现象呢？你又如何能够肯定你所看到的繁体字就不是更为传统的汉字变革的结果呢？可见，从历史发展的角度来理解汉字的传承，恰恰说明由繁化简正是汉字发展的必然趋势。

其二，于理不合。坚持繁体字教育进课堂观点的另一个显著错误就在于其在逻辑上也是站不住脚的。因为，从认知关系角度上看，理解一个事物必要性的前提是我们要先搞清楚这一事物核心概念的内涵是什么。否则，名不正，则言不顺，那么一切争论就将变得毫无意义。具体来说，要思考所谓繁体字教育的问题，我们就必须言明繁体字的性质究竟为何。而所谓繁简之分，在本质上就是书写形式的区别。毫无疑问，语言文字的根本功能主要体现在其作为交流沟通的重要工具与信息载体这一现实之中。至于文字意义所承载的文化内涵与历史语境，其实往往是在交流过程中产生的次生价值。毕竟，对于文字而言，从来就不存在完全脱离交流而独立生成的文明密码。对方辩友只要了解一下在人类历史上那些因种族消亡或融合，文明灭绝而至今已经无法再使用的文字的历史命运，就可以很清楚地意识到：文字一旦失去了具体鲜活的思想土壤与人际交流语境，连生存本身都成了问题，何谈教育？正如鲁迅先生所说："要我们保存国粹，也须国粹能保存我们"。因此，我们完全有理由相信，文字对文化的传承，对文明的存续，必须以文字本身适应人类发展需要、时代变化趋势为前提。否则，皮之不存、毛将焉附？工具本身都已被淘汰，再大谈其使用价值，岂不荒唐？这就好比在博物馆中陈列的那些大鼎，我们当然知道它们是文物，见证历史、值得珍藏。但如果今天再有人打算用它们烧水做饭，恐怕就是一件十分可笑的事情了。况且，如果我们能够立足当今互联网技术发展的大背景来考量，则汉字的输入效率问题确实事关汉字未来长远发展，以及传统中华文明完成现代性转化这一历史任务；而在这一点上，简化字显然有着无与伦比的优势。

综上所述，我方认为：让繁体字教育进课堂，既无必要，更不现实。我的发言到此结束，谢谢大家！

对话、沟通、交际、认同
——一个思考写作学习的新角度

  考场作文,评价维度无非立意、结构、语言与材料。无论命题形式如何变化,总逃不出这几点。但很多时候,我们总是更习惯于从写作者的角度来理解这几方面内容。这无可厚非,但未免狭隘。要知道,写作的功能有表达与沟通两端。侧重于表达,则"我以我手写我口,古岂能拘牵",意到笔随、自明心志,讲究的是任运自然、言为心声。更看重文章天成、妙手偶得;臻于神与物遇、思接千载之化境。这种写作视野,主要从私人立场出发,其初衷并不看重读者的反应。古今中外,一切天才的经典作品皆属此类。其间渺渺难觅的那种电光石火、稍纵即逝间的灵感,总是折磨得创作家们惨淡经营、苦苦求索。有意思的是,无论是江郎"梦笔生花"而才思如泉涌的幸运,还是奥林匹斯山上缪斯女神那神秘高傲的面孔,中西方文化传统中,都不约而同地将这铺采摛文、斐然成章的本事归因于神祇的恩赐,可见,精致的写作才华实在是一种可遇而不可求的高阶思维能力。纵然那些胸有丘壑、饱读诗书的圣哲先贤们,在游思骋怀、缀锦成文时,尚且感慨:吟安一个字,拈断数茎须。更何况我辈芸芸众生,大多不过中人之资,积淀不丰、见识有限,所以面临文字表达时,总有一种"爱你在心中口难开"的局促感,或者,又类似一种"茶壶里煮饺子——肚里有货倒(道)不出"的艰涩感,此可谓站在表达立场审视写作的最大困惑。

实际上，立足写作的表达功能学习写作，其运思轨迹并不难领悟，体物写志、随物赋形即可，但实际操作却绝非易事。如前文所述，自由表达其实就是一种心相与物理的猝然遇合，必须要有触媒惹动情思，方才有事可感、有话可说，正所谓"文似看山不喜平""国家不幸诗家幸，赋到沧桑句便工"，说的都是这种以人生际遇之忐忑助推心底波澜的作用。但另一方面，生活中的大多数时刻却又并非总能产生惊心动魄的高峰体验，而能令人内心始终充满"观山则情满于山，观海则意溢于海"的激越感喟；实际上，在生活常态中，往往是连静水流深甚至死水微澜那样的短暂曲折都难觅踪迹的。故而，我们在试图无拘无束地表达时，会常常面临着这样的窘境：诸多感慨万绪千头，却不知从何说起；偶尔蹦出一两个念头，雄心勃勃地准备动笔，却在勉强敷衍几行之后，又立刻意兴阑珊、心烦意乱起来。与此同时，当你欣赏了别人的名篇佳作后，又少不了心生如下慨叹：人家怎么三言两语就深得我心，只恨不得那番见解出自我口。可一旦自己动笔，则遣词造句即刻兴味索然，不是下笔数言，便离题万里，就是东涂西抹，而面目全非。总之，理想的丰满与现实之骨感间的那种深刻的撕裂，再没有比写文章那一刻更令人感受真切了。其间况味，简直就是一种"播种的是龙种，收获的却是跳蚤"般不甘心却又无可奈何的感觉。

其实，这一切并不奇怪。从硬着头皮到由着性子，本来就是一段艰难的心路历程。诸多变数，似乎也非人力所能为之。那么，如此说来，写作就学不得了吗？

非也！如果说，写作的表达功能有赖于写作者自身体悟的话，那么，写作的另一个功能——沟通与交际，则是将写作的目的直接定位在理解与认同上。而在写作实践中，这又是一个很容易被写作者所忽视的角度。因为，选择这样的角度就意味着：我们在组织思路的同时，还要具备充分的换位思考能力。也就是说，我们在谋篇创思的一开始，就必须将读者的感受纳入落笔行文的整体思考框架之中通盘考虑，并以此定位或调整写作者的写作姿态。简而言之，就是将写作的终极目标设定为劝服，则以情动人、以事启人、以理服人，便皆关乎"格物致知"四字。这里需要说明的是，写作视野中的"格物"，是指通过充分挖掘写作对象的意义内涵，清晰梳理其信息传播特点，从而判断写作者与阅读者是否存在对写作对象理解的思维交集。而"致知"则是写作者立足这种思维交集建构自己分析议论的思想表达途径，以达到顺彼意、抒己志的效果。一言以蔽之，观照读者思维的写作实践，在本质上就是"到什么山上唱什么歌"。而这种以达成有效沟通为目的的写作活动，实际上是将写作视为一个信息交互的对话过程。在这一过程中，任务情境与学习项目在读写两端相互作用、彼此对标，以对现实问题的解决为主题导向，以体验分享为思维背景，以稳定结构为认同基础，共同作用于作文创思的全过程。

在这里，我们要特别提出对文章结构的一个全新的认识角度。一般理解上，文章结构问题属于写作技法的范畴。正如叶圣陶先生所说：文章斯有路，遵路识斯真。在写作教学中，我们指导学生组织文章结构的主要目的是为立意、立论、说理铺路，以促成字词句段篇的有序安排。从这一意义上说，文章结构是实现作者写作意图的手段。但如果我们从阅读者，特别是考场阅卷者的角度审视，从前文所讨论的写作的沟通、交际功能角度思考，则文章结构更重要的价值，在于其实际上标识着写作者与阅读者之间思维交集的范围与思想认同的深度。我们知道，一篇文章是否能够被准确评价，往往取决于写作者与阅读者之间通过文本能否实现某种程度上的共情、共识与共享。说得再明白一点，就是读写双方必须要在某些观念上存在相互理解的基础。否则，信息不对称，便会产生沟通上的隔阂。而对于坐在考场上接受检测的学生而言，其与阅卷者在生活阅历、知识积淀、认知水平、学科背景，乃至教育程度、价值观念等方面存在着巨大的差异。彼此认同的基础既脆弱又充满着不确定性。毕竟，标准化考试最难以达成的作用就是几乎无法既见分，又见人。尤其对于语文学科，特别是作文评价而言，阅卷老师根本无法直面文字背后的写作者的即时思考状态。虽然高考作文的评改有一套相对完整、严密而谨慎的操作流程，但毕竟作文本身就是一道最大、最复杂的主观题，则主观因素根本无法彻底排除。显然，强求主观题的评价完全具备客观标准的权威性、唯一性，无论如何，都是不现实的。

　　基于以上认识，我们必须更加重视文章结构的信息沟通价值。因为，一种套路成熟，适配内容的行文结构，在考场上很可能将起到一种促进阅卷者迅速建构对作文思维层次的基础性印象的关键作用。比如，当考生选择并列式结构布局全文，平行安排分论点时，往往意味着其对素材的占有是充实而丰富的；而当考生采用递进结构衔接句段、展开构思时，则通常给人传递的是其对文章整体全面的思考，那逐层演进的议论分析，追求的正是思维的逻辑深度；如果考生倾向于运用正反对比的立论结构，则比较容易体现一种多元理解、辩证思考的认识价值，其观点就往往更具说服力。总而言之，尽管考生与阅卷者各自存在着明显的思想差异，但只要写作者从构思一开始就能通过确立形式完备的行文结构去组织观点，实际上就等于为读写双方的有效沟通提供了一个可以对视的平台。而如何利用这样一个平台将阅卷者的理解引导入自己所期待的写作意图之中，这正是检验写作学习效果高低的一个重要标准。

　　由此可见，高中写作教学有效性的达成首先在于明确何种能力可教，何种能力不可教。在本人看来，语言积淀、思维方式难教，甚至不可教；而思路组织、结构安排却很有指导的必要，也是最有可能通过有针对性的训练提高的写作素养。从对话沟通，到交际认同，将为我们思考写作学习的效果提供一个更有价值的角度。

备考冲刺阶段作文升格教学建议

高考仅剩两个月，作文备考也进入冲刺阶段。与其他知识点不同，作文能力的培养是一个循序渐进、深度积淀的过程，几乎难以在短期内迅速提高。但考期将至，即便是临时抱佛脚，考生也必须有所应对。如果说，复习前期的作文教学一般更着眼于思维品质的整体提升，姑且可称之为"服维生素"的阶段的话；那么，当前作文教学就必须要拿出一点"打强心针"的办法，努力找出几处切实可行的抓手，促进其立足写作能力现状进行定点突破与有效升格。为此，我们提出以下几点建议。

建议一　集约建构"素材库"

思考视野的宽窄，往往决定了措辞选择的多寡。无论对于何种条件下的作文备考而言，这都是一条行之有效的经验。但在有限时间内，如何准备，则非常讲究路径与策略。俗话说，伤其十指，不如断其一指。丰富作文素材内容，不等于面面俱到、细大不捐。实际上，考生也不可能在走向考场之际还能够占有一切可能积累的材料。从实际效果上说，对素材的直接引用，不如引譬连类的化用，更不如融会贯通的综合运用。一言以蔽之，坚持以点带面、定向聚合。

所谓"以点带面",是指在盘活自身现有知识储备如课本资源、兴趣导向、知识积累等内容的基础上,合理架构"纵""横"两条素材储备坐标轴。就纵向而言,深入挖掘、透彻理解一至两件重要历史事件或当年热议的现象级话题之来龙去脉、根苗走势,力求对其过程的领悟思考做到纤毫毕现、殆无孑遗;就横向来说,则要求我们从概念范畴属性的角度对已掌握的信息做出类比或对比方向上的归纳,如:一人一物、一正一反、一详一略、一雅一俗、一名人一凡人、一个人一集体、一政治一经济、一历史一哲学,乃至同时期或不同地区某些具备在特征上存在可比性的人、事、物。总之,本阶段的素材准备要有积极明确的"对号入座"意识,否则,即使多方占有,但若杂乱无章,就始终不能形成促进丰富作文内容、启发构思的命题整合力。

而所谓"定向聚合",则是指后期备考素材的提炼要坚持"一招鲜、吃遍天"的思路,要在整体归纳素材的同时,结合自身阅读兴趣与学科优势,集中选择一两个专题人物,研读其经典传记,谙熟其性格履历,深入探究该人物鲜为人知的人格侧面,从而形成素材积累的个体差异化优势。另一方面,我们还要积极督促学生通过对传主心路历程的深刻体察,以其成长启示对标高考真题的立意分析,促进核心积累内容形成思维辐射效应,从而达到靶向集中、理解多元的素材整合效果。

建议二 全息营造"话语场"

不同的考场作文虽然要求有别、内容各异,但考查的基本方向自有其相对稳定性与统一性。分析近年来高考新材料作文、任务驱动型作文各套成题,我们就不难发现:问题导向、情景创设、思维品质,正日益成为考场作文构拟及评价的核心要素。毫无疑问,教学视野中的写作功能不仅仅限于抒发与表达这一途,甚至在命题者眼中,写作的交流、沟通功能或许更具有考查的价值。

这意味着，就一次成功的写作而言，其所能彰显的文本理解能力、信息分析能力、思维综合能力，以及话语传播能力都必须整合于某种为读写双方所深刻认同并深度契合的言说模式之中，才能获得积极的评价。或者说，考场作文一定要具备充分的"读者意识"，绝不可自说自话、自娱自乐。所以，文章立论的话语姿态就显得非常重要，这就要求我们在指导学生写作时，务必要促进他们主动熟悉并在一定程度上能够实践那些体现深度思考境界的话语表达套路。

　　从某种意义上说，言说方式即思维方式。写作者浸润于何种话语场域与语词氛围之中，往往能够决定其思想境界的高度与思维触角的深度。必先有沃野千里，然后方可深耕细植。可见，写作其实并不自由，很多时候甚至体现为言语形式对思考内容的某种征服。所以，过去读书人中曾流传过这样一种说法：《文选》烂，秀才半。这意味着我们须先营造好优雅、深刻而丰富的话语生态，才能为学生遣词造句、铺采摛文提供更多优质的创思选择。其实，如果认真反思一下，我们就会发现：学生有时之所以写不出好文章，很可能是因为他们根本连好文章是什么；如何措辞；具有何种语调与气魄都尚未搞清。总而言之，如果学生平日习以为常的言语交流内容仅仅徘徊在一种浅薄贫瘠的低端认知层次上，又怎能奢望其修炼出锦心绣口呢？原非雅人深致，如何斐然成章？为此，我们有必要鼓励学生在接下来这段时间内有意识地跳出自己的阅读思维惯性，屏蔽那些表达低幼化、内容一目了然的文本。主动选择若干篇万字左右、深具理性化与思辨性的有关人文社科类的知识论文、锐评时文、随笔杂文，力争做到手不释卷、沉潜其中、反复涵泳，从而真切体味氤氲其间的书面化的表达意趣与浓郁的学术格调。简而言之，我们就是要利用这最后两个月时间，集中以那些在思想理念上略高于学生，在文化视野上略宽于学生，在写作艺术上更优于学生的典范精深之作对学生进行雅词丽句的"密集投放"与肤浅语言趣味的系统脱敏。进而通过对其生活语境的升级换代，刺激其有意识地效仿、移植、借鉴经典的表达范式。

建议三　定向梳理"逻辑线"

有限时间，无限可能，似乎是作文备考面临的天然困惑。虽说文无定法，贵在得法，但毕竟有章可循的知识比仪态万方的体察更容易掌握。可问题在于，写作能力的习得，恰恰表现为后一种状态。心领神会而不落言筌，总是给写作过程披上了一层神秘的面纱。如何破局？就非纲举目张不可了。看来，对于考场作文而言，领异标新莫若删繁就简。尤其在后期备考阶段。我们的作文指导要主动为学生提供几条明确的逻辑结构线索，让学生做到"手中有范文，心中有模式"。如果说，营造"话语场"，得益于可资借鉴的典范之作；那么，梳理"逻辑线"，则必须仰赖经典谋篇模式的示范。

在这里，我们可以提醒学生深度研读《过秦论》与《六国论》两篇文章。《过秦论》典型地呈现了汉语诗意化表达之"以叙带论"的特点，全文对特定素材的剪裁组合、剪辑迁移可谓出神入化，通过素材内容的深刻对比，步步为营而终至水到渠成地引出结论。这对考生而言，的确是一种比较容易掌握的观点与材料间安排、处理的方法。而作者取舍材料时所秉持的那种"大事不虚、细节不拘"的原则，又为我们灵活地调整材料呈现方式，以适配写作意图与论证方向，提供了一个很好的范例。应该说，反复研读此文的语脉安排走向，对于我们积极整合现有素材，灵活因应考场作文题旨，有着极有操作性的借鉴意义。

《六国论》对于学生具体说理的定向展开更有指导意义。全文共分五段。每一段以总论点提携本文。作者在启篇首句便说"六国破灭,非兵不利,战不善"，否定了一般人的见解；接着旗帜鲜明地提出自己的看法：弊在赂秦。这是全文的总论点。继而以"赂秦而力亏"和"不赂者以赂者丧"两个论据，对总论点作了概要阐明。这两个论据，又被作为分论点，分别在第二，第三两段里给以具体论证，段落间又构成第一重鲜明对比。而第三段结尾则以"向使三国各爱其地……"一句假言判断设想历史之另一种可能，上承"赂秦"之弊，下启第四段之结论。"呜呼！……悲夫！……"又翻作两层意思。前者是进一步以假设对比，反向求证"并力西向"的抗秦之策，反对赂秦；后者则感慨六国"为秦人积威之所劫……以趋于灭亡"深怀叹惋之意。最后一句（"为国者……"）从六国覆灭的惨痛史实，归纳出"为国者"所面临的共同困境，巧妙过渡。第五段推波助澜，又做出一重假言判断（"苟以天下之大……是又在六国下矣！"），借古讽今，镜鉴当下，使全文在纵向厘清历史脉络的同时，又做了类比现实的横向开拓；从而揭橥写作意图，达到古为今用的目的。通观全文，《六国论》的逻辑线索安排亮点有二：其一，分层设论、对比鲜明，观点分进合击、思路清晰；其二，假设论证拓展了文章的思考空间，使内容的延展富于弹性，呈现出一种思辨的张力。总之，如果学生能够将《六国论》这种"对比＋假设"的论证模式烂熟于胸，则其在行文结构运思过程中必定获益匪浅。

以上，我们剖析了两种可供学生照猫画虎的逻辑结构样板，目的在于帮助学生掌握几种基本的文章脉络框架，以便临场应试时能够迅速上手。冲刺阶段时不我待，更须我们积极指导学生在作文中实践规范、严谨的构思流程。如果有条件，也不妨介绍一点简单的形式逻辑常识，或者提供一些经典的哲学流派学说，作为增加学生作文思维分量的有益补充。

综上所述，我们有理由相信：虽然写作能力的提高是一个长期积累、持续投入的过程，但只要我们坚持积极思考、密切关注考向新变，针对学生写作中暴露出来的问题，始终把握以提升思维品质为目的训练导向，进而采取有针对性的强化训练措施，就仍然有可能在有限的时间内实现学生作文水平不同程度的提升。

写作，一场游走在自由与束缚之间的灵魂之舞

不少写作者，在反思自己的写作经验时，很喜欢渲染掌握"神来之笔"那一刻的潇洒自由。那情境，就仿佛黄遵宪《杂感》诗中所云：我手写我口，古岂能拘牵。而其间况味，却更类似某种振振有词的自我标榜：我的大脑我做主。文笔中，当然应该驰骋那些完全属于我的遐思迩想。而写作，难道不正是心灵的镜像吗？即便是立意规定明显的应试之作，不也应该与自我经验深度关联，才能期待真情动人的效果吗？

就一般意义而言，这种感觉大致不差，却语焉不详。因为写作，不是一种可以在流水线上批量生产的过程。一部伟大作品的诞生，必然伴随着某种不可复制又难以穷通的精神孤独感而存在，故其意义与价值，有凭借文本进行沟通之条件与依据，却绝无完全抵达心灵秘境以实现彻底沟通与领悟之可能。从而，这种局限本身，就决定了写作无法脱离其自身所处的现实语境与话语言说惯例。可见，对于任何一个写作者而言，如果不想仅仅将写作视为自说自话的梦呓（事实上，一个人想完全做到纯粹面向自我内心的言说，其实也几乎不可能）；那么，他的表达就不可能实现绝对无拘无束的自由。或许，他具备渴望自由言说的动机，但永远无法根本实现充分释放自我的那种"得心应手"的完美之境。

甚至，对于更多写作者而言，倒是经常会遭遇从雄心勃勃，到差强人意，或者无疾而终，甚至面目全非的无奈。这未必皆因写作者本人才力未逮，或道行尚浅，而实在由于写作活动本身，就是一场游走在自由与束缚之间的灵魂之舞。即便天纵英才，有倚马可待之能，可达洛阳纸贵之效，也不见得就能够随心所欲地在信手拈来之间，便轻而易举地随物赋形而入明心见性之境。总之，更多的时候，我们对于写作时那种自如、自为、自在、自由状态的描述，很可能仅仅出于一种"虽不能至，心向往之"的美好想象。毕竟，言辞之丰富，终归无法涵纳思想之邈远深广。所以，提笔谋篇、遣词造句之际，常有词不达意、言有尽而意无穷，甚至以辞害意、胶柱鼓瑟之感，便不足为奇。

与此同时，还有人喜欢将写作视为一种创造性活动，似乎别开生面、独辟蹊径，道前人所未道，打破既定套路而发凿空之言，是其天然应该追求的终极目标。事实上，与其说写作热衷独抒性灵，倒毋宁说写作更推崇返本开新、定向化用。一代代前贤在继承先辈成功经验的基础上确立的写作范式，又被无数后来者提炼、优化、丰富、迁移，进而不断充实、巩固并反哺悠久的创作传统。这当中，有一个很有意思的现象：在古今中外的文化史上，包括文学创作在内的文艺革新运动，往往喜欢打上"复古"的旗号。如西方的"文艺复兴"、中国的"古文运动"，似乎都是通过对经典传统的价值重估、形式重构，及其内涵的重新演绎，确立起契合自身表达意图的美学原则。在这一过程中，谁又能否认，那种从既定套路与框架中获得的新知，不是一种蓬勃的革新呢？即便在如"五四"一代狂飙突进的反传统潮流中，立足当下立场来看，其领军人物不也都曾经无比深刻地浸润，甚至嵌入传统言语范式与语境机理之中而获益匪浅吗？所以，今天的一个普遍认识：倡导白话文运动的那一代学人，又有哪一个不曾具备深厚的旧学底子呢？为此，我们需要澄清的一点恰恰是：在一个相当长的时期内，"新"与"旧"，"自由"与"保守"曾经被简单粗暴地贴上优劣对错、非黑即白的道德标签，实在并非艺术创作自身发展规律使然，而更接近于为体现某种意识形态与权力话语所进行的政治操作。但这显然与艺术评价标准本身并无太大关系。

如果，我们能够参透写作，以及包括写作在内的一切艺术创作活动中这种自由与束缚、创新与传统之间的微妙关系，那么，对于创作者本人而言，其实反倒意味着一种精神上的解放。毕竟，受这种自由与束缚间纠缠不清的关系的影响，长期以来，在语文教学领域中，我们不少教师对于写作活动的认识总是难以避免地表现为一种两极分化的态度：一种观点认为，写作纯粹是一种个体的自由表达活动，言人人殊，自抒己志，故写作根本不可教。而教师的责任仅仅在于告诉学生一些基本原则，放任其在写作园地中自娱自乐，甚至自生自灭。而另一种观点则认为，课堂上的写作活动就是应对考试，是一种迎合评判者趣味的社交工具，故写作教学的根本要义在于给学生提供一目了然而清晰显豁的既定套路，然后遵从主题先行的原则，形成若干能够一招通吃的所谓"母题"反复演练，形成套路。对于前者，我们不妨称之为写作教学中的"自由主义""个人主义"倾向，而后者则属于写作教学中的"机械主义""功利主义"倾向。显而易见的是，两种倾向都弊端明显：放任学生而无所作为，体现的是一种"情感谬误"，罔顾创作思维的认同基础性联系与文章体式的历史性积淀，只一味强调写作心理的神秘性与不可知性，便容易使写作陷入一味"滥情""煽情"而难以有效沟通的困境；但如果我们就此彻底否认写作活动的主体性价值，一味揣摩、逢迎审读者个人的单调意图，又很容易将写作内容降格为呆板僵化的官样文章，从而陷入表达上的"意图谬误"，抹杀了写作活动原本应该具备的鲜活生命体验。

实际上，通过以上对写作教学中存在的一些认识误区的剖析，我们应该可以对教师在写作课程中所扮演的积极角色作出更深一步的定义。正是因为写作活动是一种高度基于生命体验，主动遵从表达范式，鲜明传递情感态度，以及紧密契合认知逻辑的思想实践；所以，教师自身在写作教学中的示范作用就显得至关重要。遗憾的是，我们很多教师不是在努力还原写作情境现场，以写促学；而是仅仅局限于在学生写作前抛出一些模棱两可、似是而非的空洞原则，居高临下地指点；或者在学生写作后，拎出几篇佳作美文，摘录几则雅词丽句就进行一番置身事外的总结。但对于学生最为关注的写作过程的具体指导，却往往付之阙如。于是，作文课或被简单化为大而无当的范文赏析课，或被模糊处理成虚无缥缈的理念灌输课。而无论以上何种课型，究其根本，都仍然是在以读代写，以评代写；并没有触及写作心理创生与运作的本质规律。

因此，我们认为，写作课堂上的教师，自己必须成为写作活动的主动参与者与积极分享者。他不应该仅仅通过分析、抽象而追求某种创作原则的先验呈现，而应该在介入、尝试写作实践的过程中，达成与学生写作经验的深刻同构。需要强调的是，教师的这种示范作用未必要一定体现出自身写作水平比学生高明之处，而主要是通过自己对写作过程辛酸甘苦的全息感受与切身领悟，以同理心去准确把脉学生在写作中实际产生着的困惑与阻滞，从而对标问题，对症下药，为促进学生写作能力的提升提供切实可行、令人信服的改进策略。若如是，则我们必须明白，对于一位语文教师而言，写作不仅仅是一种学术兴趣，更是一项必不可少的教学素养。

综上所述，就气质而言，写作不是纯粹宣泄，更非一味迎合。写作，就是戴着镣铐的灵魂之舞：是形式与内容的深度耦合，是表达与沟通间的动态平衡，是自我觉知与读者意识间的适时妥协，更是精神自由与时空限制之间的相互介入与紧密映射。正所谓：庾信文章老更成，健笔凌云意纵横。写作，永远都是在普遍性与独特性的角力中不断突破个体的局限，从而奔向心灵的自由；又在对历史经验的回溯中，寻找促进表达能力不断精进的现实途径。一句话：欲求名师誉，先有翰墨才。

写作课程的"代入感"与校本课程的"嵌入感"

昨天听了本组两位老师的课：一位是入职不久的年轻教师，在汇报课之前试讲，选择上一节写作课，主题是"如何写故事"；一位是年富力强的骨干教师，在高一开设国学校本课程，确定的课题是"佛教文化"。二人所上课型不同，风格迥异、各有千秋。当然，也有值得反思之处。

先说年轻教师的汇报课。她的教学目标是指导学生初步了解故事的叙述特点，学习编写故事。一开始，她以一个问题导入：讲一讲你印象最深的故事情景。显然，她要借此明确故事的基本元素：人物形象、故事情节。学生反应比较积极，描述的内容也不乏亮点。从教学设计的角度上说，导入的最重要意义不在于仪式感，而在于介入作用，在于通过对具体教学情境的积极创设而唤起学生从已知知识经验向新知识领域的迁移。所以，通过学生的讲述，教师要有意识地去发现在表达过程中所彰显出来的那些能够体现故事特点的基本写作要素，比如悬念、铺垫、虚构、叙述角度、时间形态的呈现方式等内容。这意味着，在学生发言之后，教师应该安排一个有针对性的理答环节；而且，在理答时，还须特别注意，正确肯定比积极肯定更有认知价值与情感促进作用。教师既要能发现学生在表达过程中的语言组织亮点，也能够及时指正学生表达中那些"非故事"元素，以便与自己介绍的故事叙述特征形成一种对照，从而有助于学生对新知识的迁移。

可惜的是，这位教师并未注意到导入环节与其后内容的有效关联，简单机械地完成了这一步骤后就匆匆进入下一个环节。下一环节是对故事定义的介绍，板书很多，知识点密布，但实际效果却差强人意。

实际上，这似乎是由写作课程的课型特点所决定。我们尤其需明白的是，写作课程与阅读课程最大的区别，就在于其高度的实践性。这势必要求教师应该具备比较强烈的写作情境代入感以及相当程度的构思示范能力。简而言之，在写作课上，"手把手"的演示，比"面对面"的讲授要有效得多。因此，教师不能仅仅作为学生课堂写作活动的旁观者，而更要积极参与其运思谋篇的全过程，直至成为写作经验的分享者；或者，至少也要成为写作困惑的切身体验者。否则，写作课在教学环节上，就与阅读鉴赏课、语言品味课没有什么本质区别了。所不同者，也不过就是把涵泳品鉴的对象，从名家名篇换成学生习作，而上述那位年轻教师正是这样给学生上：她先列举了课内外的几个经典故事，然后从这些故事中概括其写作特点，再将整理出来的这些写作特点当作学写故事时需要观照的构思要素。结果，一堂课上下来，各种素材如走马灯般换来换去，学生眼花缭乱，各种教学任务安排得密不通风，但本该成为课程内容核心的写作体验活动却草草收场，学生们依然不知如何下笔。

平心而论，这名教师的课前准备还是非常认真的，她当然也希望在课堂上给予学生尽可能丰富充实的写作指导。但教学效果与预设目标之间又的确存在着比较大的差距。其实，写作课徘徊在丰满理想与骨感现实之间的这种尴尬，不仅仅属于这位年轻教师，也折射出写作课程在整个语文教学环节中的尴尬定位。我估计，几乎每一名语文教师都清楚：写作是综合体现学生语文能力的最重要的学习方式；但在我们的实际教学过程中，依然存在着"重阅读、轻写作"的倾向。甚至在相当多教师的教案里，几乎就没有给写作课程留下一席之地。究其原因，要么是不知从何教起而草草敷衍，要么是觉得效果不彰而刻意回避。稍好一点，也不过是将写作前的理念灌输与写作后的范文总结包装成金针度人的锦囊，却对最为重要的，尤需启思定法、循式辩体的写作过程本身，避而不谈。不得不说，很多教师自身对于写作课程意义、价值与规律的这种狭隘认知与错误实践，直接导致了写作教学的严重缺席。所以，我始终坚持这样一个观点：一名教师对于写作教学的设计能力，与其本人的写作兴趣、写作参与度、写作水平直接相关。当然，这并不意味着如果我们写不出斐然成章的佳作，就不配指导学生写作；而是说，一名语文教师自身的写作素养起码要过关，至少要高于学生写作能力的中上游水平，要能够不断亲身体会写作过程中的种种艰辛与困惑，才有可能在具体指导学生写作学习时，形成某种设身处地、将心比心的"代入感"，进而与学生的写作体验达成比较密切的心灵沟通，以期最终能够将写作过程中表现出的种种心理运作机制提炼为可观察、可分享、可遵循的认知经验，促使写作教学更具有可操作性。

再简单说说第二位老师的校本课程。因为没有现成的教材与教法束缚，这类课程似乎应该可以上得更为随性自由一些。其实，对于语文教学而言，如何教，根本就不是一个值得纠结的问题。常言道，教无定法，贵在得法。黑猫白猫，抓住老鼠就是好猫。只要学生喜欢老师的课，从课中有所得，老师愿意怎么上就怎么上。如果说，国家课程囿于体制，尚有教学内容、实施途径等方面的强制性规定的话，那么，校本课程却甚少这类限制。所以，对于很多有追求的老师而言，参与校本课程的设计开发，实际上不是一种负担，而是一种专业特长的释放与真我心性之表达。毕竟，终于有一天，中学教师也可以有一个能够完全按照自己的想法确定课程形态与实现目标的机会，那么，大家又何乐而不为呢？

但现实如何呢？远非想象中那般美妙，甚至连看上去挺好都算不上。很多教师总是怯于参与校本课程的开发。就仿佛一个乖孩子被人管束惯了，一旦给予了他充分的自由，他反倒无所适从了。我们不少同仁宁可在固有课程模式中忍受索然无味的重复，也不愿意突破既定的思维惯性勇敢尝试。所以，对于愿意投入校本课程的教师，我总是报以肯定，投以最大的敬意。

当然，我们也必须承认，再广泛的自由也必须以一定的约束为前提，而校本课程的前提就是其教学内容的选择一般不能脱离校情、学情、课程资源与文化习惯之实际现状。这当然是一个常识，教学是个技术活，仅靠一腔无处安放的热情与知其不可为而为之的蛮力，干不成。是谓校本课程开发中必须要遵循的"嵌入感"之原则，几乎所有成功的校本课程都会注意积极适配，乃至兼容现有文化场域与知识图景的存在现实与思想立场。这意味着新课程开发更需要关联一般学习者的"最近发展区"，着眼于唤起共同的文化记忆，进而与其学习动机实现深度嵌合，方能达成较为理想的学习效果。

回到课堂，我们这位骨干教师确定"佛教文化"专题，并突出介绍西安佛教胜迹与中国文化之渊源，还是用了一番心思的。毕竟，在历史上，西安一直都是佛教文化的重镇，遗迹甚多。该教师从这一点切入，就精准定位了认知地域文化的一个典型角度，则窥一斑便可知全豹，进而在对长安佛教文化的巡礼中，唤起学生对于传统文化的兴趣与理解。正是基于这一认识，我们认为，校本课程应该力避泛泛而谈的知识介绍，而要在基本常识与地域特色的契合性上下一番功夫，让学生的学习活动更有一种具象直观的"现场感"，从而让传统文化与历史精神可触可感、可听可看，唯其如此，方有资格说，我们的校本课程自始至终都闪烁着人性温暖与人文关怀。严格说来，该教师的第一堂校本课程在营造现场感上做得还不够彻底，还是有些拘泥于知识性内容的一般讲解，故课堂氛围稍显生涩。这更需其在课程内容选择上要深耕细植，形塑属于自己专业特色的课程气质。但无论如何，在中学课堂上尝试把握这样一个文化课题，是需要有一些勇气与见识的。

总而言之，无论何种课型，终极目的始终应该着眼于学生的精神发育与心灵成长。循道不二、殊途同归。一名教师的责任，就是让学生在追求智慧的过程中习惯优秀。

论述文话语套路的运用逻辑

上大学那会儿,给我们上文学评论课的老师讲到艺术作品形式与内容关系时,举了一个很有意思的例子:她当年上写作课时,任课老师布置了一篇写作练习,要求很特别。这位老师提出一个主题,然后在黑板上写下"如果……那么……""从某种意义上说""显而易见""不可否认的是""一方面……另一方面……""首先……其次……最后……""综上所述……"等一系列在说理议论文章中常见的表达套语,要求她和她的同学们围绕主题,在文章中必须完整使用以上措辞。这位老师则根据他们运用合理与否给文章打分。

乍一看,这位老师的写作任务似乎显得有点简单粗暴。不是常说"文似看山不喜平"吗?又或者,所谓:文无定法,贵在得法。长期以来,我们习以为常的写作观念不是总强调形式要为内容服务吗?好的文章不应该是意到笔随、妙手偶得吗?怎么写文章还会有这么刻意、整饬而严苛的套路呢?如此一来,难道不会限制写作者鲜活灵动的思想吗?

当时,对于这些疑惑我其实并不在意。现在想来,实在是因为自己太懒,写得少,所以感受不深、品味不永。但这两年自己手动得勤了,个中体验便多了起来。虽谈不上有什么独到的领悟,但的确越来越觉得当年老师举的这个例子大有深意。毕竟,对于我们大多数人而言,思如泉涌、妙笔生花,乃至开宗立派、独领风骚，显然是一种对写作能力不切实际的幻想。伟大作家与伟大作品之所以经典不朽，正在于他们的难以复制，从而显得异常稀缺。这就决定了文学艺术创作是一种极其复杂又十分微妙的高级认知活动与心理机制，往往有其可遇而不可求的神秘性与不确定性。那些留下名山事业的成功者，在众多在写作道路上艰难跋涉的追梦人中，也仅仅是凤毛麟角而已。而更多的尝试者，其实基本上都倒在了虽惨淡经营、备受煎熬却仍然一无所获、徒劳无功的半道上。甚至有些人雄心勃勃，却最终心有余而力不足，刚开头便煞了尾；或者压根儿连步子也没有迈出。可见，对于仅具中人之资的芸芸众生而言，写作就是一场"无中生有"的魔术奇幻秀，你纵然能感受到别人下笔如神、倚马可待的高峰体验，自己也仍然会不得其门而入，有劲儿使不出。那种况味，仿佛近在咫尺，却天人永隔。甚至，毫不夸张地说，很多人与一篇好文章的距离，或许绝不亚于方生方死之间的那看似不可捉摸的隔阂。

既然达不成从自由思考到自由写作的高度，那么，满足于实际表达用途的浅尝辄止、亦步亦趋总可以吧？正如上文提到的那个例子，我们无法强求在写作上绝对自如的收放，便干脆立足自身能力现状，努力修习基于一般水平的写作形式套路，而不必非要以生命的姿态介入创作。在这里，写作完全可以被理解为一种功能，一种形塑自己思想的表达沟通工具。既曰工具，当然存在着某种彼此公认的标准、流程与套路。而基于人类文化传统与话语实践的写作历史本身恰恰为我们表情达意、议论说理提供了很多可资借鉴的经典范例与言说范式。就这一意义而言，表达形式并非被动地在适配言说内容，那些已然成型、日臻完善的陈说套路，甚至章法形式本身，对于写作内容也往往会产生一种积极影响乃至定向征服的作用。尤其在用以传递信息、沟通思想的实用类文本中，这种既定表达策略的形式效能就更为明显。而在我们的写作学习中，深度理解这些合理表达观点的基本措辞，并反复尝试，不失为切实提升写作能力的一条有效途径。

具体而言，亦如前文所述，那位写作课老师之所以要求学生必须在自己的文章中使用特定的措辞，正是因为他看到了这些表述本身就就存在着勾连话语意义关系，申明构思逻辑线索的结构性作用。例如，"从某种意义上说"这个词，当写作者使用时，往往意在表明其试图推动自己的议论朝更为深入的方向展开。同时，这种思考又并非对之前陈述的简单接续，它们之间存在的联系却更为深刻：能够印证的不是完全重合的。从而，我们也就可以将"某种意义"理解为对深一层观点特定含义的一种强调性表达。又如"显而易见""无可否认"等词，与其说它们表达了写作者的某种确定结论，倒不如说是在通过构拟一种强调性的语气而力求对读者形成一种强势劝服的影响。这意味着说理议论并不排斥情绪的鼓动与有针对性的心理暗示，言说者的话语姿态本身便能够在一定程度上强化其观点的感染力，进而促进形成某种"先声夺人""当仁不让"效果的说服力。再比如"于是""可见""显然""从而""故而""进而"等措辞，呈现的则是语句间因果关系的显性连接。我们知道，因果关系是逻辑思维中一种最基本、最常见的意义联系，行文中强调这种关系，显然有助于增强表达的整体思考质量。而当我们在文章中使用类似"就一般意义而言""从理论上说""在某种程度上"，或者"对……方面而言""对……来说"等句式时，其实也未必是要纠缠"理论""意义"的真相究竟为何，而更可能是一种加强表达严谨性的特定言说策略。那潜台词分明在说：我的以下结论不是放之四海而皆准的，是受具体语境限制的定向思考；所以，你即便提出几个特例也无法推翻我的前提。至于像"如果……那么"等假设关联预设对手，以确立"假想敌"的方式助推本论的建构；用"但是……""可是……"的转折关系凸显对立论点间相反相承，强化结论的有效性；以"只要……就……""只有……才……"等显示条件关系的词句有针对性地揭示观点表达的前提；以及运用"不但……而且……""进一步说……""深一步思考……"等递进关联词标志谋篇运思的逻辑表达重心等，都可以说是特定言说套路对提升文章思辨水平的一种积极促进作用。而其他如"一方面……另一方面……""综上所述""总而言之""概而言之"等措辞，一望便可知是对结论的整合归纳，作用鲜明，不再赘述。

曾记得古人读书作文时常有"《文选》烂，秀才半"之说。其意大概是指《昭明文选》包罗万象、内容宏阔，若能读透，则学问必然精进。其实，在我看来，这句话还有另外一层意思：《昭明文选》所选文章，往往都是辞藻华美、铺采摛文而极具形式美感的韵文、骈文、辞赋。这类文体章法谨严、结构精致、意义对称，很适合写作者从模仿外在形式入手师法化用。故若能将其中经典篇章归纳熟记，积极实践其起承转合、遣词造句的特定套路，则很适合写作者迅速搭建起基本写作思路框架，从而在表达时更加得心应手。

一言以蔽之：熟悉议论文的话语套路，不仅仅是在主动选择经典的表达形式，更是一种积极的思维建模过程，可作为写作学习中一种颇具操作性的训练方法经常运用。

学生建构写作内容与意义的四个来源

基于传统课程观念进行写作教学设计时，我们很容易陷入这样一种误区：总是习惯于将大量精力花在给学生传授写作技巧与整理文章结构模式等方面。曾经有这样一句被很多人奉为圭臬的话：高考作文，要做到"手中有范文，心中有模式"。一个"模"，一个"范"，无一不是从程式化、结构化的写作套路出发，来训练学生对文章经典章法布局的机械化模仿。

我们当然承认，好文章自有其值得借鉴乃至效法的谋篇经验，但这种经验在多大程度上能够被学习者内化为自身语文素养，却完全因人而异，并无一定之规。所以，我们的写作教学与其花费时间与精力关注那些效度不高、难以分享的行文套路，倒不如扎扎实实地培养学生去明确建构呈现写作内容与意义的基本途径。一言以蔽之：在写作教学实践中，"写什么"有时很可能是比"怎样写"更迫切的一个问题。那么，写作内容的选择究竟基于何种考虑呢？以下，我们提出思考写作内容的四方面来源。

一　生活感悟——真情实感

学生在通过省察生活经历来感悟写作素材时，通常面临着这样一种困惑：平淡日常化的生活节奏，很容易带给人一种平庸无聊的感觉。既然我们的生活在多数时候都是波澜不惊、司空见惯的，那么，究竟有哪些生活感受值得进入写作的视野呢？其实，这种困惑很可能不是一个有关"发现"的问题，而是一个有关"尺度"的问题。人总是习惯于从当下的立场出发思考自己的过去与未来。这当然没有错，毕竟当下最容易为我们所把握。但问题是，如果我们每日的生活都被处理成片段式的即时感受，那生活内容便很容易被分割成一个个碎片化、流水账式的缺乏意义、泛滥着贫瘠体验的零星记忆。而当我们一旦跳出当下，或者从往昔岁月中比对当下存在的微妙差异与细致变化；或者以放眼未来的更长久尺度来重新塑造当下的意义，我们的感受就很可能焕然一新。这意味着，在很多时候，不是生活无聊，而是我们的感悟力太粗糙，跳脱不开，便难以通达。

二　阅读积淀——博览群书

相比较于生活感悟，阅读的积淀其实应该成为学生建构写作内容最主要的途径。毕竟，学生的生活阅历有限，求学阶段其实很难做到"仰观宇宙之大，俯察品类之盛"。所以，其通过向外开拓视野来丰富自己的写作积累，往往并不现实。但所幸，我们还有书本，以及现代化的信息接受途径，可以做到"秀才不出门，便知天下事"。阅读，从本质上说，就是通过介入不同人的生命体验来丰富自己的人格内涵。当然，最高明的阅读境界绝不是被动接受单一信息的灌输，正所谓"尽信书，则不如无书"。故阅读活动就其本质而言，乃是一个基于自身知识积累与认知结构的经验现实，去不断同化外部知识的过程。

尤其是当我们站在写作活动实践者的角度来回看阅读活动时，就会发现，阅读的最佳状态正在于：阅读者不仅领略了作者文辞的魅力，更能够提炼、分享作者的写作体验与人生领悟。就思维本质而言，读与写，常常表现为一体两翼、彼此互文的关系。而在写作实践中，很多学生对读写之间的密切关系还是理解得过于狭隘，仅仅将阅读与写作的互动观照，矮化为素材的积累整理与论据的生搬硬套，尚未形成思想方法上的有机整合。这一误区，很值得我们在研究学生阅读行为效度时认真思考。

三 他人经验——道听途说

在学生建构写作内容的过程中，他人经验往往是一个极易为其所忽视的资源。或许，对于写作者而言，基于自身立场预设与价值判断的感受才是最亲切、最实在的，纵然"他人有心"，也须"予忖度之"，才有可能变成属于自己的直接经验。这样的认识本身无可厚非，但问题是，一个人的经验往往自洽于其难以复制的有机生长过程，故对于其他人而言，其价值未必都适合借鉴、迁移——或者作为自身思考的理解背景，或者作为突破常规的特别启发，或者作为创生新见的运思触角。总之，他人经验，对于写作者的影响是多元而断续的，更是隐性而间接的。但是，即便是没有构成明确的影响，他人经验的存在本身，也仍然是对写作者积极思维能力的一种培养。我们必须清楚，写作的根本价值在于获取语言组织背后的思想方法，而狭隘僵化，正是思想保持进步与敏锐的天敌。一个人习惯于一种思考姿态既久，就很容易形成某种路径依赖而难以挣脱。

平心而论，这种依赖有时未必是因为其人无所作为的懒惰，而实在是"唯我"的立场很容易遮蔽从自身难以觉察的角度审视自我的可能。要知道，思想总是倾向于这样一种操作：他对自己无法觉知的态度、立场与方法常常存有某种深刻的怀疑，甚至敌视。闻所未闻，便置若罔闻、视而不见；出乎意料，就斥为异端、打入另册。这，是思维的盲点，更是思想的陋习。我们喜欢标榜"与众不同"，但实际上往往最难以容忍"与己不同"。毕竟，超出认知经验，就很可能意味着同时颠覆了思考习惯，而重新建构理解方式的探索过程又总是伴随着艰辛与挫折，但结果，却很可能遥遥无期，无法立竿见影。但如前所述，这种探索与尝试对于推动写作思维的积极深入其实非常必要。所以，与其在自己的小天地里孤芳自赏，倒不如引来"他人经验"这股源头活水荡涤一下平庸生活的俗世尘垢。这未尝不是一种抵抗思想贫瘠的好方法。

四 困惑反思——反躬自省

从方法论的角度上看，写作自始至终都是一个价值的自我觉知与人生经验的反思回溯过程。但这并不等于一个人对自己往昔所有瞬间的回顾都具备书写的可能。这就涉及一个衡量标准的问题：哪些内容是可以在写作过程中被建构起深刻的存在意义的？对于一名中学生而言，其生活经验通常比较有限，那么，其反思的指向应该立足于怎样的现实基础之上呢？我们的回答是：立足于对自身困惑、困难、困境的反思，对于丰富自己写作对象与写作表现力有着至关重要的价值。

一个人，即使生活环境无比单一，但只要他还经历过挫折，遭遇过创伤，则其印象就绝不会磨灭，甚至会非常强烈。因为，从心理学的角度上看，人对损失的敏感程度通常要远高于其对获得感的觉知。如果我们在写作学习中能够注意到这种心理效应，从而倾向于关注某些刻骨铭心的失败经历与痛苦体验，则写作内容的建构就有可能呈现出某些匠心独运的发现与思考。人性中那种趋利避害的功利性总是阻碍着我们对痛苦的深刻领悟。这固然是心理健康的净化作用与记忆防御机制的体现，但对于写作而言，"报喜不报忧"未必是高明的选择。毕竟，韩愈早就说过"物不平则鸣"。无独有偶，尼采不也曾把母鸡下蛋的啼叫与诗人的歌唱相提并论，说都是痛苦使然吗？可见，对于痛苦与困惑的反思也是写作内容与意义建构的重要方面。

以上，我们简单梳理了写作内容与意义建构的四个方面。实际上，支撑这些内容充分展开的，端赖积极思维的培养。没有主动发现、积淀、提炼的创作意识，则再高明的构思，也不过是空中楼阁、镜花水月。

"道题图说"写作学习活动设计反思

从本学期开始,我给学生安排了每周一次的"道题图说"写作学习活动:在作文课上,我围绕新近发生的社会热点话题,通过图片、视频等形式,因境设题,驱动写作学习任务。至本月末,累计进行相关写作练习五次,作文全批全改,学生渐入佳境,逐渐熟悉该写作活动的步骤及意义。我的教学预设初步实现,很多环节颇有值得反思的价值,梳理如下,以期对今后写作教学产生积极的反思和借鉴意义。

反思一 创设思考情景,推动具体说理,有利于促进学生思维品质的切实提升

从主题导向、话题导向,到问题导向、任务驱动导向的转变,是近几年高考作文命题思路的突出变化。试题设计立足于促进学生阅读转化能力与迁移分析能力的提升,着眼于写作活动沟通、交流、劝服等实用性功能的达成。作文材料呈现开放、多维、思辨性特征。这些转变,都对学生批判反思、整合重构以及类比综合等高阶思维能力提出了新的要求。如果我们在课堂教学组织中不能主动因应高考写作中的这种新变,那么,传统的作文教学观念就会使我们的作文备考工作走进死胡同。因此,我设计"道题图说"活动的根本目的,正

在于通过具体写作任务情境的创设，将学生对作文材料的思考置于具体言说语境之中。五次写作练习，我先后布置了演讲词、公关企划方案、公开信、主题发言、访谈这些贴近现实的写作任务，引导学生从对生活现象的反思出发，积极介入那些具有思想深度与思考价值的公共议题，使学生在解决问题的过程中更有针对性地展开自己的理性思考。

反思二　分享写作经验，开展文本对话，通过介入写作过程精准调整学生写作习惯

对于新课程背景下的高考作文写作教学而言，如果只有任务而无驱动，那么，想法再好，也只是纸上谈兵。传统写作观念的一个典型误区就是：教师的写作指导，要么只发生于学生写作活动开始之前的知识讲解阶段，要么只出现在写作活动结束之后的对单篇范文进行点评分析阶段。其弊端显而易见：要么是"纸上谈兵"，要么是"事后诸葛"。但对于学生学习效能影响最大的写作过程中的思维、语言组织活动，授课教师却常常忽视以及无视，以至于难免会出现写作教学的低效甚至无效之结果。不对症，乱下药，当然解决不了问题。而"道题图说"写作活动设计，就不仅仅是对写作任务的简单安排，更包括了教师通过分享自身写作经验，以及逐人逐项、分类讨论、精准评估学生写作任务等清楚明确的教学环节，从而更有针对性地为学生量身定做写作改进策略。两个月以来，我的评改内容既包括指导学生从读写结合的角度深入挖掘作文素材信息，充分理解任务驱动要求，进而完整还原写作情境意图；也包含对学生思维误区的点拨、示现与改善。而学生，则在对写作任务情境的深度理解中逐渐养成积极思维、及时记录整理，通过积极输出倒逼有效输入的学习习惯。

反思三　关注社会热点，盘活素材存量，理性预判考场作文命题方向

近三年高考作文的命题趋势启示我们：考场作文不是闭门造车，不再回避

热点。但很多学生在面对熟悉的话题时，反倒容易陷入"有话可说、无从下手"的思维困局之中。在我看来，造成这种困局的根本原因未必是学生的积累太贫瘠，而很可能在于他们对自己的积累往往缺乏一种自觉地整理与回溯意识。也就是说，对学生的日常写作准备而言，"不知道自己知道"比"不知道自己不知道"更糟糕。无法盘活自己已经拥有的阅读积淀，则其语文学习成果就不能有效地转化为学以致用的智力资源与信息流量。毫无疑问，写作是一种实践性很强的学习活动，勤记不如善用。而"道题图说"写作教学活动旨在通过微专题写作活动，不断丰富并盘活其"知识存量"。其形式灵活自由，不限字数，写作目标切实可行，门槛不高，重在思维价值的培育。与此同时，学生也可以通过对自己习作的定期回顾审思，动态调整，将学习成果整合为一个个话题开放、指向多元的作文"母题"。临场发挥时，一旦其与考场作文话题存在意义交集，便可迅速勾连汇通、铺排架构，从而将考场作文构思前置为随时设定、定向整理的日常写作任务，最终帮助学生在面对考场作文时能够做到"心中有素材，手中有蓝本，下笔有头绪"。

近两个月的"道题图说"写作实践仅仅是一个开始，还有很多亟待完善之处。但我相信，坐而论道不如身体力行，在实践中检验写作活动的成败得失，才是有效度、有效率、有效能的写作教学设计思路。

浅议教师职业写作的几个角度

教师投入写作活动，原本应该是一种与职业素养密切相关的专题修炼，但不知从何时起，竟然成为一个问题，一个令某些人唯恐避之不及的问题。这也就无怪乎会有人讥讽某些中小学教师自己不读书，学问少而有误人子弟之嫌。当然，我们并非认为写作能力一定就与教学能力构成正比，但就教学工作所具有的高度实践性特点而言，职业写作的确是有效促进教师专业发展、走向卓越的必由之路。就我所知，不少"名师"成长之路的经验都告诉我们：教学反思写三年，想不成良师都很难。而"实践＋反思＝专家"的观点，更是被越来越多的有识之士广泛认同。实际上，"教书匠"与"教育家"的最根本区别正在于：你自身所觉知、经历，并实践着的那些宝贵的教学经验，能否被充分观察、描述、汇聚、提炼以及传达。而能够校验、审思、确证这一切的最理想途径，莫过诉诸笔端。可见，写作之于教师，不仅仅出于一种纯粹的言说兴趣，更是发展自我的题中应有之义，是体现工作效能的关键工具。

遗憾的是，在大量促进教师专业成长的书籍中，对教师职业写作进行有效指导的内容相对较少。相当多教师的职业写作还处于自发自为的状态，比较盲目。这也造成了我们不少同仁一提起写作，要么敬而远之、退避三舍，丝毫没有动笔的兴趣；要么狭隘地将写作理解为嘲风弄月、言志抒情，从而天然地认为写作就是语文老师的事，与其他专业没有关系；更有甚者，自以为是地视写作为套路，为徒具形式的走走过场，为浪费时间的空洞体验与自娱自乐的荒腔走板。有人每日宁可花费海量时间去追逐那些哗众取宠的段子，与耸人听闻的言论，也不肯沉下心来在字里行间积淀一些兼具人生体悟与思想营养的真切感受。一名教师，如果总是习惯于猎奇的噱头与肤浅的享受，那么，他就根本无法真正培养起学生勤思好问的习惯与渴求真知的理想。

明确价值，是为了更好地躬身实践。为此，我们扼要分析一下教师开展职业写作的几个角度，以期提供一种能够促进教学反思的有效途径。

角度一　可记录的教学机智

常言道，教无定法，贵在得法。这实际上就是在强调教学机智在教学活动中的重要价值。所谓教学机智，是指教师在既定教学设计框架内，应对课堂即时生成性内容的理答策略与引导方式。实际上，在一名善于思考的教师眼中，即便是面对同样的教材内容，其课程设计的着眼点与着力点也是各不相同的。一言以蔽之，好老师从不会上完全相同的两节课。教师的职业舒适区，不在于教材的固定不变，而在于教学内容选择的雷同与机械。所以，就这一意义而言，我们对一堂好课的期待，在很大程度上就是对学习活动过程本身存在的某些不确定性内容的期待。在这里，积极记录教学机智产生的轨迹，从而在课后做出对自我课堂表现的战术复盘，就显得尤为必要。其实，一名教师多年的职业生涯几乎很可能就集中在课堂上那灵光乍现的一刻，如果任其轻易划过而不作任何追溯，无论如何，都是一件十分遗憾的事情。所以，我们应该养成一种随时整理自己课堂实录、课后回放、采撷亮点的写作习惯。要达成这一过程，则教师完全可以结合自己的课后反思与学生的听课记录，定向还原教学机智发生的鲜活现场，反躬自省，研磨课例。

角度二　可回溯的教学失误

如果说，教学机智是课堂上"搂草打兔子"的意外之喜，那么，教学失误则显然是机关算尽却依然出师未捷的遗珠之憾。学情误判、预设落空、安排失衡、节奏紊乱、环节断裂、应对仓促、知识硬伤、尴尬冷场等等，都有可能让一位雄心勃勃的老师乘兴而来，败兴而归。从某种意义上说，教学就是一门遗憾的艺术，理想的课堂永远都发生在下一节课。但我们也因此而必须清楚，比百战百胜（事实上几乎也不可能做到）更重要的是，无论输赢，我们都能从中有所收获。其实，辩证地看，课堂上没有绝对的"垃圾时间"与错误内容，只有放错了位置的教学资源与未掌握火候的教学行为。这意味着，对标教学失误，清晰回溯其产生机理，精准评估期待落差，则一堂不够理想的课堂反而会呈现出一种理想的借鉴意义。因此，教师职业写作要密切关注、积极梳理课堂教学失误的案例，有针对性地积累"病案"，根据重难点错位、目标落空、行为偏差、知识水平及专业素养不足等"症候"，将教学活动中存在的各种问题对号入座，建立与自身专业成长同步的教学"病理切片"素材库，进而能够真实回溯错误的实然样态，最终使自己的教学行为在"揽镜自照"中得到更为精确的对位调整。

角度三　可提炼的教育心路

陆游有诗云：汝果欲学诗，功夫在诗外。我们从事教学活动，更是如此。归根结底，课程就是一种人际交往与信息互动系统，所以从来就不存在单向度的知识灌输过程。教学的原点无非人心。读懂人，读懂育人过程中的自我，才能真正读懂课程，读懂课堂。实际上，我们在课堂上促进学生学习的同时，自己也在与学生的交流之中披露心声，倾诉衷肠，分享心得。师生之间，只有越来越紧密地结成某种学习意义上的命运共同体，方能取诸怀抱而悟言一室之内，开诚布公以俯仰天地之间。育化心灵、涵养气质，既是达成教学效果的人格生态，也是教学活动必然产生的溢出效应。在这一过程中，每一名教师在培养学生时所走过的心路历程，无疑将是其职业生涯最宝贵的精神财富。而我们通过教育叙事，摹绘出这一灵魂轨迹，就极有可能实现自身职业生涯与认知层次的迅速跃迁。这里需要强调的是，教育叙事写作的切入点完全是灵活多样的：既可以是转化学困生的典型事件剖析；也可以立足学生角度落笔，重新审视教学活动的生本价值；还可以通过访谈、调查报告、班级日志等形式随手、随心记录师生交往过程中值得灵魂追问的那些关键时刻；当然也包括在与学生、家长、班主任、同行的实时互动中整理积累的课堂教学反馈。总之，教育叙事的题材往往不拘一格、包罗万象。随感杂谈、零语短札、掌故轶闻、漫话心语，皆能入文。遣词造句的门槛不高，在培养教师职业写作习惯时相对容易上手。

角度四　可观察的教学行为

课程能否从理想的理念变成理想的实践，通常与教师教学行为的效能密切相关。卓越教师之所以出类拔萃，不仅仅在于其知识学问的精深博大，更在于其对课堂教学行为的主动调适与精准定位。那些令我们赏心悦目的课堂，总是活跃着举手投足如行云流水一般舒展自如的名师身影。而观察一堂好课，在一定程度上就是观察教师的神采形容与举止应对。正因为如此，我们对课堂教学行为背后组织逻辑的揭示、省察与审思才显得无比重要。因为，一个无法被观察、被呈现的教学行为，无论其在当时的学习情境中如何精彩，则仍然只能被视作属于教师个人自发性、暂时性、碎片化的教育经验与职业经历，当然不具备示范、迁移、复制，以及推广的价值；故其在更大范围内对课堂教学效果的促进作用就十分有限。从这一认识出发，我们将很自然地联想到职业写作在其中扮演的角色。我们知道，写作之不同于言语交流的最大特点正在于：组织文字本身，就是一个促进思想走向澄澈清明、辩证自洽的过程。于是，运思谋篇便不仅仅表现为遣词造句、润饰成文那么简单，而首先是对自我思维属性的深刻反省与形塑确证，所以，写作往往意味着对理性的深刻建构。与之相反，言说过程则通常会因其瞬时性、迅捷性的特点而不免粗疏肤浅之处，这也是人们所说"说话不经过大脑"。可见，哪怕水平一般的文章表达，只要结构成篇，也必然属于构思后的刻意呈现。简而言之，写作实际上就是一个不断琢磨感觉、锤炼思考的过程。为此，我们同样有理由相信：用文字陈述、观察教学行为本身，就是在对其进行学理意义上的有效研讨。毫无疑问，摆事实就是在讲道理。

通过以上考察，我们不难发现：几乎有关教育教学活动的一切体验，都有成为写作素材的可能。而实现的关键，正在于我们是否具备积极思考的意识与习惯。这将最终决定一名教师能够在专业成长的道路上自由行走多远。写作，既是一个释放自我的过程，更是一个成全自己的舞台。好教师，既要手不释卷，也要能落笔成文。

教师职业写作的学科特质

一提到写作，很多人似乎往往存在着这样一种认识误区：写作，原本只是语文教师的专长，对其他学科教师并无多大作用。这实际上是把写作狭隘地等同于语文学习的专属能力。当然，我们承认，写作能力的培养主要得益于语文课，但这并不等于说写作活动只与语文教学有关。其实，从教师专业成长的角度上看，写作，与其说是一种兴趣特长，倒不如说是一种功能与素养，是教师职业生涯中不可或缺的关键能力。

也许，有人会反驳说："难道，对于一个理科老师来说，写不出文章就必定会影响他解题运算、实验演示吗？"当然不是。一个老师是否经常写文章，与他教学能力的高低之间并没有必然联系，但写作水平的高低却很可能会影响到他未来职业生涯的走向。

从职业特质上来说，相较于其他行业，教师职业最显著的特点就是其高度的实践性与深厚的人文性。一名教师，无论其专业素养多么精深，学科知识多么广博，都不能说其已经达到了职业生涯的辉煌顶点。一般而言，这一工作最困难之处，就在于教师自身知识经验的效度，必须要通过一个对象化的过程来呈现，即：我们要将自己所学、所得、所感，内化为学生在学习活动中有效习得的习惯、方法、能力，以及正确的价值观；而另一方面，又正因为我们的工作对象是活生生的人,是在认知水平、身心机能等多方面有着显著差异,来自不同成长环境,在成长过程中又充满着各种不确定性的独特个体,从而使得这一过程变得异常复杂,充满变数。所以,在现实工作中,我们经常会遇到这样一种教师:其个人学科知识水平很高,专业能力很强,但面对学生,就变成"茶壶煮饺子——心里有数,嘴上倒不出"。那么,你能说,这样的教师在职业素养上是合格的吗?

可见,一名教师的专业素养固然包含学科素养,但又要比学科素养丰富得多。其中,最重要的一个方面,就是教师对课堂实践要有极强的反思能力。教师在具体的教学场景与变化着的教学情境中,面对各不相同的教学对象,其对教材的解读、再创造过程,对教学内容的选择、处理过程,以及对教学活动的组织、建构过程,甚至与学生的沟通、互动过程,都将深刻体现出一名教师的核心教学智慧。而另一方面,课堂教学又是一种即刻发生、独立完成的职业行为,这意味着教师工作的个体性非常强。无论课程形态如何变革,通常还是需要教师自己独自应对丰富且不断变化着的学习活动。所以,教师的职业经验如果不能通过针对性的反思记录来进行有效的提炼整理,则其在教学活动中表现出来的那些稍纵即逝的课堂智慧,便始终只能是灵光乍现般的个体领悟,或昙花一现式的即兴表演。简而言之,一节无法观察、未曾记录、不能回溯的课程,无论教师当时上得如何精彩,也终究不可能具有学理探讨与经验梳理的迁移价值。即便是对于教师个人而言,自己的精彩一旦无法复制,则其专业成长过程势必存在更多的偶然与不可预知性,教学的效度也必定会大打折扣。所以,对于一个有着自己职业理想与专业追求的教师而言,对自己课堂教学活动进行有效的"战术复盘",很可能是决定其实现自我提升的关键因素。

如果,我们能够从这一高度审视教师的专业成长途径,想必就不难理解教师写作能力的重要性了。当然,我们鼓励教师投入职业写作,并非要将他们变成多愁善感、吟风弄月的文学写手。教师专业成长视野下的主题写作,主要是着眼于教育叙事的即时整理与教育教学案例的持续反思。其实,不同教师学科背景的差异，恰恰为彼此之间进行跨学科知识与思想方法的相互借鉴与渗透提供了良好的条件。我们现在提倡基础教育阶段学生的通识教育理念，正是对越来越琐屑的分科化教学趋势的一种反动。但我们是否真正意识得到：没有立足教师教学角度的通识，何来学生学习领域的通识。而教师的职业写作恰恰为打破学科之间的专业畛域提供了某种可能。

当然，我们也必须承认，通过教师职业写作促进学科融合的前提，正在于不同学科教师思维方法与认知角度的丰富多彩。正所谓，各美其美，方能美美与共。所以，我们鼓励教师从事职业写作，大可不必千篇一律地规定好单一的流程与套路，而是要着眼于对学科特质的启发、彰显与提升。教书，归根结底，是为了育人。正是在不同知识架构之中共同思考"教育"这个最大的命题，才能使先进的教育理念更接地气，更有深度地对接有机鲜活的人格与智能进化历程。因此，我们必须明白：教师职业写作最终是以促进有效教学为其根本目的，回到课堂现场，才能正本清源、有的放矢。由此可见，不同的学习范式之差异，正是各科教师进行职业写作时所必须遵循的基本依据。以下，我们具体分析。

语文是一门综合性、实践性较强的学科，这决定了语文教师的写作视野要宽、要活，要杂学旁收、融会贯通。作为母语教学，语文要着眼于身边鲜活的语言现象，立足言语活动背后的思维背景。语文教学具有培育"全人"的重要价值导向，话语逻辑的背后，是深刻的文化认同。因此，语文教师应该站在塑造学生人格的高度来反思、审视自己的教学活动。所以，语文教师的职业写作应该重点关注教育教学案例的积累整理与课堂过程的定向回溯。教育叙事可以重点关注教学预设与实际课堂呈现之间的差异，进而从这种差异中省察自己对教材处理、教学要件选择、教学活动安排的得与失。由于语文教学的外延广泛、内涵模糊，所以语文教学经验往往表现出一种不可复制性。这就更凸显了语文教师职业写作的价值，即时记录、整理课堂教学案例与反思本身，就是对自身教学能力的一种有效迁移。一言以蔽之：述而不作，片刻感动；又述又作，获益一生。

数学学习体现了人类探求知识由浅入深、由现象到本质、由形象到抽象的思辨过程。数学学科最重要的特征就是数学抽象。人类可以通过那些只存在于纯粹理念之中的符号、图形，就可以对丰富多彩、不断变化的宇宙自然做出合理的描述与深刻的解释。这，正是数学学科的终极魅力，更是思维发展的高级阶段。就这一意义而言，数学也是一门语言，而且是全人类都可以互通共享的玄妙之语。为此，数学教师的职业认知站位要高。与此同时，他们也要认识到：演绎推理作为一种高阶思维模式，往往与普通人通常基于感性与形象的思维习惯存在梯度差异。而这种差异，又恰恰为数学教师的职业写作提供了非常丰富的反思素材。真正精彩的数学课堂，就是一个学生的抽象思维品质不断发育、有效进阶的过程。对于数学教师而言，如何在不同思维类型差别之间搭设一层层助其优化的阶梯，是一个始终值得深入思考的问题。从心理学的角度上看，数学学习这种思维进阶的特点，就是在不断促使学生远离大脑"舒适区"，有效进行"刻意练习"。可以预见的是，今后数学教师的职业写作将有可能更多地关注脑科学、神经认知科学、心理学等与数学学习活动能够有效整合的新兴课题。

    同语文学习相似，外语学习也是语言学习活动，自有其"约定俗成""无理而妙"的特点。但与语文学习不同的是，外语不是母语，是对异质言语活动的参与，对异质文化现象的理解，更是对异质思维模式的介入。这是外语学科的基本特质，更是外语学习的根本难点。相比较而言，语文教学因其生而如此，又无处不在的语言环境，可以构成其得天独厚的言语活动场域。但外语教学却缺乏这样的语言环境，所以，它势必要不断抵抗母语习得过程中所不可避免地存在着的思维惯性的侵扰。如何审视并反思、超越这种差异与惯性，正是一个外语教师教学组织的核心内容。因这种母语思维惯性而产生的外语学习中的理解障碍与思考困境，不正是外语教师职业写作最有价值的内容吗？归根结底，外语学科核心素养的关键内容就是"跨文化理解"，理解的前提是设身处地、开放包容。就这一命题出发，外语教师是大有文章可做的。

作为自然科学，物理、化学、生物、信息技术等科学类课程的学习有与数学学习相似之处，比如其都代表了人类认知水平的高阶发展，学习过程呈现梯级进阶等特点，但科学类课程在思维路径上又与数学学科有着本质的不同。数学学科的基本思想方法是从"不证自明"的公设出发的演绎推理；而科学课程的基本思想方法则是立足于观察实验的归纳验证。按照卡尔·波普在《猜想与反驳》中所提出的：科学理论最重要的价值正在于其"可证伪性"。科学研究，就是一个"提出猜想与假说—进行实验验证—被新出现的事实反驳—提出新的猜想与假说"的过程。在这一过程之中，科学认识总是在不断被修正、扬弃，甚至被否定和推翻的过程中得到更深入的发展。从某种意义上说，科学研究就是基于实验与新的真相的不断被披露而不断"试错"的过程。因此，对于一名理科教师而言，帮助学生确立科学精神，比传授具体知识更为重要。而学生在理科学习中所表现出的差错与谬误，其实正是最有价值的教学反思对象。理科教师应该始终思考这样一个问题：为什么理论的预设与实际学习、探究之间会产生错位，甚至相互背离。这种失误在思想方法上的依据是什么？从理科学习的特点审视教师职业写作，我们需要明白，结论并非最重要，对最终呈现结论的探究方法与思考路径的反思，才是最值得整理、回溯、提炼的。

如果说，理科学习看重对思维经验的审辨与证伪，那么，政治、历史、地理等人文社会科学研究则更关注精神价值的交汇与融通。对于文科教师而言，培养学生的"通识"意识是一个绝对绕不开的教学反思命题。相较于其他学科，应该说，人文学科间的渗透性是非常强的。之所以人文学科的探究对象针对性极强而兼容度更高，正是因为其思考对象均为有关人类社会活动的一切信息。只不过，三门学科是以各自不同的学科范式介入罢了。这一特质决定了人文学科教师的职业写作完全可以突破单一学科背景的限制，而从相邻学科认知中发现能够启示本学科思考的新颖视角。这，极有可能为该学科的教学提供更广阔的视野与更丰富的素材，进而也可以积极促进学生对人类文化持有更为开放包容的胸怀与理解。所以，我们建议人文学科教师的职业写作最好能够以学科间协作的方式进行。毕竟，不同思维背景的相互激发，才会碰撞出智慧的火花。各学科围绕同一主题的多元解读，也更有利于培育本学科的思维品质。理科探究贵乎"精深"，文科学习更重"博雅"，此之谓也。

体育、艺术教学主要基于学生兴趣特长，个体差异性非常强。教师写作围绕个案，区别差异，开展案例研究，似乎更有所得。此不赘述。

总之，教师职业写作之根本鹄的，是为及时梳理教学经验，深入提炼课堂智慧，落实验证教学理念，最终促进有效教学。教师职业写作对于每一位教师的专业成长，都有着非常关键的推动作用，应该引起各科教师的高度重视。做一个善反思、常总结、能迁移的教师，我们的职业生涯，才会越走越宽。

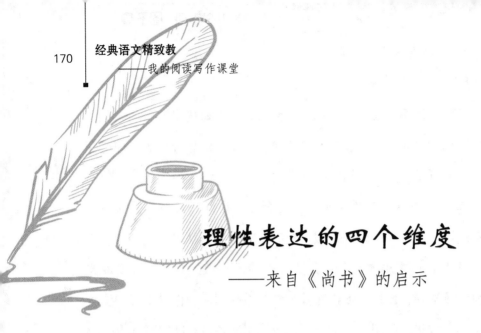

理性表达的四个维度
——来自《尚书》的启示

如果说，在传统媒体时代，我们常常因为信息传播范围有限、传播效率不高而容易"偏听偏信"的话，那么，在这个自媒体大行其道、人人似乎都拥有话语权的时代，不预设立场，不裹挟好恶地理性表达出基于事实真相的看法，却又日益成为一种稀缺的品质。很多时候，我们看到的所谓"真相"，很可能只是一种姿态，并非事实本身；而众多无处不在的所谓自由言说，有时却反倒是意气使然的情感宣泄，而非真诚平等的意见表达。

其实，很多人原本是想好好说话，可一遇上不按规矩出牌的家伙，就又忍不住火冒三丈、披挂上阵；于是，彼此的较量，也就渐渐从争论演变成为争吵，甚至谩骂，进而与原来的话题渐行渐远。可见，意义之争，一旦变成意气之争，当然不会有什么好话，更不会有什么好结果。

有人把这种劣根性归结为中国历史中浸淫专制意识已久的文化传统，似乎老祖宗从来就没有心平气和地辩论过。这倒是大大冤枉了"予岂好辩哉，予不得已也！"的圣哲先贤们。其实，在他们眼中，辩论无非是一种表达传播自己观点，劝服他人的手段。而逞一时口舌之快，争他个天昏地暗，却固非其本意。

正所谓：得鱼忘筌、得意而忘言。言辞的质辩，反映的是思想的碰撞。如果观点之间的交锋，缺乏思维价值与素养，则纵然舌灿莲花，其格调也不过等同于泼妇骂街。在这一点上，古人早有智慧。《尚书》上有四句话说得好，可资借鉴。其言曰：直而温，宽而栗，刚而不虐，简而不傲。虽言君子人格之境界，但窃以为，最理想的写作境界终归还须文如其人，所以，我们姑且将此四句也视为理性思考与表达的积极范式。

其一　直而温

正所谓：有理不在声高。可知，"理直"未必一定非要"气壮"。如果在表达或论辩中，我们已经能够确认事实，则道理的先机已得，胜负可判，那么，无论对方承认与否都已无关讨论的结果了。若有人此时非要"得理不让人"，总还想在气势上压服对方，享受一下胜利者的排场，则格局就未免太狭隘了。况且，这只能说明那位所谓的"胜利者"其实并没有多少底气。恐惧往往导致攻击，气势汹汹或许正是掩饰其虚弱的假面具。

一个人刚直，有锋芒，有棱角，这是优点，但这锋芒，是用来刺破无知之幕的知识武器，而不是戕害尊严的人格芒刺；而这棱角，则毋宁是"宁为玉碎，不为瓦全"的方正凛然，却不该似"搬起石头砸自己的脚"般愚鲁颟顸。整肃岸然，又不妨温润如玉；故以温济直，才是谦谦君子最有魅力的气度。

其二　宽而栗

宽厚包容，有成人之美的雅量，当然是一种难得的涵养。君不见，古往今来多少成大业者，都有一副海纳百川的心胸，才能定鼎天下，但宽容绝不等于骄纵、放纵。理性的表达固然要兼收并蓄不同的立场与角度，但这绝不意味着要彻底放弃基于理性判断的价值底线。实际上，包容只有与态度鲜明的自主选择并行不悖，才不会沦为消极应付与被动接受。

在我们进行表达交流时，那种充分理解不同立场的态度，本是为了修正、完善、丰富自己的思维视角，从而让自己的观点不会陷入偏执与迷狂。可如果我们因此一见到与自己针锋相对且来势汹汹的不同观点，就立刻缴械投降，还美其名曰：尊重差异、多元共生，那显然是曲解了宽容的真实含义。因为，我们须知：尊重的前提是自尊，多元的条件是对等。守住底线，不放弃原则，则包容才会最终走向悦纳。

其三 刚而不虐

智慧的竞技台绝不能蜕变为炫耀权力的演兵场。毕竟，思维较量的结果不是你死我活，而是出类拔萃。正如萧伯纳所说："你有一个思想，我有一个思想，我们交流之后，彼此都拥有了两个思想。"思想的碰撞与激荡最有可能呈现出真正意义上的双赢智慧，而非零和博弈。由此可见，理性的声音应该是强大而非强硬的，具备勇气而非流露戾气，允许对峙而避免对抗，可以角逐却无须角斗。

一个智者的话语力量，应该意气风发，绝不盛气凌人。据说，在纳粹肆虐德国期间，独裁者曾组织上百位科学家联合发表声明，否定流亡在美国的大科学家爱因斯坦的科学理论。爱因斯坦听到后微微一笑，说："如果我的理论是错误的，只需要一位科学家论证就可以了，又何必要纠集这么多人签名呢？"这可真是四两拨千斤的大手笔。爱因斯坦的反击不暴虐，不激烈，却因此而更有力量，更加强大。

其四 简而不傲

删繁就简，是一种能力上的从容；由博返约，则是一种知识上的自信。庸庸碌碌者，最爱做人生的加法，负重前行，生怕遗漏掉任何一个细枝末节；而聪明绝顶之人，却往往反其道而行之，喜欢从容地做人生的减法。三言两语，一针见血；片言只字，入木三分。这自然是提要钩玄、提纲挈领的好手段。但与此同时，我们也必须保持必要的警惕。要知道，干脆利落，固然意味着一种在判断能力、分析能力上所表现出的优势，但切不可因此就罔顾这世界丰富多彩、复杂多样的特点而对所有事情都搞"一刀切"。

我们须知，繁简自有其理，当简则简，当繁则繁。毕竟，物之不齐，物之情也。很多时候，雷厉风行与独断蛮横可能就是一念之差。真理再多往前一步，就有可能走向谬误。所以，我们还必须承认：有些错综复杂、难以一语道破的问题，还是多一些复杂的同情和理解为好。简约，而不简陋；傲岸，而不傲慢。方可称之为大家风范。

综此四端，一言以蔽之：将自己的理性思考与表达淬炼成一道靓丽而不刺眼的极光，才会在暗夜的天幕中舞动出最绚烂的风采。

有意思的表达与有意义的书写

梁晓声先生在《关于大学校园写作》一文中，将大学生的校园写作状态分为五种：性情写作、感情写作、自悦写作、悦人写作和自娱写作。其实，不仅对于大学校园写作，而且就最普遍的写作过程而言，这都是一个很有意思的划分。其中，作者对"悦人写作"是这样描述的：

> 这一类写作，是"后自悦写作"现象。此时写作这一件事对于人，已上升为一种超越"自悦"的现象。人开始对写作有了"意义"的意识。希望自己的写作内容，也值得别人阅读。在这些人那儿，有意思和有意义，往往结合得较好。这乃是更高层面的一类写作现象。这些人中，日后会涌现优秀的职业或业余写作者。

诚哉斯言，从有意思到有意义，一个人的写作状态的确呈现出一种不断进化、日益精进的过程。在我看来，这里所谓的"意思"，其实是一种自发于讲述冲动的朴素写作动机，或情动于中而形诸文字，或胸有块垒而不吐不快，或感喟现实而寄寓怀抱，或擘画愿景而铺叙成篇。总而言之，绝大多数写作者最初愿意动笔的原因往往非常简单：以我手写我口，在表达中追求思考的自由。

简而言之，就是通过立此存照，让自己能够更加清楚地"意"识到自己的"思"考，是为意思。

然而，对于一个积极的写作者来说，书写固然在很大程度上源自对披露心声的渴望，但真正意义上的深度写作却又必须要最终超越那种浅表化的基于单纯倾诉欲望的自我满足感。我们须知，即便是极端个人化的书写，也无法完全摒弃对自身社会历史存在价值的省察与反思——当然，这种反思有时候也可能是不自觉的。

而在我心目中，写作在本质上就是一种对创作主体生命质感与效能感的主动澄清与积极确证，也是感性与理性的对视、思辨与积淀的共舞，更是一颗精致的灵魂对忘却的示威，对时间的礼遇，以及对其自身创造力的发现、觉知与悦纳。就这一意义而言，文字构成了写作者精神存在的终极坐标，更界定着其思想王国的广袤边疆。在汉字中，"乂"之内涵可训为合宜、适宜之"宜"，各得其所、各安其位、自证清明、得偿所愿，是为"乂"。由此可见，写作完全可以被视为一种追求价值正义、奔赴精神家园的富于"意义"的活动。

如此一来，我们便完全有理由相信，从有意思的表达到有意义的书写，其实就是写作从自发走向自觉的过程。如上所述，也是写作状态从"自悦"到"悦人"的进阶。当然，这里所谓"悦人"，并非简单地迎合、取悦众人，而是写作者积极地通过创思谋篇，在自己的文字中建构起一种精神影响力，借此召唤同侪、聚合同道、追求认同，从而最终将自己的思想辐射传播开去，驱动更多更有价值的思考产生。或许，这正是著书立说被前人誉为泽被后世之"名山事业"的根本原因吧。

而对于视精神生活为生命存在核心价值的文化人来说，继往圣之绝学、抒一己之怀抱的所谓"立言"之业，则更是被提高到与以建构道德范式、赋能价值内涵为鹄的"立德"之业，以及从杠杆天下的世俗成就中获得现实认可的

"立功"之业同等重要的地位，即所谓"三不朽"之大境界也。打个比方，"立功"之事更多地属于人间此岸的诱惑，"立德"之境则往往体现着理想彼岸的高远，而"立言"之行则很可能是沟通有限人生与不朽意义之间的重要津梁。无论如何，对于任何一个具有自觉的历史意识、渴望超越自身物质存在局限的思想者来说，这都是一件极具吸引力的事情。这也是中华文化得以赓续传承，历千万祀，与天壤而同久的根本原因。

而我，恰恰渴望成为这样一个能够形塑意义、雕刻时光的摆渡者。于是，在我的写作生涯中，那些活跃在有意思的动机与有意义的追求之间的各种可爱的、快乐的体验能够不断地涌现出来，就是一件再正常不过的事情了。

"读写融合"为何难？
——有关阅读与写作教学关系的一点浅见

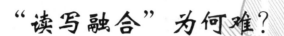

对于有关"读写融合"的话题，语文老师似乎总有一种"熟悉的陌生感"：说熟悉，是因为众人皆知语文学习无非读写二端，而教学内容的选择则更是以此为鹄的，试问，哪一种语文测评能离得开阅读与写作呢？说陌生，则是因为长期以来，我们的教学活动又往往是"读""写""两张皮"。虽然读写不分家的道理人人都懂，但实际上，二者往往畛域分明，基本上井水不犯河水。甚至于在具体教学实践层面，"读"重"写"轻的情况反倒成为常态：阅读教学设计总是条分缕析、咬文嚼字到力求无一字无来历、无一字无出处，更恨不得把文章"碎尸万段"，要在螺蛳壳里做道场；而写作教学则通常乏善可陈，来来回回就是那"三板斧"——写作前的理念宣讲、写作后的佳作欣赏，再加上临考时的套路模仿,把个原本富于创造性的精神活动硬生生折腾成了故弄玄虚、百无一用的屠龙之技。

从某种意义上说，阅读与写作之间这种"本是同根生"却"对面不相逢"的尴尬关系，其实也折射出语文学习的诸多显著特点。

首先，语言是一种约定俗成的东西，门槛不高，堂奥颇深，的确存在着一些难以清晰描述与界定的内涵，故弦歌雅意终须心领神会者去了悟体察之，但运用之妙却往往存乎一心，颇难与外人道哉。但课堂教学又毕竟不同于教主布道，仅凭拈花微笑间的心照不宣便可点拨启发一二先进者；它体现的是普惠意义上的教育平权，需要尽可能让更多学生习得最基本的语言文化素养。如此一来，我们就不得不计较一下学习的有效性与方法之可操作性的问题。

其次，人在阅读与写作过程中付出的认知成本是有差异的。阅读是"他人有心，予忖度之"，涵泳揣摩、洞见作者本心虽也不易，但毕竟有珠玉在前，亦步亦趋总还有一些蛛丝马迹可以依循；再不济，照猫画虎、生吞活剥几个意味深长的措辞终归也还算不得什么"天意从来高难问"的事情。写作却完全不同，澄清思想的过程往往伴随着无中生有的挣扎与拉锯，所以，在"硬着头皮"凑字数到"由着性子"抒怀抱之间，通常并无坦途可走。无论如何，转瞬即逝的念头再高明，敷衍成文却几乎不可能信手拈来。毕竟，言有尽而意无穷，语言的丰富性似乎永远也赶不上自由驰骋、跌宕错落的个性思考之速度、广度与深度。丹青难写是精神，意态由来画不成。才高八斗者，也有意拙词穷之时，更何况我辈凡夫俗子。可见，读写之间的鸿沟是与生俱来的。

再次，阅读与写作在母语学习以及未来职业生涯中的权重变化往往又是一个此消彼长、常动不居、形态多元的过程。毫无疑问，人们掌握母语一般都是从阅读开始，而随着阅读水平的逐渐提升与阅读积淀的日益丰厚，写作学习才有可能相应开展。这意味着，影响写作学习效能的因素远比决定阅读能力水平的条件要复杂得多，微妙得多，从而也更具有不确定性。就这一点而言，古人所谓"读书破万卷，下笔如有神"，似乎更像是一句用以激励莘莘学子刻苦攻读的劝勉之语，却并不具有普遍规律性的意义。当然，我们承认，阅读兴趣广泛、腹笥丰厚，对于促进写作能力形成与精进，有着较为明显的强相关的关系——毕竟，广见博闻往往意味着你拥有了更多从容选择写作内容、话题、角度与方法的自由，这当然能构成你的写作核心竞争力。但，有意识未必就有见识，有见识未必能提炼，能提炼未必就一定能够找到合宜的表达路径。所以，阅读是写作的必要非充分条件：没有阅读积累，通常会无话可写；但有了阅读积累，也不等于随时就能落笔成文。总而言之，阅读与写作之间的关系，并不是一个一一映射的单调区间。

　　了解了以上特点，我们对于阅读与写作教学之间的互动关系才有可能产生一些更加清醒的认识，更要因此而避免在"读写融合"教学实践中平均用力，做无用功。所以，在进行相关课题研修与教学设计时，我们务必要明确：阅读教学要有方向性与效能感，重视内容的精选与优化，避免漫无目的、广种薄收；而写作教学则须具备边界意识与底线思维，尊重学生的认知差异并正视其表达能力的极限，教其当教者，助其能助者，重点在于积极驱动学生的写作动机，促进其立足自身实际，个性化地制订写作学习策略，努力达到自己能够达到的写作能力峰值。

　　语文教学界常有所谓"教无定法，贵在得法"之说，而对于读写融合教学设计与实践而言，则尤其应当如此。

教育叙事，何理？何用？何为？

时至岁末，照例要对一年来笔耕不辍的反思做一番盘点。突然发现，除了提炼主张的专题论述与各种研修学习的笔记之外，我写得最多的就是亲身经历的种种发生于课堂内外的教育叙事。粗粗算来，一年至少也有十万多字。

数字终归只是符号，而生活的金树长青。十万多字的背后，是我的跋涉，更是我历历在目的人生现场。每日更新的文章，则是我一步一步向上生长的足迹，踏实而精致。

坐在寂静的窗前，一个念头不断浮现在我的脑海中：在十万多字里，我究竟记录下了什么？又该如何定义这些文字的意义与价值呢？它们到底是教研论文，还是活动方案？是调研报告，还是读书笔记？抑或是私人生活的点滴记录？似乎都有那么一点点，却又始终无法一语道尽。因为那里面既有我立此存照的日常，也有我反躬自省的心路，更有我切问精思后的聚合与淬炼。总之，它似乎与一般意义上那种供学术研讨的专著不同，并没有多少高深玄远的分析与考证，最多只能算是做了一点就地取材的追问；可它又并非零星松散感受的拼凑，有时还能进行一些见微知著的省察与审辨。

那么，这些文字到底是一种怎样的形态呢？我想，还是应该将其称之为"教育叙事"比较合适吧。因为，随着书写日多，我越来越倾向于将自己定位为一个积极思考中的教育行动者。移步换景、遍观玄览；苟日新，则能日日新——这是我的野心，更是我念兹在兹的专业愿景。

在我看来，书写的最大意义正在于对思想的澄清。一个稍纵即逝的念头，就算是用最拙劣的文字记录下来，也好过只挂在嘴边侃侃而谈。前者，哪怕仅有只言片语、断章残句，也是在主动地进行回溯与复盘，至少还有改进与优化的现实可能；而后者，即便妙语生花、口若悬河，最多也只能算是心念动处的灵光乍现，往往很难把握与借鉴。毕竟，无法被存储的记忆几乎等同于没有发生过的体验，而难以被记录的经验则根本无法被清楚地解释，从而更不存在被复制、迁移与辐射的可能。由此可见，一名教师的教学智慧与课堂机智无论曾经多么精彩动人，若仅仅及身而止，不能留存，那么，其影响力就很难超越自身职业生涯的轨迹。或许，这正是优秀教师与普通教师在专业自觉性上最根本的差别。

写得越多，走得越远，我就越有一种"高处不胜寒"的感觉。毕竟，从行动自愿，到选择自主，再到专业自觉，进而到逻辑自洽，最后再回到实践自由，我还有很长的一段路要走。但毫无疑问，贯穿其间的自我精进之道，依然还是自己对教育叙事书写的笃实坚持。

明理达用，是为了提高修为，让观念变成现实。反思最近连续进行的这一系列教育叙事的书写，自忖有三点可取之处，简述如下。

其一　教育叙事不妨"片面"一点

叙事者，摹状绘形也，贵在鲜活生动、反应及时。大可不必像论文、报告那般追求全面、系统，而要争取提纲挈领、聚焦一点。一次师生互动、一场灵魂对话、一道生活命题，甚至一个误会、一次犯错，都能成为你进行"教学病理切片"分析的好样本。随时整理、积极留存、以小见大、管中窥豹，便完全可以成为其后进行深入反思的真实案例与第一手素材。生活节奏太快，教育工作繁忙，故删繁就简方有可能领异标新。总之，我们切不可把细思量变成凭空想，正所谓：伤其十指，不如断其一指。争取一日一题，找准动情点，发现引爆点才是关键。否则，事事务求面面俱到，反而几头不落好，顾此失彼实在不划算。

其二　教育叙事不妨"肤浅"一些

教育叙事给谁看？归根结底，自察自省自己说了算。它不是高头讲章，更不是天下大道。它首先且根本就是书写者的自我镜像、自我发现、自我批判。无反馈，则无学习；无反思，则无教学。一线教师写文章，当然要避免只见木不见林的匠气，但更不该有动辄就追求"无一字无来历、无一字无出处"的方巾气。学以致用，文以明法，问题即课题，行动即研究。说一千道一万，撰写教育叙事的核心目的是对标学情、教情，提炼经验、形塑认知、反哺教学。所以，叙事的内容一定要接地气、说人话、回归常识。浅易一些、通俗一些、平实一些，不会纡尊降贵自贬身份，只会深入浅出让人高看一眼。能把大道理演绎成属于自己的小确幸，那才是一名优秀教师将教育观念化用无极的上乘手段。

其三　教育叙事不妨"三心二意"一下

生活每天都有新变化，但只有感觉敏锐之人才能洞悉其中的意义。教育工作虽说按部就班的时候居多，但每天面对的人情练达却又始终处于丰富变化之中。而且，我们还必须承认，人的成长常常是一个充满着无限可能的过程。可见，教师工作也不能总是一成不变，而要具有"觉今是而昨非"的灵动与机敏。与正儿八经的论文不同，教育叙事，就仿佛是教师职业写作领域里的"轻骑兵"：就事论事，题材多样，常写常新，不拘一格。杜甫诗云：转益多师是吾师。仪态万方、包罗万象的各种教育实践、教育现场就是出卷者，而能不能答好这道"成人之美"的大课题,全在于我们是否修炼出了一身随机应变、上下求索的本事。为此,我认为教育叙事大可不必拘泥于一家一说,更不要急着兜售某种宣称能够包治百病、老少咸宜的教育理念。总而言之,黑猫白猫,抓住老鼠就是好猫;千教万教,教学生学会学习才是王道。但凡能解决问题,就不妨统统奉行"拿来主义"。现在,教育界最稀缺的,不是时髦的理论家,而是有勇气、有能力、有办法在教育第一线扑腾的实干家。是骡子是马,拉出来遛遛。只要是真用心,三心二意一下又何妨?关键看疗效,谁用谁知道。

综上所述,撰写教育叙事是一种促进教师专业成长、实践反思的行之有效的方法。为学最忌纸上谈兵,鲜活的教育实践早已为我们提供了无比丰富的研究案例。而它们究竟是你实现跨越的宝藏,还是食之无味的鸡肋,则完全取决于你的职业态度与专业素养。

写作与分娩

曾经听过黄厚江老师的一场报告。在谈到教师写教科研论文时,他做过一个挺有意思的比喻:教师写文章的窍门就是"十月怀胎,一朝分娩"。意指教师研究课堂要耐得住寂寞,把调查研究的功夫做牢,日积月累有所得,写出高质量的论文也就是水到渠成的事了。从学术研究的理路与规范上来说,黄老师这话大体不差,古人不也讲究"板凳要坐十年冷,文章不写一句空"吗?可见,很多时候,做学问的确没有什么终南捷径可走,或许就得"扎硬寨、打呆仗"。但,我们需搞清楚,以上说的大多属于"道"的层面,但如果落实在"器"的层面,考虑具体怎么做时,现实或许就远不如想象中那么丰满了。写作,真的与十月怀胎一个道理吗?未必!

我们先看看有没有相似点?有。至少,其间的痛苦挣扎十分类似:怀胎分娩之痛,既痛在生理机能失衡后紊乱无序的身体状况,更痛在生命破土而出时,涩阻挣踹之中撕心裂肺的苦楚。而写作之煎熬,却在于当一种想法在脑海里盘桓,为那惨淡经营、搜肠刮肚的窘迫选择而变得寝食难安、坐卧不宁。其间的辛酸甘苦,恐怕也只有当事人才能真切体味而无法与外人足道哉。

但如果你就此认为分娩之痛,可以比肩写作之苦,便大谬不然了。实际上,孕育一篇文章,比孕育一个生命难多了!不是吗?且看两者产生的方式。生命之孕育，往往来自一场美丽的遇合。一颗种子，在与亿万同伴的竞逐中侥幸胜出，一击命中，这本身就是一种无论怎样形容都不过分的自然奇迹。而创作文章，却远不会如此讨喜。对于我们多数人而言，把一种想法形塑成干净整洁的文字，不啻是空手套白狼，横竖都无所依傍。最痛苦的是，每当你激起雄心壮志，倍感才华横溢之时，一动笔却立刻手足无措，难置一词。那种感觉，真好似种下了龙种，却收获了跳蚤。你的设想与计划"漫天要价"，而你的构思与文字却"坐地还钱"；一想到自己将来勉强凑成的篇章是件打过折的二手货，则内心之沮丧，当然令人反侧难消。每当我坐困愁城、冥思苦想，却空对笔墨、一筹莫展之际，妻子便总会打趣我："你写个文章怎么比我们女人生个孩子还难呢？"每经此一问，我只能低头看看自己那日渐隆起的便便大腹，解嘲道："纵然为夫之肚皮渐有似初孕之妇白净圆润之态，但毕竟，你们女人生孩子，是肚里有货；我现在写文章，却得'无中生有'呀！"

实际上，比之产生方式迥异，分娩与写作之区别尤其尴尬之处，还在于两者酝酿其间的个中况味霄壤有别。十月怀胎的生命孕育过程，总是伴随着初为人父母的喜悦与激动，那份期待与憧憬，几乎可以挣脱时间的羁绊，而遥想共叙天伦的其乐融融，听到孩子的第一声啼哭，便顿觉奏响了这人世间最美妙的乐章；尤其是当看到眼前这个属于自己的孩子坐卧笑闹得那样天真烂漫，你便如看到了自己的昨天，更仿佛洞见着自己的未来。那氤氲着痛并快乐的陶醉实在令人着迷，而反观伏案奋笔的窘态，却哪里会遇到这样的好心情。你抓耳挠腮、如坐针毡、形容枯槁、满脸憔悴地提起沉甸甸的如椽巨笔，却全然没有顾盼自雄、踌躇满志、力透纸背的洒脱与豪迈，有的只是大海捞针般苦苦寻觅第一个字时的迷惘与昏聩，以及那些被自己一再调低的，曾经发下过欲惊天地泣鬼神、藏之名山而传之后世的宏愿，和时不时冒出的那点小心翼翼、以己度人的心理安慰。结果，你便无比可悲地发现：你并非"江郎"，远没有资格"才尽"；你只是孙郎，忝列榜尾，其名曰山。废纸篓中，张张揉成一团的草稿，更无只言片语能赚得洛阳纸贵。更有甚者，当你点灯熬油、鸡飞狗跳地凑出一篇文章，拿来一看，却发现与自己当初雄伟的谋划相比，早已面目全非、不伦不类了。看也不是，不看也不是。呜呼哀哉！可怜！可怜！

真个是"文章千古事，得失寸心知"呀！诚可谓：有才（财）男子汉，无才（财）汉子难！不著一字，哪里能尽得风流嘛！但中毒既久，便总是冥顽不灵，如今却恍然大悟：那不过是酸腐文人写不出文章时糊弄人的鬼话罢了！

专辑三 教学相长 磨好课

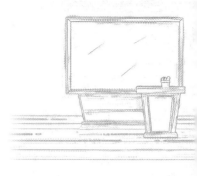

课程，是教学观念的具体呈现，也是教学设计思路的达成终端，更是学习活动有效展开的支架与平台。

本专辑聚焦课堂教学典型问题，结合鲜活生动的课堂观察案例，通过以学定教问诊课堂，立足有效教学的积极达成，分析研讨教材编排意图，复盘回溯教学组织得失，从课程领导力、微型课设计、教学导入设计、课堂观察点定位、校本课程开发策略、整本书阅读教学设计思路等多个维度为新课程背景下的课堂教学设计与实施提出建议。

学以致用,固本培元

——浅议"整本书阅读与研讨"学习任务群教学组织中的几组关系

就实践层面而言,整本书阅读并不是一个新课题。早在 20 世纪 40 年代,朱自清与叶圣陶两位先生就曾在其《略读指导举隅》一文中指出:

> 就教学而言,精读是主体,略读只是补充;但就效果而言,精读是准备,略读才是应用。学生在校的时候,为了需要与兴趣,须在课本或选文以外阅读旁的书籍文字;他日出校之后,为了需要与兴趣,一辈子须阅读各种书籍文字;这种阅读都是所谓应用。使学生在这方面打定根基,养成习惯,全在国文课的略读。

显然,这里所谓"略读",正是阅读整本书的重要路径,如果说,精读重在训练阅读的方法与技能,那么,毫无疑问,以整本书为主要载体的略读就是在培养阅读的习惯,唤起终身学习的意识。可见,即使作为一种课程理念,有关"整本书阅读与研讨"的思考也绝非近几年才开始流行。

课文无非是例子,不落言筌才是为学之根底,故一切阅读活动都应该关涉那种"全息性"的生命体验状态。那么,凡一切意义与信息,无论呈现出何种样态与范式,都应该是母语思维之题中应有之义。毫无疑问,《普通高中语文课程标准(2017 年版,2020 年修订)》提出"整本书阅读与研讨"学习任务群,正是对母语教学思维属性的积极彰显。以下，我们基于对"整本书阅读与研讨"学习任务群的深度理解，提出整本书阅读教学组织需要明确的三组关系。

关系一　点与面

整本书阅读教学需要解决的首要问题，就是有限课时与无限阅读活动之间可能存在着的某种紧张冲突。而阅读教学的有效性正体现在这种冲突所形成的思考张力之中：一方面，课时有限，所以教学目标的厘定必须清楚而明确，阅读策略的选择要紧紧围绕阅读专题内容的靶向进行呈现；另一方面，阅读活动的无限拓展，则要求课内学习所形成的经验与观念要能够向课外功能化理解进行有效迁移，是谓"得法于课内，得益于课外"。因此，这就需要教师在指导学生进行整本书阅读时，要有以"专题布点"带动"方面突破"的课程设计意识。

"专题布点"，意味着整本书的内容在进入课程视野时不再是一成不变的封闭文本。它需要教师立足学生的具体学情与学期课程目标作出一定程度的选择、集约与整合。那么，教师可以将核心素养的相关内容作为确定阅读专题的基本依据，以具体的学习任务情境为抓手，实现整本书重点内容的课时化、专题化。"方面突破"，则意味着课程内容在专题聚合的基础上，有选择地以对某一方面的精读、研读作为拓展、延伸课内教学的根本支点，从课内生成的阅读问题出发，带动学生从对"这一本"书的理解，走向对"这一类"书籍的梳理。进而形成该主题阅读丰富全面的知识网络。

关系二　纵与横

站在符号学与文本阐释学的角度审视，整本书阅读与研讨成为可能的学理依据，在于阅读活动中那些时刻存在着的"文本间性"，即任何一个单独的阅读文本都是不自足的，其文本的意义是在与其他文本交互参照、交互指涉的过程中产生的。简言之，就是作为意义理解对象的阅读文本之间存在互为语境，并以各种能够辨认的形式悦纳、接通着其他的文本的创思架构与理解经验之可能。

甚至在某种程度上，我们有理由相信，一部作品的产生，几乎可以被视为其之前作品所积淀下来的创作观念、经历与经验的定向闪回、积极扬弃与深度勾连。可见，阅读活动不仅仅是空间维度中不同文本之间横向的信息位移，也是时间维度中意义生长历程的新旧对视。我们之所以经常强调整本书阅读与研讨活动中比较阅读的必要性，其价值正在于此。

关系三 正与反

海德格尔说："语言，是存在之家。"语文学习的意义与价值就是在于承担寻找言说方式、探寻生命意义、追问存在理由、凸显个体尊严、形塑民族性格的重任。而语文教师的天然使命也因此应该被定义为帮助学生构建自己的精神家园与言说体系。所以，阅读活动的本质，就在于从对文本意义的建构中实现自我人格的成长、丰盈与高扬。与此同时，在这一过程中，阅读者与文本之间也并不总是和谐与圆满的。因为我们既可以将文本看作作者倾诉衷肠的心曲，也可以视其为凸显性格症候的某种心理密码。甚至在很多方面，文本意义断裂、撕扯、对峙、失衡乃至矛盾之处，或许更有可能披露作者寄寓深远、曲径通幽之内心款曲。

因此，我们指导学生进行整本书的阅读与研讨，尤其要高度重视阅读活动中学生批判性思维的培养，要以审辨式的思考，代替被动单调的浅表性理解，进而最终深入文本的精神核心，实质性地提升学生的阅读能力。当然，逆向思维不等于简单否定，而是在不同理解角度的彼此观照之中，通过激发阅读者主体创造活力，实现自我人格的审视与确证。

所谓教学，无非是教学生"学"。而"整本书阅读与研讨"学习任务群的提出，正是为有效教学的充分展开，提供了一个基于不同学情现状，能够合理预期的设计目标，值得我们在阅读教学实践中予以关注。为此，在具体进行"整本书阅读与研讨"学习任务群课程组织时，我们需要坚持以下三个原则。

原则一　目标驱动，情境落实

学习任务群视野下的整本书阅读，不是日常阅读课堂活动的简单延伸，而是有着明确课程目标的项目式、情境化的主题学习探究活动。厘清目标，才能够避免教学过程的随意与支离。与此同时，我们尤其需要明白的是，"任务群"绝非学习资料的简单聚合与线性罗列，而课程目标更不是笼统而抽象的概念名词。因此，在课程具体实施过程中，我们首先有必要清楚地区分课程目标与课时目标。课程目标，是基于学习任务群整体学习目标、内容与要求，教师所预设的学生能够有效习得并呈现的学科核心素养；而课时目标，则是教师立足对具体学情的研判，在设计学习项目过程中，受学习任务驱动而当下生成的问题导向与认知策略。相较于传统课程观中那种只有课时概念而缺乏课程概念的认识，课程目标的分列，有助于教师根据具体学情，安排更有针对性的学习任务，从而将教学目标对标学习目标，将课程活动中的单一学习方式升格为驱动项目式学习开展所必备的实际解决问题能力。

于是，课程目标驱动学习任务落实，意味着语文教学将从传统的课例示范走向交互式参与体验，是谓"活动即课程"。同时，教学文本也呈现出越来越开放与多元化的选择——其不仅仅是用来解读、模仿、借鉴的言语素材，更是渗透价值、涵养心灵、发育思想、投入实践的生命蓝本。从而在学习任务驱动下，课程资源、课堂文化、师生关系、生生关系共同作用，生成系统全面、有机鲜活的学习生态群落。与传统课堂那种被动性、机械性的单向度知识灌输方式不同，任务群背景下的新课堂突出"启迪有方、生命在场"的互动式合作学习体验。学习过程立足于平等中的创生，实现于沟通中的悦纳，获益于协作中的发展，是谓"组织过程即学习过程"。学生的学习习惯与思维品质在课程创设的动态生成、多元包容氛围中得到积极的促进。

原则二　细节反馈，经验进阶

从教学效能角度上看，整本书的阅读与研讨并不意味着我们在教学时一定要四面出击、处处张网。显然，学习任务群的课程形式实际上是对学习过程的集约与优化，故教师在教学设计上要有所为有所不为。那么，在课程内容的呈现方式上，我们的教学设计就要变烦琐的知识考证为对具体文本内容参证性、批判性的吸收。衡量学生阅读整本书效度的重要方式，则是从对事实性知识（如作者简历、作品时代背景、出版信息、风格流派等）、概念性知识（如对作品一般性的整体评价、作品所属的历史地位等）的了解，进阶到对作品细节的体认、辨析、梳理与品鉴。关于教学设计思路的这种显著变化，我们现在需要达成的一个共识：所谓"学习任务群"，是为"学习"活动的开展而产生和组织的"任务群"。也就是说，新课程标准从理念上已经明确了课堂活动的行为主体是学生，那么教师的教，就必须以学生的学习任务与课堂实践为依归与靶向。教师必须时刻保持清醒，随时抑制那种企图成为高高在上的知识占有者的冲动与傲慢，力争使我们的课堂介入姿态与学生的知识体验过程保持同频共振。我们必须认识到：教师自身应该首先是一个真诚的学习者，而理想课堂，则是师生彼此进行学习经验分享的真实场域。唯其如此，方能更为有效地促进学生学习能力的建构与知识谱系的完善。常言道："授人以鱼，不如授人以渔"。我们知道，很多人将这里所谓的"渔"理解为学习方法，但这似乎并不全面。实际上，"渔"字同时也包含了直接参与积极实践之意。所以说，如果教育者不能有效地驱动自己积极投入学习活动之中，从而无法与学生结成学习共同体，那么，无论多么精致巧妙的教学设计，也不过是纸上谈兵。

由此可见，学习任务群，实际上对教师教学水平与教学经验提出了更新、更高的要求。在今后的整本书阅读与研讨学习任务群的教学组织中，师生共读文本、同赏细节、彼此反馈、对等表达、实时互动、经验分享、梯度进阶，将成为课堂学习的主要模式，而这也必将深刻地影响着未来学习活动中的师生关系。教师与学生，将依托学习任务群这一平台，越来越紧密地结成某种形式的学习命运共同体，教学相长、共同进步。我不妨大胆预测一下：学习任务群，不仅培养着学生合作学习的能力，也将从根本上促进教师专业成长共同体的联动与合作。教研、教学与学习、教学评价与反馈将始终同向而行、互为抓手、学研相长、彼此成全。因此，对于教师而言，学习任务群教学组织过程本身，就是教师专业发展的根本走向与核心内容。

原则三　群文拓展，审辨得法

"群文"不是集合与拼凑，而是同构与拓展。整本书阅读与研讨的终极目标不是在规定课时内指导学生读完一本书了事。所谓"整本书"，与其说是一个描述教学流程的概念，毋宁说是具有方法论意义的学习组织样态。"整本书阅读与研讨"任务群的提出，就是在提醒我们要始终站在终身学习、深度学习的战略高度，来审视语文教学的核心价值。基于这样的理解，我们认为，整本书阅读实际上构成了开展其他十七个学习任务群的根本着力点与主要着眼点。所以，我们不难发现，其后的学习任务群都与整本书阅读学习任务群有着千丝万缕的联系：或者是不同文体阅读范式的互文性理解，或者是对不同阅读方法的主动实践与比较，或者是以主题聚合形式对专门语境的还原，或者是作为经典选篇与样本的定向示范。

显而易见，"整本书阅读与研讨"学习任务群是整个学习任务群的纲领与总则。站在这一高度认识整本书阅读的"群文"途径，就是要跳出具体课时的有限规定，将学生的学习活动引向更为宽广与深入的生命体验背景，让学生在与经典作品的平等对视中，凸显自我人格的主体性价值。

在《普通高中语文课程标准（2017版2020年修订）》中，对语文课程的性质定义如下："语文课程是一门学习祖国语言文字运用的综合性、实践性课程。"而"学习任务群"这一观念的提出，正是对语文课程性质的积极呼应。"综合性"，彰显着生活的外延，"实践性"，则表达着生命的立场。母语学习，端赖读写两端为其张本，更是价值立场的昭示与文化理解的呈现。故其学习活动最宜于合众志、倡协作，以达发人深省、领袖群伦之效。

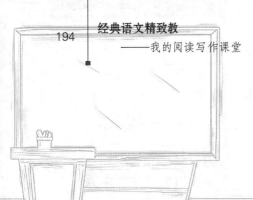

因材施教：背景·图景·情境

与之前多轮课程改革不同，本轮高中新课程改革的最大特点，就是以新高考改革倒逼课堂教学改革：2014年，新高考改革方案出台。2017年，《普通高中课程标准》公之于众。三年时间，恰是整整一届高中学生的求学生涯。毫无疑问，这样的安排绝非偶然。

当然，对于高中新课程改革的目标、意义、路径与效能的思考，也向来存在着基于不同身份立场与学术视角的多元解读。国家人才战略的转型，立德树人与守正创新等观念原则的定位，教育平权与个人成长发展关系的深度认知，乃至新形势下人口政策的变化等诸多因素，都有可能成为我们观照教育、反思教学的关键指标。但对于一线教师而言，万变不离其宗的核心价值，无非"上好每堂课"五字。显而易见，如何让课堂理想最终落实为理想的课堂，教师自身的教育教学素养、课程意识以及执教能力始终都起着至关重要的作用。

课堂，是教师组织教学的主阵地，更是学生发现自我、实现自我、发展自我的舞台。简言之，教学的精髓无他，教会学生学习而已。正如著名特级教师凌宗伟强调的那样：

> 教育在本质上，不是添加一个人原本没有的东西，而是发展他已有的东西。从这个意义上来看，教育是对人的一种"成全"。这

种成全绝不是外界强加的，而是帮他觉醒，让他做自己该做的和能做的事。另外，这种成全更是个性化的，是无法"量产"的。

最自然、最高明的教育正是对被教育者自我灵魂的深刻唤醒。所谓追求卓越，就是帮助每一名学习者努力达到他能够达到的高度，进而活成他自己积极悦纳的样子。春风化雨、润物无声，一切育人的大智慧皆于不露痕迹中自在得法。当然，这里所谓"无痕"，既非不着边际，更非无所作为；而是在充分理解学情的基础上，在深刻洞悉人与人个性、能力差异的前提下，最大限度地顺应每一名学习者各不相同而又其来有自的成长发展趋势，是为因材施教、以学定教。

就最本质的意义而言，教育的核心价值有两点：回归常识与发展可能。常识，对应人性与历史，可能，指向潜力与未来。正所谓知来路方能明去路。无论在何种课程改革的背景下，教育者都必须充分尊重教育活动自身的文化传承机理以及因之而形成的未来发展契机，而构成二者深度关联的坚强纽带，则全系于人在自我实现过程中所展现出来的成长之多样性与进步之可能性。基于这样的理解，我们认为，在新课程改革的背景下重申"因材施教"的内涵与价值，无疑有着非常深刻的现实意义。以下，我们就从"背景""图景""情境"三个维度来进一步谈谈"因材施教"的教育观念对于教学行为的影响与促进。

背景　见分又见人，关注知识增值

教学的终极目标是为了促进学习，而有效的学习则离不开科学的反馈。众所周知，传统上，我们对学生学习效果的评价，主要是通过统一性、标准化的知识考核方式来进行的，并以考试分数作为评估与选拔人才的根本依据。显然，在基础教育水平比较落后、教育资源相对稀缺的年代，这种"一把尺子量到底"的评价机制，的确有利于在原则上最大限度地保证选拔结果基本公平。曾几何时，那种"一张试卷，决定终身，分数面前，人人平等"的观念早已成为我们对考试，特别是对高考最基本的理解与认同。但这种设计有一个非常明显的缺点：一刀切的考核办法往往很难做到对个体学习能力特别是发展潜力的精准反馈。毕竟，从人的认知发展特点与思维属性角度来看，影响学习效果、衡量学习效能的因素往往非常复杂且变量繁多，而人的成长过程又常常不可避免地会面临许多不确定性。由此可见，仅凭单一分数就对学生的学习能力与水平做出评价与判断，显然容易忽视学习者个体差异与现实环境等因素的影响与制约。

我们不妨设想一下，在同一年同一省的高考中，一名来自教育水平落后、师资力量薄弱学校的考生，与一名来自教育发达地区的"名校"生考取了同样的高分。那么，试问，虽然二者成绩相同，但谁的自主学习能力有可能更强一些呢？无论是基于经验还是常识，人们普遍认为前者的学习能力更强。道理不言而喻，与后者相比，前者的学习起点更低，所获得的优质教育资源支持显然要更为稀缺，故其在求学过程中也就只能更多地依靠自身努力去追求更好的成绩，进而以更为强劲的学习动机与更加自律的学习习惯去不断超越现实的种种制约，实现发展自己、强大自己的人生目标。用德国哲学家尼采的话说，凡不能毁灭我者，必使我强大，而在传统考试制度环境下，如此突出的基于学习能力、发展潜力等方面的人格素质差异，却通通都被纸面上的考试成绩一概抹杀了。

这种纸面学习实力与真实学习能力之间的清晰落差，正是我们再一次审视"因材施教"教育观念的当下背景。而"因材施教"中的所谓"材"，与其说是教育教学所欲达成的结果，倒不如说是教育教学活动得以展开的逻辑前提与历史起点。毫无疑问，在课堂上，我们所面对的学生，并非一张可以任意涂抹的白纸。他们总是带着独属于自己的个性气质、脾气秉性、兴趣爱好、格局修养、成长经历、行为习惯、人际关系乃至原生家庭背景，进入一段新的学习体验之中，而以上诸种因素，便共同构成了影响、关涉、干预甚至介入其学习行为效果的物质条件与精神氛围。所以，我们要因材施教，就必须首先了解、正视并顺应这种现实环境，进而立足学习者的个性起点，系统性地思考其学习的意义与价值。这意味着，在教学策略的选择上，教育者必须有能力以清晰界定不同学科的学习能力差异为前提，为所当为、能为之事，积极扬弃不能为之举。例如，英语、语文等语言学科的学习差异主要表现为需求不同，知识内容多以模块化的方式呈现；要求我们在教学时要注意精选模块、整合主题、培养习惯、持续发力。数理化生等理科学习差异主要表现为难度不同，学习内容环环相扣、紧密衔接；要求我们在教学时要循序渐进、积极复盘、查漏补缺、缩短落差。而政史地等人文学科学习差异主要表现为综合能力不同，知识内容常常彼此跨界、相互渗透；要求我们在教学中善于联系普遍原理，积极拓展思维视角，不断丰富知识积淀。至于体育、艺术、信息技术等学科，其学习差异原本就表现为兴趣不同，这就更需要我们在充分了解学情的基础上为学习者量身定做学习策略。总而言之，能否洞见分数背后那个鲜活丰富、充满无限可能的人，进而从关注其知识增值的角度出发，评估其学习效能，正是衡量一名教师因材施教能力高低的重要标志。

图景 能力与素养，尊重个体差异

顺应新高考改革而出台的《普通高中课程标准(2017年版，2020年修订)》，较之前一版课程标准，最大的亮点就是"核心素养"的提出。表面上看，这是一个不同于以往"三维目标"的新概念，但实际上，对于教育活动而言，从返本而至开新，从来都是一个不可能截然割裂的有机生成过程。同样的，课堂教学目标定位在能力与素养之间的优化与提升过程，正是教育教学回归因材施教，尊重个体差异的突出反映。

溯本求源，世所谓"素养"者，乃学习者自身平素养成、一以贯之之观念、习惯也。人生天地间，虽然微不足道却又独一无二。正因如此，教育教学又何曾有过什么万世不易的金科玉律，一切皆须因人而变、随学而动。故学习目标的确定，归根结底，乃是为回答活泼生动的人生课题，应对生活挑战的。而那种只会练习得分技巧，无视当下问题导向的套路化的教学设计，亦不过是宅心玄远、高蹈凌虚的冥想与纸上谈兵、坐而论道的浮夸罢了。回顾教育的历史，无数鲜活的人格成长案例都在启示我们：真正持久有效的学习效果，与学习者强大的学习动机、明确的自我认知意识，以及积极健康的学习习惯密不可分。这些平素涵养培育的精神格局才是最终决定学生学习行为表现的根本依据。

显而易见，与传统课程形态不同，基于核心素养图景下的因材施教教学观，实际上就是一种任务驱动型的学习组织形态，它不再是单一知识毫无差别的松散拼合与架空分析，而是坚持"得法于课内，受益于课外"，以学科核心素养为抓手，积极促进不同学养水平与知识能力的学生立足自身学习习惯的培育，以大单元整体教学观念推动学习者与课程资源的有机嵌合。进而改变以往教育教学活动中普遍存在着的"重规训轻养成，奖励结果甚于奖励习惯"的倾向，更加强调学习对于形塑学生人格、探寻生命意义、反思存在价值所起到的积极促进作用。

以目标任务驱动学习项目的达成，往往来自对鲜活生命现场的主动追问与深度省察。最美好的学习任务图景，正在于通过涵养习惯、修正行为，帮助学生构建自己的精神家园与言说体系。强调学习与生活现实的连接，并非要求其必须因应所有人生困惑，而是说，我们要通过对生活意义的积极审思与主动检讨去溯往知来，重新发现更为深刻的自己。

与此同时，作为教育者，我们还必须清楚：教学，从本质上说是为促进学习而生。而站在社会学的角度上审视，教育教学本就是一种特殊的人际交往形态与信息沟通方式。由此可见，通过因材施教促进学生自主学习、主动探究的意识的生成，强化其对社会现实的主动参与意识，既是提升课堂效能的重要着力点，也是驱动教师自身专业成长精进之途的关键抓手。

就拿语文学科教学来说，任务驱动式的学习方式意味着语文教学将从传统的课例示范走向交互式参与体验，是谓"活动即课程"。同时，教学文本也将呈现出越来越开放与多元化的选择——其不仅仅是用来解读、模仿、借鉴的言语素材，更是渗透价值、成长心灵、发育思想、参与实践的生命蓝本。在学习任务驱动下，课程资源、课堂文化、师生关系、生生关系共同作用，生成系统全面、有机鲜活的知识生态群落。与传统课堂那种被动性、机械性的单向度知识灌输方式不同，新的学习任务群更加突出"启迪有方、生命在场"的互动式合作学习体验，学习过程立足于平等中的创生，实现于沟通中的悦纳，获益于协作中的发展，是谓"组织过程即学习过程"。从而使学生的学习习惯与思维品质在课程创设的动态生成、多元包容氛围中得到积极地促进。

情境　先验到经验，搭建学习支架

如果我们承认学习是一种创造性的认识活动，那么我们同样会倾向于认为学习的过程也是一个精神主体与外部世界相互作用的信息系统。学习者投入学习，就是要通过与不同情境的交互联结而彼此影响渗透，进而觉知并习得促进自我思维模式改善优化的意义与行为。这充分说明，真正有效的学习，绝不可能完全脱离特定的经验现实与认知情境。因为，学习者只有不断与世界对话、接触与沟通，才能清晰地映射出自我人格的效能与活力。

众所周知，教育工作是一项成人之美的事业。尤其对于处于基础教育前沿的中小学教师而言，决定其职业素养与专业成长愿景的，首先倒未必在于其自身一定要具备多么高深的学问，而在于其能够在学习活动中对知识建构的过程予以精准集约地回溯、点拨与示范。这意味着教师必须首先深刻领悟本学科学习内容的意义、价值与困惑、误区，进而将特定知识内容有效内化为自身认知结构，然后才有可能形成对学生学习活动的深度影响。简而言之，教师只有首先作为学习活动中平等的经验分享者、问题发现者、策略建议者，才有可能为培养学生的有效学习习惯进而促进其深入思考提供有价值的借鉴。

在促进学习从先验观念走向经验分享的演进过程中，针对丰富多元的学习表现所采取的差异化教学组织与设计模式，无疑起到了非常重要的作用。因为，新课程标准进一步明确了课堂活动的行为主体是学生，则教师的教，就始终要以学生学习目标的达成为根本靶向。为此，教师必须时刻保持清醒，随时抑制那种企图成为高高在上的知识占有者的冲动与傲慢，力争使我们的课堂介入姿态与学生的知识体验过程保持同频共振。我们甚至可以这样认为：教师自身也必须是一个真诚的学习者，故理想的课堂，最应该成为师生彼此进行学习经验分享的平等对话平台。唯其如此，不同能力学生自身知识谱系的建构努力才能得到充分尊重与发展。常言道，授人以鱼，不如授人以渔。实际上，这里所谓"渔"，不仅指学习的方式方法，更有躬身实践之义。可见，如果教育者与学习者不能共同投入对具体学习任务解决策略的探究与实践，那么，无论如何看似精巧的方法，也终不免成为屠龙之技。所以，在理解因材施教的深刻内涵时，我们绝不能忽视其对搭建学习支架，强化认知经验的积极促进作用。毫无疑问，教书与育人，并非两端，而是一体。无论哪种学科的学问，都须以进阶认知、促进人格之发育进化为宗旨，而无视现实经验，不能直面生活问题的教育是目中无人的教育。新时代的教师，不是高高在上的布道者，而应该成为学生成长道路上的同行者与陪伴者。从因材施教到教学相长，殊途同归，都是为人生的教育，都是有生命质感的教育。

综上所述，在新的课程观念视野中，再谈因材施教这一话题，实际上就是对教师教学水平与教学经验之反思提出了更新、更高的要求。在未来新型的课程组织样态与学习关系中，即时反馈、对等表达、实时互动、合作共享，必将成为提升课堂学习效能的主要驱动方式。而这，也必然会深刻影响着师生关系的全新建构。我们相信，教师与学生，一定会在因材施教、因材为学的彼此成全中，越来越紧密地结成一种生动活泼的学习命运共同体，并最终实现从各美其美到美美与共的全面进步。

劳动：从景观到价值观

部编版语文教材必修上册第二单元的单元主题是"劳动"。单元提示里有这样一句话：劳动改造世界，劳动创造文明。崇尚劳动，尊重劳动，热爱劳动，是中华民族世代相传的美德；无私奉献，锐意进取，勇于创造，是新时代青年应该树立的劳动观念。提示中还提到：从不同角度彰显劳动的伟大意义，体现劳动精神的传承和发展。有意思的是，本单元在课例编排上创造性地打破了文体、语体的畛域，将新闻通讯、新闻评论、古代诗文统摄于劳动精神这一主题之下。显而易见，这是一个别开生面的尝试。当然，其中想必也有体现"传承与发展"的用意。

选择的背后，彰显着价值导向。如果说，《芣苢》是来自上古先民的劳动咏叹，那么，《插秧歌》则洋溢着一股浓浓的乡野气息。窃以为，两首古诗入选本单元，似乎体现着教材编选者追求返本开新，欲借传统文化资源为当代劳动精神的弘扬提供更具有历史纵深背景的努力。

这样的创思当然无可厚非，但我们仍然需要深入反思传统价值观念在现代性语境中的重估与转化。通俗地讲，就是我们要有针对性地去分析劳动行为与劳动观念在古今不同言说逻辑中的内涵差异。毕竟，立足传统文化的角度，对劳动价值的审视，始终不应割裂对文人立场的观照。即使我们承认中国传统社会在士大夫阶层之外，一直都存在着一个鲜活而顽强的底层民间社会。当然，与高高在上、衣食无忧的士大夫们不同，普通底层百姓对劳动的体会往往更为实际、更加功利与纯粹。毕竟，对于他们而言，劳动，既是其养家糊口、维持生计的根本途径，更是艰辛备尝后的一种深沉的人生体验。另一方面，我们又不可否认，这些在历朝历代都作为"沉默的大多数"而被无名书写的黔首白丁们，囿于知识水平，自己通常并不掌握讲述劳动、抒情写志的话语权。实际上，劳动生活的真正言说者通常都是那些未必日出而作、日入而息的文化人，是那些"为生民立命""为往圣继绝学"的读书人。

如果说，民众对劳动价值的认识主要还是基于某种生存需要考量的自发意识，那么，文化人对于劳动价值的宣扬，则完全是一种自觉的意义观照。因为，他们更倾向于自认为天下黎庶苍生当仁不让的代言人，故劳动之于他们，便早已超越根植于生存现实之上的功利需要，而更类似于一种寄寓怀抱、标志格局、显示胸襟的精神景观。有意思的是，汉语中恰有一种传神的表达——民胞物与，形容的就是这样一种情怀。

揆诸史册，我们发现，在正统中国文人的心目当中，往往普遍存在着一种相当强烈的"民粹意识"。他们或许未必真心愿意将那些"满面尘灰烟火色"的芸芸众生引为可与之把酒言欢、声气相通的同道中人。恰恰相反，读书人那种"万般皆下品，唯有读书高"的文化优越感，使他们即便在深情地吟唱出"穷年忧黎元，叹息肠内热"时，也依然不过是通过反求诸己而达推己及人之效罢了。其根本立足点，却仍在于自己内心永远无法排遣的那份忧时伤怀之感。

毕竟在道义上，传统读书人始终认为自己天然具有为民请命的义务。当然，这种义务的潜台词是：我才是芸芸众生命运当之无愧的主宰，那么，我的生命价值自然要高于那些终日谋食于田间地头的劳作者们。孟子所谓"劳心者治人，劳力者治于人"不正道破了这层玄机吗？毫无疑问，在客观效果上，传统文人对劳动意识的礼赞固然倡导了一种尊重劳动、热爱劳动的社会风尚，但我们也必须清醒地认识到：文人们向往劳动，欲躬耕田亩、归隐山林的那份恬淡自然之心，怕也是"醉翁之意不在酒"吧。否则，那位因弃官而归农的五柳先生怎么把地都种成了"草盛豆苗稀"，却还好意思堂而皇之地宣称："衣沾不足惜，但使愿无违。"或许在他看来，"种豆"这一行为艺术本身所体现的文化信息与心灵价值，远比其农业成果更加贵重吧！

综上所述，对于劳动及其在传统文化中所蕴含的意义与价值，我们似乎可以做如下之理解：那种所谓热爱劳动、从劳动中体会创造与奉献乐趣的价值观，实在是很晚近的事。只有在生产力高度发展，科学精神被普遍接受的今天，劳动精神才真正有可能从生存的意义升华为创造的价值。所以，我们在引导学生理解古今中外作品中的劳动观念时，切不可一概而论，脱离具体语境而将其笼统地视为创造精神的鲜活体现。坚持实事求是的态度，我们当以历史发展的眼光来审视劳动的昨天与今天；唯其如此，则劳动光荣的意识，才有可能在不忘初心的同时，实现与时俱进。

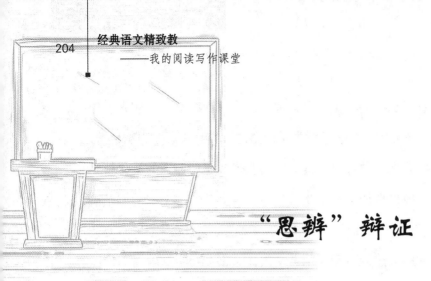

"思辨"辨证

"思辨性阅读与表达"学习任务群的学习目标这样指出：本任务群旨在引导学生学习思辨性阅读和表达，发展实证、推理、批判与发现的能力，增强思维的逻辑性和深刻性，认清事物的本质，辨别是非、善恶、美丑，提高理性思维水平……在阅读各类文本时，分析质疑，多元解读，培养思辨能力。举其荦荦大端，核心唯在"思"与"辨"二字。思，则沉潜玩味、品析领会；辨，则归纳定位、探幽发微。思而不辨，易芜杂琐屑、方向迷失；辨而不思，则聚讼纷纭、莫衷一是。辩证"思辨"之要旨，概而言之，体现为以下三个维度。

一 辨理

思辨之兴，首在义理分明。追本溯源，为学之义理，一分为三：曰"物理"，曰"事理"，曰"道理"。先说"物理"，顾名思义，究万物变化之理，探索宇宙实然状态。其存在不以人的意志为转移，自然而然，不拘于情志。其来有自，其变有势，其动有法，其居有位，其归有则。考求"物理"之存，乃辨理之起点，我们的思考据此而区分当为之事与不能为之事。其次是"事理"，此处所指之"事"，与前述自然之"物"相对举，乃"尽人事，听天命"之"事"，是人情练达、世事洞明的功夫。可见，所谓"事理"，是指从既往世事纷纭之中追溯、提炼、反思而获得的普遍认同体验与经验。此乃对已然之事的审思与分辨，可以名之曰"人生智慧"，它反映着人的历史理性。再次为"道理"，与前两层"理"不同，它并不基于实践经验，而是人的主观先验。人之为人，可顺势而为，却绝不甘心听天由命。康德说："人的理性为自然界立法。"或许，在他看来：人之于自然，并非如学生之于老师，而是如逼供者之于囚犯。人拷问自然，逼迫其回答人想要的答案。这不是出于人的狂妄，而是源自人的执着——对于追求精神高度的执着。如帕斯卡尔所说，人是一根能思想的苇草。在自然中虽然脆弱，却因自己的思想而变得高贵——一种绝不逆来顺受的高贵。所以，人总是坚信，在自己的精神高地上，永远矗立着堪与日月争辉的"内心崇高的道德律令"（康德语）。它是人心目中事物本该呈现的应然状态，是人的自由意志的集中体现。一切道德、法律、秩序、伦理、文学、艺术等精神财富，都是这"道"的不同世相。它们共同构成了人对于自身局限性突破的积极渴望。

总而言之，实然的"物理"、已然的"事理"、应然的"道理"，呈现了辨理的不同层面。思辨性阅读与表达的第一步，便是要学会区分这三层思考对象之不同。一言以蔽之，就是在发表看法、寻找依据之前，要辨析清楚观点与事实、理性与感性、历史与现实、自然与人生。是谓"辨理"。

二 辨体

明了理一分殊，方知体用不二。清楚观点与事实之区别，是开展思辨之前提，接下来，则要在此基础之上依式定法、明体达用。所谓"依式定法"，是指思辨的途径与策略取决于思考对象的形态与模式。对于语文学习而言，就是所谓"文体阅读"的观念，即文本的体式、章法映射着思考与品味的角度与理路。常言道，到什么山上唱什么歌。不同文本的组织形态，自有其长期积淀的解读要素与路径。所以，真正有效的思辨性阅读与表达，只有在溯源辨体的前提下，立足文本的本来面目，方能一窥堂奥。比如，长期以来，我们在阅读文言文时，文本分析术语就少不了类似"论证""结构""比喻""类比""观点""结论""提出问题、分析问题、解决问题"等概念，岂不知，这些说法大多是舶来品，是参照西方文学理论而移植的，而其内涵又并非不证自明的公理。若不能在中文语境中将之厘清而只知一味套用，便很容易水土不服。

当然，我并非完全否定这种移植的必要，但毕竟东西方语言异质、语境有别、文化迥异，若罔顾约定俗成的言语现实，则难免有削足适履之嫌。与此同时，颇为吊诡的是，当我们在分析现代文文本时，却又热衷于调遣如"照应""铺垫""伏笔""映衬""渲染""烘云托月""草蛇灰线""承前启后""一波三折""情景交融"等原本属于传统文章美学范畴的概念，而无视生发这些概念的具体文本和语境，以至于在引导学生阅读文章时，将这些手法变成了一种近乎机械生硬的套板反应，把一个活生生的言语场域与文化景观拆解得支离破碎，了无生气。不得不说，这正是阅读者漠视文本体式特征所表现出来的一种自以为是的傲慢。由此可见，辨体之根本价值，正在于为肯定正确的文本解读策略寻找适配其章法范式的思考路径。

接下来，"辨体"便进入第二层次，是所谓"明体达用"。确认体式、对标章法是阅读过程的理念投射层面，而整合专题、创设情境、还原语境指向、复盘创作思路，则是阅读过程的实践落实层面。在这一层面，"辨体"的重心从审思走向审读，话语信息与意义的聚合，无一不与思维品质的发展息息相关。思考过程为体，言说内涵为用，则言说方式即思维方式。所以，毫不夸张地说，这种体与用的合而为一，恰是母语教学承担文化理解与认同价值作用的典型表现。就这一意义而言，虽曰"辨体"而致用，实则因文以化人。思辨性阅读与表达之根本价值，正在于其对阅读者人格的形塑作用。

三 辨言

前述两点，乃思辨性阅读与表达的思维本质，而其根本鹄的，则在于促进鲜活生动的言语活动之有效组织与积极实践。这就需要在真实学习情境的创设中辨清言辞的意义指向与文化内涵。但既曰"辨",就不同于接受性、理解性阅读,仅仅完成对文本一般意义的体认与领受,更需关注文本字面信息背后作者含蓄遮蔽、引而不发或隐晦不明的意义。解读者通过对这些意义的探幽发微,而实现由言及义的思想回溯与精神价值重构。

具体而言,"辨言"从两个方向展开。

其一,阅读活动中的"辨言"。重点体味并发掘文本"言不由衷"之处,即那些体现话语逻辑与思维本体对峙、抵牾乃至冲突纠缠的言语矛盾症结。很多时候,文本字面信息断裂、突兀之处,恰是理解作品深层底蕴的大关节与大枢纽。例如,《荷塘月色》中,作者写月色不能朗照,没有一般认知惯性中因为天色荫翳而常有的遗憾,反而说"但我以为这恰是到了好处——酣眠固不可少,小睡也别有风味的",这便是一句悖逆了前文所营造的整个荷塘清幽和谐氛围的奇崛之语。看上去,似乎前言不搭后语,实际上却正是作者心结所在:渴望此时姑且卸去俗世加诸己身而必须担负的那些伦理责任,只想自由自在地独享这暂得于己的片刻自由时光,试图逃离日常生活的既定轨迹,偶尔浮现出些许出格之念,闪躲几下宁静的压抑。表面上看,这一句与前景若即若离,甚至颇多违和。但正是这于静谧祥和中任性的一笔,才让人得以一窥作者内心那种欲言又止、微妙纠结的隐衷心曲。如风行水上,那微微泛起的阵阵涟漪。

其二,写作实践中的"辨言"。则须时时反思那"辞不达意"的困惑,在找寻、研磨、锤炼语言的过程中精致自己的思维触角。思辨性写作训练,既不是寻章摘句,也不是咬文嚼字,更不是故弄玄虚。而是通过组织语言来组织思想,通过言语实践来促进思维实效,通过遣词造句训练来慎思笃行,通过优化表达效果来释放多元思考效能。一言以蔽之,思辨性写作之终极旨归,就在于通过调动话语场,推动思想境界的进阶与丰富。

辨思找准靶向,辨体探明路径,辨言投入实践。三个维度逐层递进,共同构成了"思辨性阅读与表达"学习任务群具体而深刻的学科思维背景。

语文学习，有效反馈如何达成

在思考新课程背景下语文课程的学习效能时，我们很多人的关注点其实并不均衡。一般而言，将教学内容的选择，即"教什么"，与学习活动的设计，即"怎样学"，作为课程的核心内涵与思考重心，如今基本上已经成为业界共识。当然，形成此种认识并不容易，毕竟，在相当长一个时期内，我们的语文教学常常存在着这样一种倾向：课堂上，不少教师过于关注对教学行为的雕琢，却往往轻视对学习心理与认知过程的梳理。从而有意无意地淡化了对诸如"教学活动的逻辑起点究竟从何处定位？"这一"元问题"的追问与思考。以至于，相当多的所谓"教学改革"，稍不留神，就面临着滑入一场本末倒置的课堂行为艺术表演秀的危险。

当我们开始意识到这种危机时，另一个突出的问题又摆在了我们的面前：教学内容的调整是否一定会自然而然地带动教学反馈方式的变化呢？语文教学反馈是否有属于自身学理特性的品格呢？

仔细考量，这似乎还真是一个很容易被我们所忽视，但又不得不面对的重要问题。如今，《高中语文课程标准（2017年版2020年修订）》、统编版新教材纷纷浮出水面。而众人热议的话题，也往往聚焦于对课程性质、教材功能的探讨。但对于教学反馈的实际效用却言之甚少。当然，有人会说，《高中语文课程标准（2017年版2020年修订）》中不是有专章论述语文学习的评价方式吗？而且，新高考改革先于课程改革启动，不也说明了此轮课改"以评价模式倒逼课程变革"的显著特征吗？那么，我们为什么还要坚持认为教学反馈是一个问题呢？

在这里，我们需要厘清两个概念。

其一，反馈体现评价的效用，但并不完全等同于评价的内涵。毫无疑问，教学评价首先反映的是对学业质量的评估，而《高中语文课程标准（2017年版2020年修订）》对学业质量的内涵定义如下：学业质量是学生在完成本学科课程学习后的学业成就表现。这意味着，终结性测评始终是教学评价的核心内容之一。虽然现在新的课程观念中非常强调"过程性评价"与"终结性评价"的平衡与结合。但就实际操作层面而言，终结性评价显然因其标准的相对稳定、清晰，从而更具可公度性的特点。同时，我们更无法否认教育教学本身就是一项实践性非常强的工作。因此，教学评价若不能反映经验现实，便俨然屠龙之技，基本不具备存在的合理性。

其实，《高中语文课程标准（2017年版2020年修订）》并不否认课程评价在教学实践中的多元效能，强调"语文课程评价要综合发挥检查、诊断、反馈、激励、甄别、选拔等多种功能"。这说明，我们真正应该反对的，是以往评价标准那种过于单一的模式，而并非简单否定所有评价存在的合理性。但我仍然认为，《高中语文课程标准（2017年版2020年修订）》在这里笼统地将反馈一并纳入课程评价的范畴，还是值得商榷的。要知道，与关于评价的其他范畴不同，反馈，其实是一个牵扯更多变量的综合性课程表现。它既反映着学生在学习活动中的学习效能，也考量着教师施教的有效性和针对性，更需要同时描述"教"与"学"两个思维主体之间相互影响渗透、彼此映射关联的复杂函数关系。显而易见，课程视野中的反馈不是单向度、平面化的，而是多重课堂角色行为表现的信息交汇节点。

其二，反馈应该有其自身的运作逻辑，并且可以被观察、被描述、被记录，因而能够被解释。这意味着，我们必须，也可以建构一个被相对普遍认可的课程反馈的常规框架。可问题是，在语文教学界，在我们领教了那么多形形色色、异彩纷呈的所谓"某某语文"流派之后，我们真的有意愿、有能力找到那个有关语文课程效能反馈的"最大公约数"吗？要知道，在其他学科教学论、课程论领域中，我还从未听说过诸如"绿色物理""本真生物""生命地理""本色化学"等等光怪陆离、匪夷所思的称谓。

也许，在我们很多语文教师心目中，那种"文无第一，武无第二"的观念，那种"诗无达诂"的意识依然根深蒂固。他们总觉得语文学习门槛不高而堂奥颇深，故言语之约定俗成、运用之妙，仅存乎一心，又何来统一的考核标准呢？但实际上，那更多指的是语文的学科特点，而未必就是语文的课程性质，或者说，至少不应该成为语文学习的应然状态。我们须知：所谓教/学无定法之后，尤为重要的是：贵乎得法。所以，凡为课程，尤其是基础教育领域中的课程，必有其固定规则与能够自洽的理解范式，非如此，则不足以彰显学科属性的清晰与课程设计之必要。故那种认为语文学习程度与能力不可测量、无法区分的观点，实际上是语文课程地位的自我矮化。

可见，问题的关键不在于语文课程有没有反馈标准，而在于我们是否确立了呈现这一反馈的清晰原则。为此，我们提出如下几条反馈原则的确立建议。

建议一：语文学习的反馈要始终坚持具体学习情境中的任务导向。

语文学习不仅仅意味着对于言语交流方式与沟通方式的习得，更意味着思维方式的建构与人格立场的形塑。所以，语文学习最重要的对象，就是一个人的完整生活经历与生命体验。可见，语文课程是最适合通过浸入现实生活场景来达成其效果的。那么，这自然意味着语文课程反馈必须"接地气"，必须立足全部言语经验的现实，通过有针对性的反思批判去设计评价内容。以综合项目式语文探究活动代替单一封闭的试卷考评；同时，评价的依据既要关注学习任务的有效达成，也要注意问题解决策略的过程性描述。

建议二：语文学习的反馈既要坚持普适性，也不应拒绝多元评价的立场。

我们知道，一个人母语交际能力的获得，既是后天教育的结果，也不排除先天禀赋、遗传基因、原生家庭、人格特质、成长环境，甚至学习者所身处的社会经济文化发展水平的显著影响。通俗地说，语文学习与其他学科学习最大的不同：从学习者进入语文课程那一刻起，其学科认知差异便已经参差显现了。这种起点的不均衡，是我们在思考有关语文课程反馈问题时，极容易被忽略的重要因素。一方面，我们很清楚文化积淀非一日之功，难以刻意为之；另一方面，我们的课程组织又总是基于这样一种预设：通过共同努力，语文学习程度是能够达成一种整体上的均衡水平的。

这其实是完全误解了反馈的普适性。须知"普适"之"适"是合适，是适应，而非一刀切式的平均与整饬。如上所述，不同的学生，在学习效能上，必定存在着不同程度的"个体差异"。基于这样的认识，我们所期待的反馈，与其去追求单一的"及格率""上线率"，倒不如去关注学习者个体学习体验的适切程度。那么，所谓卓越，就是帮助学生达到其能够达到的高度。一言以蔽之，知识的增值，比分数的单纯横向比较更能反映学生语文学习的真实水平。见分又见人，才是今后语文课程反馈应该关注的核心内容。因此，我们不妨做一个大胆的设想：今后的语文学习测评是否也有可能引进类似大学英语四六级考试那样的理念，为学习者提供层次不一的考评选择，以便应对其未来职业生涯规划的个性化要求。

建议三：语文学习的反馈要纵横结合。

横向看，语言学习能力的差异主要表现为不同知识模块间的需求层次有别。对于学习者而言，语文学习中听、说、读、写的功用与效能总会因人而异，因人而有所侧重，不可一概而论。这就意味着反馈必须建立在了解需求、回应需求、满足需求的基础之上。当然，我们也必须认识到学习需求并非一成不变，年龄、经历、人际关系的变化，甚至一次偶然的"黑天鹅"事件，都有可能改变一个人的人生轨迹，进而影响其学习经历。

纵向看，语文学习反馈也必须能够反映认知梯度的深入进阶过程。同一专题、同一知识板块，甚至同一种学习经历，在不同年龄的学习者内心，所唤起的记忆图景总是各不相同的。随着年龄的增长，学习既表现为一种能力的迁移，也呈现出一种经验的闪回。以往的阅历往往左右着未来的走向。这就要求我们的课程反馈要随时契合人格成长的来龙去脉，其自身就应该是一个有机生长的动态评价体系。

　　语文教学，千教万教，求仁得仁。归根结底，是教会学生"学"。而对于学生来说，所谓学习，原本就应是一个学"生"的过程：在理解、掌握、运用既有知识的基础上，迁移、探索、获取新知。能够清晰地描述这一过程，并形成可验证的一般有效原理，则端赖课程反馈的积极达成。所以，一种既能"入乎其内"，追本溯源，又能"出乎其外"，举一反三的评价反馈途径，在很大程度上决定了语文从课程的理想落实为理想的课程之实践意义上的可能。

语文课上,孩子为什么爱做数学题

——一个基于信息论立场的学科分析

对于很多语文教师而言,自己的课堂上似乎总是难以避免这样的尴尬:你眉飞色舞、口若悬河地吟风诵月、激扬文字,可学生们却一副爱理不理、心不在焉的尊容。更有甚者,在语文书下压着数理化课本,耍个"明修栈道,暗度陈仓"这种小把戏的也不在少数。客气一点的,趁你不注意,偷偷算几步;不客气的,干脆旁若无人,大刷其题。毫不夸张地说,几乎每个语文教师的职业生涯中,都有着顽强地与数理化争夺时间而以惨败告终的不堪回首的经历。我们总是很纳闷:母语天天在讲,但在学生心目中依然缺乏存在感。高高在上的专家们苦口婆心地呼吁:语文是基础,是工具;得语文者得天下。岂不知,这种宣示本身,就意味着语文经常被学生所忽视的尴尬处境似乎是注定的。这正如恋爱中的男女,一旦谁先问"你到底爱不爱我?",就已经意味着他(或她)在这场感情的较量中败下阵来。语文课,想让孩子们爱你,为何如此不易?

抛开学科特点不谈,我们不妨从信息论的角度来审视一下这一困惑。现代信息论的鼻祖、美国数学家克劳德·香农有一句名言:一个东西信息量的大小,取决于它克服了多少不确定性。学生做一道数学题,无论完成与否,这道题的知识容量、考查方向、评估标准、呈现结果一般而言是恒定明确、界限清晰的。这就决定了学生在数学学习中面临的知识与能力的进阶梯度是确定显豁的。题目解出，水平达成；题目错误或无法完成，则能力自然不过关。这意味着，数学知识习得之效能，因其有明确的量化标准，是很容易得到即时反馈的。对于学生而言，这就是一种强大的心理暗示：我的努力有明确统一的方向，投入程度可以衡量，因此，我的精力与智力成本不会浪费在无效行为当中。我们可不要小看这种心理暗示，他几乎决定了学生的学习投入与知识产出是可以实现确定性预期的。进而可知，学生在对理科学习的规划与付出中所获得的反馈一般也是可控、等效而迅捷的。要知道，在学习活动塑造人自我行为与认知模式的过程中，反馈的即时呈现往往能够深刻地影响学习者精确、可控地评估这些行为模式的状态与效能。

想一想，为什么有那么多人喜欢玩电竞游戏，你就多少可以理解以上的道理了。在游戏中，真正吸引人玩下去的动力，其实未必主要来自人对虚拟世界自由放纵状态的渴求，而主要是因为游戏活动中的结果反馈远比现实生活更加及时、更为集中。所以，最令游戏者欲罢不能的，恰是晋级通关那一刻所显示的诸如积分、金币、血量、赢得对手数量等可以清晰统计、量化的游戏结果，而这一结果对于游戏者的自我实现、自我确证、自我肯定又有着持续的正向强化作用。这种强化，与现实生活中各种社会要素对一个人迟缓、微妙，却未必客观、公正的评价往往形成鲜明的对比。一个耐人寻味的现象：几乎所有校外培训机构通常都很喜欢采用类似电竞游戏的运作模式来规划学生的学习进程。比如，学生的课程学习结果会当堂反馈，任课教师及时记录，兑换积分；或奖励奖品、或折抵课程学习时间；线上线下师生频繁互动，线上课程量化学习时间，设置梯度进阶题目，以类似游戏通关的方式反馈学生的答题效果；课内外更是通过答题时间、做题准确率、预习投入程度等量化标准随时对学生学习结果进行统计，并以基于大数据的整体趋势作为分析坐标，精准定位学生在班级同伴乃至整个学习群体中的位置。

反观语文学习，却充满了太多"只可意会而不可言传"的不确定性。如果说，数学学习过程就像一个"空筐"，装多装少一目了然；那么，语文学习过程则如一只"黑箱",置身事外,难探究竟。正如陈平原先生所说:"语文教学的门槛很低,堂奥却极深。原因是,这门课的教与学,确实是'急不得也么哥',就像广东人煲汤那样,需要时间与耐心。如何在沉潜把玩与博览群书之间,找到合适的度,值得读书人认真思考。"可恰恰是这个"度",几乎无法完全量化,更多表现为一种约定俗成,甚至口传心授的体验。就像煲汤的火候,运用之妙,存乎一心。而人的思想又总是独具个性,很难如自然科学可以统一标准、精准评价。所以,学生学习语文的过程,便常有"老虎吃天,无处下口"的困惑。甚至,就连什么算学"好"语文,本身就聚讼纷纭、莫衷一是。那么,你又如何能奢望语文学习做到如数学学习那般难度层次清晰、目标内容精细的程度呢?况且,语言本身就是一种历史性、经验性的存在,不落言筌、意在言外的模糊性呈现方式,恰是其自身独特的属性。故而,要让其做到如科学思维那般畛域分明、界限清晰,怕是永远都没有可能。

如前所述,信息论的常识告诉我们:可供选择的意义范围越宽泛,则选择的信息容量就越繁杂。如果学习是一种信息接受过程,那么,语文正是信息量最大的一门学科。富于弹性、充满不确定性以及多向度的理解立场,决定了对语文学习能力的习得,注定是一个信息密集化程度非常高的过程。而接受一段信息速度的快慢,通常取决于这段信息在多大程度上是可测可控的。所以,相较于数学学习确定性的知识体系,影响语文学习过程的要素则充满着更多的不可公度性。按照信息论专家瓦伦·韦弗的说法:"从信息角度来看,最重要的不是你说了什么,而是你能说什么。"可见,正是知识的言说方式与传播方式,决定了语文学习的效果似乎总是不如数学学习那么即时而直观。那么,如果你是学生,会把更多精力投入语文,还是数学?结果似乎不言而喻。

明白了不同学科知识与信息的传播方式与路径,我们似乎应该以更平和的心态看待语文与数学在学习时间上的争夺。如果我们把尺度放得更大一些,就会发现:语文的修炼其实是伴随生命历程始终的。一个人,在其未来的生活、学习中,或许未必能够再深度介入数学、物理、化学、生物等专业研究领域,但他永远都无法摆脱母语所带给他的思考习惯、价值立场与文化认同。

那么，语文之存在，又何必非要强迫学生一律酩酊陶醉、迷恋沉溺呢？那既不现实，更不公平。须知"酣眠固不可少，小睡也别有风味"，就让语言如空气一般存在不好吗？感觉不到，但不可或缺；偶尔微醺，便此生长久。这，才是语文学习的生长之道。既然是生命的在场，就永远无法替代，又何必大呼小叫，生怕丢掉了C位。语文老师，不妨平心静气，恳请少安毋躁。

正所谓：风物长宜放眼量。着眼于为学生人格奠基的语文课，更应打开格局，从长计议，不争一时短长而着眼于人的终身发展；不求立竿见影，但能春风化雨，润物无声。若果真如此，则我们的语文课又何愁无人喝彩呢？

有关国学课程开发的三个命题

国学课程，在当下很多学校的校本课程规划中，往往都是热门课程。但也因为关注度高，稍不留神，便更容易成为某些教育者眼中用来标榜本校课程资源丰富、人才培养站位高的噱头。噱头云云，总免不了有"拉大旗、作虎皮"之嫌。更多时候，"国学"似乎就是个"筐"，杂七杂八都能往里装。因为，在相当一部分人心里，举凡过往的一切，似乎都有可能成为所谓"提振民族自信心"的思想资源。显而易见，这种对传统文化的理解视野，既狭隘又肤浅。当然，在这里，我并非要一味否定学校开发国学课程、重视传统文化教育的积极努力与宝贵尝试。但中学国学课程的开发，即使是着眼于一般性的普及功能，似乎也有必要首先回答以下三个关键命题。

命题一，历史语境如何进行恰到好处的现代性还原？

中学国学课程，当然不应该首先着眼于"遍观博览，而成一家之言"式的专业探究。其主要目的，在于通过设计积极有效的课程活动，而使学生初步了解祖国丰富多彩的传统文化，并基于这种同情之理解，进而对传统文化背后所凝聚的民族国家观念产生认同。请注意，我们在这里强调课程组织形式要立足于以学习活动为主的意识，正是要避免学生对国学课程的学习陷入那种"皓首穷经""寻章摘句"般琐屑刻板的单一知识接受模式之中。毕竟，学生在接触传统文化时，往往容易因为缺乏对传统文化的历史语境与观念形态的直观体认而心生隔阂。也正是这种隔阂，构成了我们开设国学课程的学情现实与组织课程活动的逻辑起点。

与此同时，当我们努力为学生再现课程资源背后的历史语境时，又必须作出如下思考：在已经时移世易的今天，这种历史语境究竟能够在多大程度上，以现代性的言说方式被演绎出来。这一点，正是考量一名教师课程领导力的重要因素。总之，传统文化包罗万象，但我们必须具备"弱水三千，我只取一瓢饮"的鉴别、选择与判断的能力。那么，如何在不失经典精神内核的前提下，对接学生喜闻乐见的当下人生体验，是值得每一位国学课程开发者认真思考的命题。

命题二，作为课程资源的"传统"，是一个封闭自足的历史定义，还是一个开放包容的动态过程？

任何课程的开发，核心关注的问题必定是教学内容的选择与确定。一言以蔽之，"教什么"比"如何教"更为关键。从《普通高中语文课程标准（2017版2020年修订）》的角度审视，确立中学国学课程样态的基本依据应该始终围绕"中华传统文化经典研习"与"中华传统文化专题研讨"两个专题学习任务群来落实展开。所以，该课程校本化的目标也必须以相应学习任务群的学习目标为其基本依据。在"中华传统文化专题研讨"学习任务群的学习目标中，有这样一段话：（该任务群学习目标）加强理性思考，增进对中华传统文化核心思想理念和中华人文精神的认识和理解，体会中华传统文化创造性转化和创新性发展的趋势。

显而易见，学习任务群视野中的"传统"，就其本质而言，是一种不断丰富完善着的，涵盖民族历史意识与价值认同的观念形态。这一观念形态，成型于对既往历史传统的文化理解，同时也要因应对未来精神发展脉络的理性建构。正如核心素养中的"文化传承与认同"所指出的那样：继承和弘扬中华优秀传统文化、革命文化、社会主义先进文化，理解和借鉴不同民族和地区的文化，拓展文化视野，增强文化自觉，提升中国特色社会主义文化自信。其中，"继承、弘扬"是"理解、借鉴"的发展与升华，"拓展文化视野"又是"继承、弘扬"的超越与提升，而"文化自觉"与"文化自信"又体现了前者诸要素相互作用的逻辑结果。正所谓："传"者，继承也，"统"者，贯通也。由此可见，课程视野观照下的"传统"之价值，主要是为"文化传承与理解"建构了一个宏阔深远的思维背景与透彻通达的反思角度。

命题三，道统存续，以教师理解为纲领，还是以学生认知发展阶段为经纬？

就新课程所倡导的"学生为本"的一般理念而言，这似乎不成其为一个问题。学生的学情现状当然应该成为课程设计的逻辑起点。但当我们明确将"国学"作为一门课程时，就需要特别注意：这门课程不同于其他课程的根本特点，就在于其课程目标设定的重要方向之一是"认同"。这意味着，无论学生的文化认知水平居于何种程度，都不应该令其对传统文化核心内涵的理解降格以求。也就是说，能力的获得可以是一个建构的过程，而传统一旦进入历史视野的观照之中，便有着契合自身存在意义的独特趋势与发展脉络。

那么，作为后来人，在介入自身现代性理解的同时，我们当然有义务对既定的历史存在与现实逻辑保持足够的尊重，乃至敬畏。毕竟，返本方能开新，鉴往才可知来。"本心"者，绝非可以任意涂抹的画布。也许，我们对文化理解的方式及其反思结果可以言人人殊，但对这理解的对象却不能任意肢解，甚至戏说。因为，传统文化存在本身就是一个既定事实，而我们只能在还原既往情境的过程中代入自身的独特理解，却不能歪曲其本来面目。这正如一条河流可以在归向大海的途中改道，却绝无可能摆脱自己的源头。就这一意义而言，传统文化，正是形成今日之我的种种血性气概的那一无法湮灭的滥觞。

毫无疑问，一个民族的精神历程，自有其生生不息、承继存续的"道统"维系。缺乏对这种薪火相传之心灵价值的理解与认同，则我们必将陷入文化上的历史虚无主义。所以，在国学课程的设计过程中，教师自身对于传统文化的"还原"性解读就显得非常重要，它决定了学生的人文视野究竟能够在何种思想高度上充分展开。

可见，在开发国学课程的初始阶段，我们必须要回答的问题：给学生提出的那些有关传统文化理解的课题，究竟是基于熟悉经典基础之上的"元问题"呢？还是连自己都尚未圆融通达，就囫囵吞枣，咽下去的"夹生饭"，或者拾人牙慧的"二手货"？

综上所述，对于一名语文教师而言，国学课程开发既不是一场"说走就走"的旅行，更非"咸与维新"的集体狂欢。如果不能就以上三个问题提出自己的思考，那么，我们就有必要给课程开发中的那股"传统文化热"降降温。

"有讲头"的课，一定就是一堂好课吗？

几周前，我与几位老师听了一节青年教师的组内研讨课。她讲的是姜夔的《扬州慢》。刚一上课，旁边一位老师就悄悄对我说："这篇课文最适合上公开课了，篇幅刚好，一节课有的讲，又不怕讲不完。"这句话引起了我的思考：在语文教学中，那些"有讲头"的课，就一定可以上好吗？

在语文教师的一般观念当中，来自不同时代、属于不同体裁的文章，其课堂呈现出的讲授容量是各不相同的：实用类文本（包括论述文、说明文、新闻、演讲等纯粹以信息传递或劝服为目的的文本）最没有"讲头"，感觉往往三言两语就能够概括其主要内容与基本意蕴；稍有可讲的是一般现代文文本（包括散文、随笔、杂文、记叙文等可以作为写作典范呈现的文本），语言内涵上没有太大的理解障碍，与学生生活经验相对比较贴近，但教师对文本意义发挥的空间有限，通常更适合在平淡无奇的常规课上呈现；进而就是纯文学文本（包括小说、戏剧、现代诗歌等具有明确艺术范式与丰富理解可能的文本），其阐释过程需要一定的鉴赏水平，教学设计与课堂组织可以充分体现教师在引导、点拨与启发等方面的积极作用，有利于集约创设学生活动，适合各种公开课、观摩课。

而具有最充分知识密度与讲授容量的，当然非古典诗文莫属。毕竟，在古诗文教学中，教师的教学目标具有双重特性：既要帮助学生扫清古今殊途的语言文字障碍，又要力争不断还原并营造作品具象化的话语言说现场，以促进学生突破认知隔阂与自身生活经验的束缚，进而能够给予那些被时代观念所局限或遮蔽的古代作品以同情之理解。

可见，不同文本的不同信息构成与内容呈现方式上的差异，决定了语文教师在选择教学内容上的诸多困惑。内涵深刻、意义丰富的作品，形态相对清晰，结构安排有章可循，有利于增加课程设计环节的可操作性，但教学目标与具体学情的落差较大。一旦重难点把握不好，则教学效果往往不理想。而意旨浅易、话题单一的作品，固然一目了然、理解程度不深，但作品本身往往更趋向于语文课程工具性的特点，重在运用与落实。故教师在进行教学设计时，有时会担心因为知识容量有限而缺少生成与发挥的机会，从而弱化了教学活动的信度与效度。尤其是在展示教师自身教学水平的公开课等教研活动中，这类简单明快的作品基本上不是首选。

其实，教师有关教学内容选择的纠结背后，折射出的是语文教学课程内容定位的复杂与模糊。长期以来，"教什么"这个对于其他学科基本上不成问题的问题，却总是困扰着一代代的语文教师，令我们苦苦思索、不断尝试着各种课程形态。

根据上海师范大学王荣生教授的研究，语文课程内容的教材呈现一般可以分为四种形态：定篇、例文、样本、用件。简单说来，所谓"定篇"，就是一篇完整的，没有经过任何删改的经典作品。其生成的相应课程内容来自权威解说，语文教师的作用类似于"代圣贤立言"，根据经典的历史文化价值，还原其核心内涵。所谓"例文"，顾名思义，就是将课程内容定位为提供足以例证语文学习知识的范例与样式，教师以其为蓝本，为学生清晰示范言语活动的基本策略与技能。而"样本"是指语文教师在课程设计时要选择那些能够帮助学生建构学习经验的典型文本与案例，从而使"具体的学生""依照自己的经验""在与特定的文本交往过程中"，习得并形成怎样读、怎样写的方法或能力。"用件"则类似将课程内容的文本信息看作是引导学生思考、研讨某类与特定语文学习活动相关的主题的学习材料。学生通过这些学习材料，触发、生成并反思基于自我人生经验与知识水平的各种有关人生观、价值观、知识论等内容的命题。

可见，即便是对于同一篇章而言，不同的课程组织形态与教学内容选择，也会产生迥然有别的教学设计策略与目标达成路径。那么，上述那种仅仅将语文教学内容的选择依据简化为信息容量大小与知识难度差异的思路，似乎已经越来越不适应以促进学习为中心、以培育素养为核心的新课程理念了。这意味着，合理选择与具体学情、鲜活学习情境和生成现场相适配的课程内容及其组织形态，才是一名语文教师最应该关注的教学活动的精准着眼点与有效着力点。因为，教学内容的合理选择与准确定位，正是反思语文教学效能的逻辑起点与根本"母题"。

回到本文开篇所说的教学现场。对于一名入职不久的青年教师而言，诗歌教学如何教？应该说，其构架教学过程的思考模型，与那些教学经验丰富、知识背景有别的老教师们相比，当然存在着不同程度的差异。这就更需要其在进行教学设计时，要多想想教学内容与课程形态的定位问题。

个人认为，青年教师的优势在于教育履历完整、接受新观念快、知识水平高、精力充沛、进取心强，劣势在于人生阅历浅、教学经验单薄，专业背景相对单一、教学案例积累不丰厚，课堂把控能力偏弱。所以，其对课程内容的确定最好倾向于选择在实际教学设计中相对容易找到抓手的"例文"或"样本"两种形态。比如，对于《扬州慢》这首诗歌，如果教师将其作为"例文"来教，则需要重点关注本诗最为突出的两个表现手法：用典与对比。教学设计要精心选择有关这两种表现手法的经典文本，并且优化鉴赏知识学习内容；典型选材、集约讲授，方能促进学生对诗歌经典表现手法的可靠习得与深刻认知。如果将这首诗作为"样本"来教，则教师应该将教学重点设定为：通过对诗歌的导读，帮助学生体会并理解即时感怀诗歌的总体题材特征与运思结构，并启发学生在体验沉潜涵泳、分析归纳、联系比较等鉴赏方法的过程中，初步把握古典诗歌题材与意象选择之间的文化联系。

综上所述，语文课堂上，"讲什么"，实在是一个比"如何讲"更为重要，却往往容易被我们所忽视的问题。长期以来，我们总是过于在乎在一堂课上是否有话可说、说得漂亮，却很少静下心来想一想自己究竟应该说什么话，说的这些话在学生那里会是一种怎样的存在。其实，无论文言文还是现代文，抑或实用文本还是文学文本，都有其不可替代的认知价值与课程定位。

一名真正优秀的语文教师，从来都不会把一门课程的价值简单地分成"有讲头"或"没讲头"。因为，他会始终站在学生思维发展与人格发育的高度，科学理性地确定真实有效的课程内容与教学路径。"有讲头"的课，未必是好课，但一堂好课，必定要具备相当的思维含量，才能有得可学。

"非言语教学行为"课堂观察点的选择及其意义

所谓"非言语教学行为",顾名思义,就是教师在课堂教学中,除言语表达之外,为促进学习目标达成而采取的一系列富有意义的行为姿态与情绪价值输出方式。

我们知道,课堂教学语言是课堂教学的主要内容。通常来说,知识传授、师生沟通、效果反馈,基本上均有赖于言语交流与信息互动。从某种意义上说,教师的备课活动,主要就体现在对教学语言的选择、提炼与优化过程中。但这并不意味着课堂教学行为只能通过言语交流活动来呈现。

实际上,在话语沟通之外,语文课堂还有着比较丰富的教学行为与沟通方式。这些行为,既是言语活动的有益补充,更是颇具自身特色的意义表达。在那些精彩生成、灵动呈现的名师课堂中,优秀教师们的一颦一笑、一举手一投足之间,都洋溢着知性的芬芳,都能够引导学生泛舟学海、畅游书山,进而开启他们领悟新知的探索之旅。甚至在很多课堂上,那些深谙育人之道又富于教学经验的教师们,只需几个意味深长的默默演示,便有可能点燃学生们乐学好知的激情,令他们在获取智慧的征途上忘我投入、欲罢不能。对于这些教师而言,哪怕是一段阒寂无声的沉潜静默,也有其精致深刻的设计意图:或如国画中的"留白",无中生有、暗示映衬;或如影视作品中的视觉暂留,场景勾连、互动互补;又仿佛名将对垒时的阵图,引而不发、欲擒故纵。从而使得课堂上一切有形或无形的教学资源相辅相成、彼此渗透，进而融合成为一个深度嵌合、活跃生发的话语场，并最终达到一种"无声胜有声"的教学效果。

如果，我们承认这样的课堂才是令人无比神往的精神化境，那么，反思其中最有价值、可资借鉴的教学经验，就显得异常迫切而极有必要了。但受传统上那种蜻蜓点水、浅尝辄止的印象式的听评课模式的影响，这样的精彩往往难以复制，无法迁移。因为没有问题聚焦，所以听课人就几乎不可能找到实施策略去对标。而课堂观察的根本要义就在于：课堂活动以及教学效果之得失必须可回溯、可记录、可解释。无回溯，则失去了记录之鹄的；不解释，又没有观察之必要。为此，我们尝试提出几个"非言语教学行为"的课堂观察点，并做出简要分析。

观察点一　表情管理

课堂上，教师的表情管理是"非言语教学行为"的一个非常重要的方面。课堂活动是一种特殊的社会交往形式，师生之间的互动以获取知识、培养能力、化育人格为目的。教师在课堂上对学生学习活动的回应与评估，首先体现在对其学习行为的矫正、改进与完善过程中。既然是互动，师生沟通的同向而行就显得至关重要。所以，单凭教师话语信息的传导，并不足以对学生心理施加更为深入、持续的影响。正如我们常说的"表情达意"一词，若不能"表情"，又如何"达意"？故而，教师课堂上的表情变化必定要与其遣词造句的行为表现出一种趋同性的协调。正所谓：言有所衷，方能意有所指。

为此，我们选择教师课堂表情管理为"非言语教学行为"的第一个课堂观察点。观察点的具体内涵如下：师生面对面交流的距离、频率，师生表情变化与理答评价之间的对应趋势（符合、认同或否定、悖反）及其次数，教师倾听姿态的表现差异（对视、侧耳、俯身、颔首、蹙眉、游走等）与问答质量的关系，以及学生普遍性的课堂情绪表达与教师个体情绪表达之间的对应关系，等等。通过对这些要素的分析，我们才有可能更为准确地获知课堂整体情绪氛围的营造效果，以及在这种气氛中所建构起来的师生关系，及其对课程目标的促进或干扰作用。进而更为准确地为教师课堂教学时的表情管理提供有信度、有效度的指导策略。

观察点二　肢体语言

肢体语言是"非言语教学行为"最为突出的显性表现形式。在课堂上，教师的活动不可能绝对自由。毕竟，众目睽睽之下、殷殷期待之中，为人师表的教师应该有一种调整、端正自身行为以契合具体教学情境与育人环境的职业自觉。正所谓：身正为范、学高为师。教育的至高境界绝非简单的坐而论道，而应该积极追求那种"不着一字、尽得风流"般不露痕迹、潜移默化的影响与渗透。这意味着，教师在课堂上形容举止的任何一个细节，都密切关联着教育教学效果的呈现。

所以，在进行此类行为的课堂观察时，我们要特别注意这样一些关系：教师在课堂中移动路线的选择与学生注意力分布的关系，教师本人习惯性动作（抱拳、叉手、叉腰、挥手、支撑讲台、扭动肢体等行为）与学生应询质量的关系，教师应对课堂生成性内容时无意识动作（显示赞许、摇头、抚慰、阻止、控制等意图）的出现频次、方式及其营造课堂气氛的效果，教师为表现课程内容而选择的特定演示动作与实际教学效果、学生情绪调动之间的互动关系，以及学生课堂肢体语言表现与教学预设达成之关系，等等。积极记录并梳理以上关系，往往有助于促进师生课堂行为积极互动、相向而行，进而结成更为紧密的学习共同体。

观察点三　学生课堂交往行为

仅仅狭隘地将学生的课堂交往行为定位为对教师提出问题的应答，或者对小组合作讨论活动的一般参与，并不能有效涵盖学生在课堂上实质性的学习表现。实际上，这一观察点选择的根本立足点应该在于学生除话语表达之外的其他动作性内容的呈现。我们之所以强调要在语言之外选择这样一个课堂观察点，主要是因为考虑到在很多课堂上，教师为达成其教学目标而统一组织的学生讨论、应答等学习活动，有时可能反而会对某些在人际沟通方面并不擅长的学生产生一定的心理压力。毕竟，在传统大班制的课堂组织形式下，即使教师的教学预设已经关注到了具体学情，但仍然有可能忽视部分学生的个体认知能力差异以及学习需求之不同。

另一方面，社会心理学告诉我们，人在群体中定位其价值与意义时，往往存在着一种美化、修饰自我形象的心理动机。所以，当有些学生在众目睽睽之下仅仅通过语言信息来同他人一道描述自己的学习效果时，有时会有意无意地表现出某种程度上的言不由衷。这就是为什么有些学生即使课堂上明明没有听懂，也绝不会当着同学的面表达出来。

因此，就这一角度而言，我们对学生课堂交往行为的观察，实质上就是对学生学习反馈心理机制的一种追溯。当然，人的内心无法直接反映，但行为动向却往往与其心理趋势有着或隐或现的联系。为此，我们在课堂上观察学生，既要观察其语言表现，也要抽样记录某些课堂动作表达的典型个案。诸如整理笔记、翻阅资料、低声交流、倾听他人回答、张望同学等行为，甚至表现认同、理解、领悟，或者厌恶、反感、困倦等情绪的典型行为细节等等内容，都可以成为我们研究一节课效能的丰富素材。只要我们能够精准定位一个或若干个观察角度，设计出可描述、可论证的课堂观察量表，我们就有可能在这些看似无意义的个体行为背后，洞悉更多有关一堂好课的灵魂密码。

通过对以上观察点的选择与分析，不难看出，课程内容一旦纳入科学实证的视野之中精准对标，则几乎一切课堂表现都有可能成为我们建构好课的有效资源。定位观察、精确扫描、理性反思、积极迁移，碰撞出智慧火花的美丽课堂就不仅仅是属于名师们的心灵独舞。

相机而动、预设精彩
——浅议课堂导入之作用与定位

分校开展课堂观摩活动，确定主题为高三文言文复习。上课教师选择了一篇高一的课文《荆轲刺秦王》，作为帮助学生梳理文言知识的范例，力争以点带面，举一反三。

应该说，这位教师的复习策略还是比较高明的。立足课本，纲举目张，没有陷入琐屑而低效的知识信息堆砌之中。但不知是因为见有人听课而有意要酝酿一种情绪，还是希望在自己的课堂上体现出某种与时俱进的观念，该老师在其教学导入环节突然插播了一段上周国家表彰抗击疫情功勋人物的视频，然后宣称英雄的业绩将永远为历史所铭记，而她今天带来的故事主角，就是英雄荆轲。

姑且不论这位史上最著名的刺客荆轲，与真正有大功于国家、民族的英雄究竟具有多少相似之处，即便其确为一世之雄，可他所谓的"英雄气概"，与那些英勇抗击疫情的医务工作者们的奉献精神又有何可比性呢？西哲曾有"奥卡姆剃刀"一说，意即：如无必要，勿增实体。故站在与本节课内容关联程度的角度上看，恕我直言，这个导入除了牵强附会、徒作姿态，实在让人瞧不出个所以然。

就此引申开来，我们自然会想到这样一个问题：作为教学环节的课堂导入是否必要？如何执行？

要探讨这个问题，我们首先需要明确：课堂导入作用到底如何？

在我看来，课堂导入的作用有三：激发兴趣、搭建支架、衔接迁移。

作用一　激发兴趣

激发兴趣，意味着导入首先是一种课堂态度与价值取向，是为即将到来的课程内容蓄势、张本与铺垫。因为，我们必须承认，课堂教学活动是一种独特的、集约型的人际交往形态。无论何种课型、何种科目，情感之沟通与心灵之默契，永远都是影响课堂学习效果的主旋律。正所谓：亲其师，信其道。精彩的课堂导入，可以迅速将学生带入鲜活灵动的学习情境中，渐染浸润、泽被灵魂。

作用二　搭建支架

搭建支架，是指课堂导入在明确学习内容、引导教学目标中所起到的精准定向作用。位置往往决定着价值。课堂教学总是发生在有限特定时空之内，故其呈现过程或可随机应变，但万变不离其宗的则是：教学目标与具体学情之间总要形成一定落差，而教学设计无非是在这落差之间搭建合理的梯次进阶支架。显而易见，课堂导入正是这些学习支架的起点。故出手不凡，方可一鸣惊人。可见，导入的层次往往会深刻影响着教学设计的视野与站位。

作用三　衔接迁移

衔接迁移，是就课堂导入在整个课程序列中的地位而言。课程，终归是一系列知识谱系的渐次呈现，这一过程必须与学习者的生命历程与认知经历同向同构、相互生发以彼此促进。所以，课堂导入并非与既有知识版图毫无关系的局面新开，而更类似于是在对已知学习经验的同化与深入。所以，如果我们罔顾知识存量，就很可能根本无法有效拓展悦纳新知的心理容量。可见，对于单节课而言，课堂导入或许能够做到别开生面，但若放大教学设计的时空尺度，则课堂导入便又是一个迁移旧知、衔接创思的意义嵌合过程。故我们一旦缺乏对已知学习经历的深刻体察，就几乎不可能设计出真正精彩的课堂导入活动。

据此可知，我们之所以要明确课堂导入的作用，就是为了澄清其意义与定位。故作为教学实践的重要一环，课堂导入欲赢得"开门红"，便须精准定位以下三种关系。

关系一 "导"不是"演"

如上所述，课堂导入作为教学之开端，本就是教学设计题中应有之义，而并非自外而入的附加信息。所以，那种将导入变成行为艺术，或者浮夸表演的意识并不可取。君不见，总有那么一部分教师，难以抑制在课堂上展示才艺、宣泄感情的冲动。讲诗歌，则必定绝妙好辞开场；读小说，就如数家珍地去爆料大作家的风流轶事；说古文，更是声光电化、美图古曲齐助阵。至于说明文、论述文、新闻等实用类文体，则常常只见各种刺激感官的新花招扑面而来，却又与鲜活生动的文本渐行渐远。

当然，我并不反对教学设计形式多种多样、各具特色。但语文学习说一千道一万，终究还是要着力在"语言建构与运用"这一核心素养上。故一言以蔽之：课堂导入不该仅仅是锦上添花，而首先必须是从教学实际出发，从教学过程中有机生长出的教学环节。为此，我们根本就不应该以牺牲整节课的流畅性为代价，去一味求取所谓"一鸣惊人"的生动表演性效果。

关系二 "导"未必"新"

导入环节，是否一定要令人耳目一新，或者必须华丽登场呢？未必。课堂教学，是在学习者的大脑中掀起思想风暴，唤醒理性追求；而不是动辄就对时髦的当下趋之若鹜，甚至毫无判断能力地去追逐时代浮华的泡沫。所以，对我们来说，教学上的积极开拓与审慎继承之间，并非完全不可调和。无洞悉深刻之返本，则不能实现切实有效之开新。

我们须知，一切教学观念上的进化，终归是一场静悄悄的革命——推波助澜、环环相扣，而那些必要的认知阶段却决不能简单跨越。这就决定了课堂教学的思维背景必须着眼于认知体系的整体建构，即：我们始终要坚持从大单元教学的角度去思考一堂课；更要立足于教材与课程内容选择与定位的系统布局，去反思整个单元教学的意义。那么，这种教学设计上的"大局观"，就势必要以全息视野去统筹擘画教学设计的每一个环节。所以，单节课的导入部分看似是该课时的开端，实际上更是整个学习单元的勾连与关涉、渗透与贯通。

关系三 "导"切忌"繁"

如果我们把精彩的课堂比作一场精神盛宴的话，那么课堂导入无疑就是餐前的"开胃小菜"。相机点拨、引而不发，正是为其后登堂入室夺取先声。所以，课堂导入环节设计的分寸拿捏就显得至关重要：既不能蜻蜓点水、浅尝辄止；更不可喧宾夺主、舍本逐末。一般来说，课堂导入应该控制在开课后的五分钟左右，要严格明确表述内容的目标指向性，尤须注意与学生的适时互动，强化以问题为导向的设计思路。可重点提炼课程内容的关键词，并积极营造理性澄明、平和融洽的人文环境。尤其对于已经颇具自我意识与一定独立判断能力的高中学生来说，那种浓酽地克化不开，以至于令人起腻的矫情、滥情的氛围渲染，未必就能够产生动人心魄、引发共鸣的效果。

另一方面，课堂导入的篇幅与层次，又往往受制于课程容量的影响与限制。如果本节课学习任务比较繁重，那么导入时不妨开门见山，直接点出学习目标，删繁就简，反倒能够领异标新。如果本节课课程容量不大，导入时就完全可以通过积极创设问题情境的方式，多给教师点拨、启发学生留一点时间。总之，导入环节缓急与否，终须与该节课教学内容与学习目标定位合理适配，切不可一概而论。但有一点是肯定的，那就是导入环节最注重学习效能的达成。故那种复杂、冗长而缺乏思维质量与信息含量的开场白，是必定会被所有课型所排斥的。

综上所述，高明的课堂导入之宗旨，不妨概括为三点：能够密切关联教学现场的信手拈来之从容，能够适配学习内容与学情实际的因地制宜之精准，能够随时跟踪课堂生成性内容的随机应变之机智。

总之，课堂导入正是以问题导向推动教学层层递进、流畅展开之课眼。这当然是一种理想。毕竟，对于优秀的教师而言，教学永远都是一门遗憾的艺术，理想的课程始终是在下一节。这正应该成为我们不断反思自我、超越自我的目标。因为，令人印象深刻的亮相，往往能唤起我们预设精彩的最大希望。

课程领导力的多维审视

在教育改革的整体格局中,课程自始至终都处于非常关键的地位。毫不夸张地说,课程就是学校发展的生命线与核心竞争力。而衡量一名教师专业成长效能与职业生涯高度的重要标准,正在于其是否具备充分而有效的课程领导力。我们更有理由相信:未来课堂的课程领导者,必定来自那些善于积极整合学习资源与学科资源的教师。故立足多学科视野,丰富课程领导力的实现途径,对于促进课堂教学观念的转变与进化,无疑有着积极的作用。为此,我们提出审视教师课程领导力的几个重要维度。

一 哲学的视角

哲学关注存在、本体、认识论等人类生存之根本性问题,故其超越功利、追求普遍规定性的特点便成为一切学科确立学理逻辑的根本前提。而教育哲学所关注的,正是诸如教育本质、目标及价值立场等一系列具有"元问题"意义的思考。在最广泛的价值范畴与思维量级中,哲学极大地拓展了我们心灵世界的疆域。显然,其认知贡献并不在于能否根本解决人生困惑,而在于提出这些问题本身,就已经意味着人类思维的深入发展。可见,从哲学视角审视课程领导力,要求我们在课程开发伊始,就必须始终关注课程目标的终极价值是否能够导向"发展着的人"这一基本理论预设。

当然,课程体系的建构不能仅仅基于某个教师单纯的专业热情与理论冲动,它必须是系统化、理论化的理性反思,必须有一套完整的解释框架。思考教育哲学中那些原理性的"大问题",也许不能立竿见影地帮助我们彻底解决具体教学实践中的所有困惑,但这种思考提升了我们的思维层次,从而彰显了学科的思想魅力。

具体而言,形而上学与逻辑学是哲学思考的双翼,也是梳理课程谱系的根本思想方法:形而上学,推动了学科知识在更广阔的范围和更宏大的尺度上实现渗透、沟通与交融;而逻辑思维则使课程在教学理念上实现自洽,在实践方法上可以回溯。总而言之,哲学视角,为课程的自组织与有机生长奠定了坚实的思想基础。

二 经济学的视角

经济学是研究资源"稀缺性"的学问。涉及三方面问题:一是资源稀缺的程度,二是面对资源稀缺所做出的选择,三是如何有效配置稀缺资源。在课程建设与开发过程中,稀缺性资源产生的动因一般包括:师资与生源的不平衡,相对紧张的课时安排与有限的课程资源,社会、学校、家庭因为信息不对称而产生的对于新课程在理解观念上的差异与隔阂,课程改革不确定性所可能影响的学业水平质量等。可见,如果我们试图从跳出教育科学的单一视角来认识教育,经济学思维或许是一个不错的选择。

经济学告诉我们,任何一种交往行为的效能都取决于其成本与收益的核算关系。当然,如果我们用其分析课程改革的得失,则需要重新定义收益与成本的内涵。教育视野中的收益与成本更多是从国家需要、社会需要与个人发展的角度来理解。

所以,对于每一个参与课程开发的教师而言,提升课程领导力离不开厘清并描述社会成本与预期收益之间微妙复杂的函数关系。而教育既然着眼于人的全面发展，那么其效益就不可能仅仅从当下的发展变化去做单调的界定。正所谓"十年树木，百年树人"，究竟什么样的课堂教学模式和方法更有效？学校课程改革需要承受哪些必须付出的成本？而哪些成本的付出会意味着改革收益的必然衰减与时间成本的耗散，以及边际效益的递减？这些，都需要我们运用一点经济学的思维。

三 社会学的视角

社会学，是研究社会问题的学问。从微观上看，社会学实际上就是在思考人与人之间社会关系的建构与重组等问题。课堂，就其本质而言，无非是一种人际组织形态。在课程中，来自不同的原生家庭，具有不同认知水平，呈现着效果迥异的行为习惯的学习者聚合在一个集体中，面对学科背景各异、个性气质乃至职业素养独具特色的教师——学校即为社会形态之缩影。可见，教育研究也是社会研究的一个非常重要的组成部分。从社会学角度看待课程，我们会发现学校课程改革所遇到的很多矛盾与困难，有些未必都来自学校内部，而是整个社会转型过程中那些纷繁复杂的诸般问题症结之某一类表现。

所以，我们不仅要从课程内部研讨课程运作的规律，更要从课程外部检讨课程实践中所反映出的种种社会现象。因为，我们不能忽视社会、家庭对一个人人格的形塑作用，这种学校教育视野之外的影响往往很可能与课堂教学与课程开发的效应形成某种映射关系，从而对学校教育产生或隐或现的影响。从积极的方面看，优秀的家庭教育与社会环境会对学校的课程建设产生持续的促进作用，学生素质高、学习习惯好，必然会与课堂、教师产生良性互动，促进新课程开发走向深入。

与之相反，如果社会矛盾突出，家庭教育缺失，则这些消极影响投射在学生身上的，便很可能是一股颓废怠惰、自暴自弃的人格破坏力。最终，学习者很可能因这种无可逃遁的挫败感的存在而逐渐产生不同程度上的习得性无助，进而影响教师对于课程开发效果的乐观预期，使其对课堂教学的探索热情显著降低。因此，从社会学的视角分析课程领导力问题，可以帮助我们在课程开发中规避很多来自课堂之外的社会环境与公共舆论方面的风险。

四 伦理学的视角

伦理学是一种道德哲学，是藉"正义"性的价值观去验证社会行为的合理性。就这一意义而言，伦理学视角下的课程意识主要关注学生在学习活动中的机会平等问题。我们固然承认人的智力水平千差万别，但这并不等于某部分人的学习权利可以比其他人更高贵、更有必要。"因材施教"与"有教无类"并行不悖，前者是"术"，是教育途径；后者是"道"，是教育底线。

显而易见，课程改革的方向应该尊重学生的差异化发展，但正视这种差异，绝不意味着我们只关注成绩优秀的学生。实际上，评价一堂好课真正重要的标准，就在于看其是否促进了不同层次学生的知识增殖，是否切实提升了每一名学生的思维品质，是否优化并丰富了课堂教学的组织样态，并能为每一名学习者提供适宜其人格特质的学习平台。所以，一门成功的课程开发过程，应该始终坚持系列化、多样性与高效能的有机结合。可见，伦理学视野中的课程内容整合问题，不仅仅体现为对教育公平观念的选择，更是关乎课程实现方式与途径定位的重要原则与导向。

五 心理学、脑科学与行为科学的视角

心理学研究行为的产生、运作规律，脑科学研究认知活动发生的机理与效用。从心理学、脑科学与行为科学的角度研究课程，主要是通过描述学习者在课程实施过程中，其生理、心理机能与学习效能达成之间的函数关系，来建构更为科学有效的学习行为习惯与思维提升策略。当然，就学理意义而言，这

种影响，与其说是对课程水平的反映，倒不如说是对课堂表现的反馈。但是，这种视角毕竟促进了课程、课堂、学习者等各种学习要素的深度关联，是从科学实证的角度为学习认知活动搭建了一个全新的解释框架。所以，这也很有可能成为今后课程开发的一个重要的参考视角。

丰富的教学实践一次次证明，课程领导力绝非领导者的专利，而是每一名教师精研课堂、丰富自我、建立影响的专业核心素养。正所谓我的课堂我做主。领导课堂，发展学生，我们义不容辞。

从乞食者到生产者

——教育，即进化

几百万年前，在非洲大陆的腹地，生活着一群原始智人。他们正处在文明曙光的前夜，在那"人猿相揖别"的时代，刚刚走出丛林。他们是一批被上帝逐出伊甸园的流亡者：回首来路，归途荆棘遍布；眺望远方，天堂遥不可及；环顾四周，身边险象环生；凝视脚下，土地坚硬荒凉。生存的本能让他们只有一个念头：活下去，像狗，像猪马牛羊，像虎豹狼虫一般的，活下去。

在自然面前，他们就是一群卑微、渺小的乞食者，身无寸缕、前途未卜。他们匍匐在巨大的岩石下，他们佝偻于低矮的灌木丛中，只为了去寻找几只掉落的野果，以及被猛兽丢弃的动物残肢。很多时候，他们自己就是猛兽的猎物，到处东躲西藏，如惊弓之鸟，若丧家之犬。有时候，为了捉住一两只在草丛中跳来窜去的野兔，或被天敌追急了，他们中的某个人便突然急中生智，抓起一块石头扔了过去……一次，两次，三次，渐渐地，有动物被击中，成为飨宴。人们为此额手称庆，欢呼雀跃地簇拥着那个佼佼者——这一刻，"猎物"开始变成捕猎者。捕猎者们的技巧越来越娴熟，猎物也渐渐多了起来。于是，他们开始制作更加复杂精巧的狩猎工具。投石、标枪、弓箭，让捕猎者们一步一步超越了肉体的局限。出类拔萃的那一个，成为部落之王。众人争相膜拜效仿，都希望像他那样，孔武有力。

电闪雷鸣、风雨交加，变幻莫测的大自然，远非这群水平低下、懵懂浑噩又孤苦伶仃的原始人所能掌控。他们终日过着食不果腹、衣不遮体的生活，更要不断地面对大自然无情的折磨与淘汰。随着时间的流逝，他们悲哀地发现：自己的身体在一天天老去，无法永远保持旺盛的精力与健壮的体魄；在猎物面前，也越来越难以做到始终反应灵敏、百发百中。

生命的短暂与脆弱，让他们对生殖保持着宗教般的肃穆与崇敬。他们惊叹于蛙、鱼等拥有发达旺盛繁衍功能的动物，渴望具备同样的力量，维系部族的生存。于是，他们把自己的孩子叫做"娃（蛙）娃"，他们把鱼的图案描绘在瓦罐和陶盆上。他们更坚信：繁衍的那一刻，必定充满着一种神圣的自然伟力。在他们眼里，娃娃的呱呱坠地，正是体验自我灵魂得以存续传承的庄严仪式。因为，在娃娃身上，他们显然已经在预见自己曾经拥有过的矫健身姿与敏捷动作。在他们内心深处，这是一群可以延续自己勇气与活力的继承者。于是，他们开始意识到：让后代活下去的最好方式，就是让他们尽快成长得如自己一般强壮。与此同时，生命的局促，又使得娃娃们必须在最短的时间内尽快掌握生存技巧。为此，他们挑选出最有能力的勇士，为娃娃们示范——一切，只为活下去。

那一刻，勇士高大伟岸的身影注定将深深镌刻进娃娃们的内心深处，也刻进了岁月的印痕。"像他那样，就能活下去"的念头，在漫长的岁月中，一代代积淀成一个民族的集体无意识。也许，在那位勇士舒展自如地演示第一个狩猎动作时，自己可能都没有意识到：他已经成为历史上第一位老师，而围拢在他周围的娃娃们，也就此成为人群中最早的一批学生。乞食者不再甘于做自然的囚徒，不再臣服于丛林的法则。他们昂起头来，凛然成为自然界的觅食者与猎食者，并最终领袖群伦，成为伟大的生产者。从此，在史前墨云翻滚的天际，教育为人类的发展进步投下了第一缕智慧的曙光。那一刻，天地为之变色。

我们今天的很多家长总喜欢说："不能让孩子输在起跑线上。"实际上，从身体机能与生存技巧的角度上审视，我们的远古祖先从登上自然舞台的那一刻起，就几乎从未具备过超越其他物种的天然优势：论速度，我们不如奔马与猎豹；论强壮，我们不如野牛与熊罴；论凶猛，我们不如雄狮与猛虎；论灵巧，我们不如猿猱与飞禽。与动物相比，我们的身体甚至连一身遮风挡雨的皮毛都置办不了。

但所幸，我们有一颗勤思善感之心，我们渴望了解自己行为的意义，我们对那些不可知的未来既恐惧又好奇。我们更善于在反思中获得前行的动力，在省察中激发向上的勇气。于是，人的进化最终超越了其他一切物种的发展历程，一骑绝尘、独领风骚。就这一意义而言，你能说，走到今天的人类，不是过往记忆的现实呈现者吗？而一个人的成长经历，不正是我们这个物种全部进化历史具体而微的生动图景吗？如果，你拥有了这样一种认识，那么，你就不会将教育仅仅视作简单的知识传授与既定的经验习得。

实际上，在我看来，教育的最大价值，正在于其总是表现为在特定场域中与有限时间内，以众所公认、普遍有效的方式，最大限度地帮助并加速一个人的进化过程。岂不知，一个刚刚降生的婴儿，其思维认知模式，不正如那些才走出丛林的原始人吗？可见，如果没有教育，那么一个人的行为就永远无法摆脱丛林法则与自然兽性的羁绊，正如《易经》所说："关乎人文，以化成天下。"崇文而化人，正是教育的核心价值。帮助人迅速经历种群千百万年来所层层累积的全部进化历程，正是促进其走出野蛮与蒙蔽的关键一步。

所以，我们将教育过程设定为从简易浅显的形象思维向高深透彻的抽象思维梯级进阶的方式，恰与人类从低等智能向高等智能进化的历程彼此对应、相互同构。可见，一个人失去教育的机会，实际上就意味着他放弃了进化自我的努力，将永远沉沦于史前暗夜的无知之幕当中。

从乞食者的疲于应付，到生产者的主动出击，这是人类文明迈出的至关重要的一步。毫无疑问，教育在其中扮演了无比重要的角色。站在人类文明发展历程的角度，我们完全可以这样认为：教育，即进化。

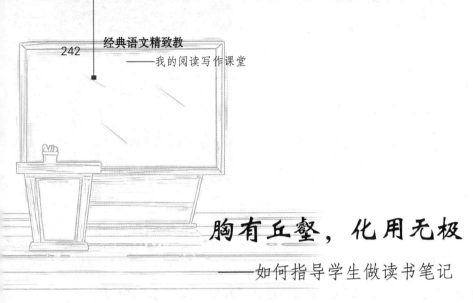

胸有丘壑，化用无极

——如何指导学生做读书笔记

就最深刻的意义而言，读书之旅，不仅仅是一次理解伟大心灵的美妙经历，更是一种发现自我、建构意义的深刻体验。所以，一个人的阅读史，就是他的精神发育史。泛舟书海，我们化育人格、涵养气质、丰富心灵、澄清思想、激发创造，从而获得确证自我存在的意义与价值。

但意识到读书的价值是一回事，充分发挥它的价值则是另一回事。有的人读书贪多求快，对书中的内容往往浅尝辄止，结果阅读变成了"人似秋鸿来有信，事如春梦了无痕"，是谓书籍之匆匆过客，来无影去无踪，什么都没有留下；还有的人看似涉猎广博，可终究缺乏独立思考。听闻别人的观点就顶礼膜拜，遇到人家的语录就照单全收，也不管本人能否消化融通，最终把自己变成了"两脚书橱"，满脑子都是舶来品与二手货，是谓阅读之"贼"：只想着不劳而获，却从不愿意通过读书去发现、建构并创造新的人生意义。

如此看来，读书不留痕，等于种树不扎根。基础不牢，地动山摇。归根结底，我们读书的目的，是为了精进自己的思维境界与实践能力。所以，在阅读中养成随时记读书笔记的良好习惯，并持之以恒，方有可能期待读有所悟、读有所获、读有所成。以下，我提出几点如何做读书笔记的建议，供有心者参考。

其一　据点定向

最理想的阅读状态，不是思想的征服与观念的灌输，而是读者与作者的相互对话，彼此沟通。所以，在撰写读书笔记时，明确阅读方向，定位思考重心至关重要。正所谓：弱水三千，我只取一瓢饮。显然，我们不能把阅读活动中丰富自我的过程简单地理解成面面俱到、不加选择地移植作品内容。我们须知，即便是作品本身，作者也并非在文本各处都能平均用力。故伟大如名著者，通常也难以做到字字珠玑、篇篇精彩。比如《西游记》，九九八十一难，难道都写得生动鲜活、异彩纷呈吗？不见得，很多环节也不乏千篇一律的俗套。那么，在阅读的时候，如果我们对每一个章节都打算"咬定青山不放松"，就不可避免地会捡了芝麻，丢了西瓜。

为此，我建议学生在撰写读书笔记前，一定要根据作品的体裁、题材、思维模式、言说套路、主题指向，先行确定几个进入文本意蕴内涵的着眼点与着力点。可以通过选择关键词的方式，将精读与跳读相结合，精准集约地锁定核心章节并仔细研磨。就像上述中国传统章回体小说，往往在开篇会有一个提纲挈领的"楔子"式的章节。我们就可以从这一统摄全篇主题的章节出发，纲举目张，以特定的阅读任务点驱动对全篇的深度理解，进而以此为抓手，梳理并记录自己的阅读体验及阅读感悟。如《三国演义》中的"分与合"、《水浒》中的"忠与义"、《红楼梦》中的"真与假"，等等。实际上，很多作品的标题本身就是理解该作品最重要的主题信息，只不过常常被我们所忽视罢了。

其二　连线理脉

诸如小说、戏剧等虚构类文本，往往因为寄寓着作者深刻而鲜明的写作意图，所以相对容易确定进入文本世界的思考基点。但对于传记作品、理论作品、纪实作品等非虚构类文本来说，作者的表达往往更为理性、抽象，专业性较强，力图呈现出一种冷静客观的态度，情感往往显得含蓄蕴藉、曲折委婉。故作品通常会选择借事言志、借物喻理、以叙代论等手法，力避立场倾向明显、直抒胸臆式的表达。这就给我们抓取读书笔记的要点带来了一定的难度。显然，在这种看似不动声色、平和凝练的叙述中找到动情点，并非易事。

既然如此，我们就需要另辟蹊径，根据文章的体式确定阅读的路径，以及读书笔记的结构。如前所述，非虚构类文本的特点是"摆事实、讲道理"，而事实自有其既定的脉络走向，并不以我们的个人意志为转移。但这同时又为我们发挥自身的主观能动性提供了更为丰富的可能。因为，当这类作品试图隐藏作者自身主观性、倾向性的立场时，实际上也等于将发挥其内涵意旨的主动权交给了读者。任它千头万绪，但能为我所用，就一定存在着整合凝聚文本智慧的书写空间。

比如在传记阅读中，我们就可以将自己对传主经历的个性化理解与审思，与作品的行文脉络结合起来，从而在读书笔记中尝试着梳理出一些与自我兴趣、既有经验、先行知识及认知能力密切相关的主题类型，并通过这些主题，勾连文本的关键内容。就像曾有同学在读林语堂的《苏东坡传》时，能够结合余秋雨《苏东坡突围》一文，创造性地整理出一条苏东坡不断突破社会、人性与历史局限的围困，在文化人格意义上完美逆袭、强大自我的人生境界进阶路线图。删繁就简、一线串珠，写出了非常精彩、颇具个性化的读书笔记。

其三　展面聚题

无论是确定立足点，还是梳理思考线索，实际上都属于读书笔记撰写的战术层面。而在阅读整本书时，我们还需要建立一种统整全篇、聚合母题的战略思维。在有了一定程度的阅读积累之后，读书笔记的撰写就应该从自发走向自觉。一方面，阅读者要养成不动笔墨不读书的习惯，保持读书笔记与阅读理解过程的同步；另一方面，阅读者也可以反过来通过对自己读书笔记内容、形式、主题、角度有意识的规划与选择，来促进阅读能力的精进与阅读质量的提升。就这一意义而言，读书笔记不再仅仅是被动地呼应书本既定内容的事后追叙，而更有可能成为塑造新阅读兴趣的风向标。

古人读书有从所谓"我注六经"发展到"六经注我"的说法，指的就是随着阅读过程的深入，读者的个性化体验与自由意志终将被充分释放出来；进而使读书的效能从提升理解力的一般水平，进阶到发展创造力的更高境界。而这些，都有赖于阅读者积极主动地去升级自己的阅读思维系统，并不断优化自己的阅读行为模式。

一个显而易见的事实就是，随着阅读境界的提升，那些真正爱读书、善读书的学生一定会在自己的读书生涯中经历一个由博返约的过程：刚开始的阅读犹如饕餮之徒饥不择食，无书不观，却又往往不求甚解，故看似在不断汲取知识，实则却仅仅止于"知道"而已。而随着腹笥渐宽，积淀日厚，则其读书兴趣就会越来越深入地契合自身的学习成长规划与专业发展愿景，会更加关注那些以知识的增殖为导向，能够更为有效地因应个性气质差异的阅读内容与模式。

这实际上等于实现了读书境界从"必然王国"到"自由王国"的跃迁，即：部分对读书之意义有着特别深刻领悟的学生往往愿意从一个更为宏阔的时空尺度出发，去思考阅读对于发展自身思维水平的终极价值；循着这一思路，则他们写作读书笔记的根本动机，就在于要为其整个阅读生涯开掘思考的深度，拓展生命的广度，达成精神的高度。一言以蔽之，延展人生界面，聚焦灵魂命题，正是读书笔记的最高境界与最重要的思想资源。

综上所述，通过定"点"，连"线"，展"面"，整体架构读书笔记的思想方法与价值内涵，才能使我们的读书生活变得更加丰富多彩。诚如朱熹所云：问渠那得清如许，为有源头活水来。生命不息，读书不止。灵魂的丰盈与舒展，终须常伴书香。

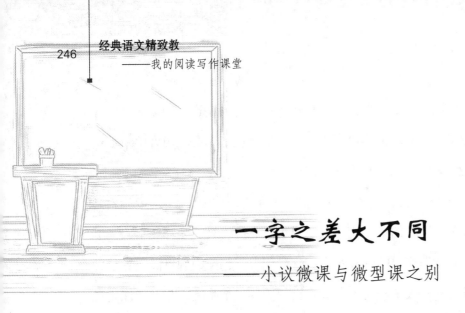

一字之差大不同
——小议微课与微型课之别

微课与微型课，一字之差，内涵迥异；常有人将两者混淆，不可不察。

微课，是对课程形态的重构，其对位概念是翻转课堂与慕课。犹如医学中的病理切片，微课更多地呈现着课程情境的横断面，或立足一个知识点，或切入一个小专题，或围绕一个目标问题，在有限的时间片段中展示设计者对课程内容的个性化理解。微课也可以像常规课那样安排学习活动，设计师生互动。但总体上来说，微课主要体现着课程设计者的教学理念，故其所预设的学情状况一般是有对象而无差别的。因为其载体为电脑网络，所以其课程内容多为通识性质，主要立足于一般性学科知识内容的定向传达。

我们之所以说微课是课程形态而非课堂组织样态，主要是因为微课的课程内容选择一般是高度固化的；即便其设计中安排有对课程效能的反馈环节，也往往是通过主题聚合、课后检测等形式来达成，难以主动因应课堂生成性内容。故微课的主要价值体现为对传统课程内容与知识要点进行微格化与碎片化的重构，往往与基于互联网背景的信息交互平台与意义表达空间高度适配。

显然，从学科课程观念变革的角度审视微课，其作用不必夸大。毕竟，微课所赖以凭借的互联网技术只是手段，而绝不是组织教学、指导学习之根本目的。由此可见，微课的根本意义主要在于：其首先是一场教育技术方式的变革，却并非对于课程观念的彻底颠覆与重新定义。而微课真正欲突破的思维惯性，往往主要存在于那种与传统课堂组织形态深度关联的科层化的教育教学管理模式之中，因为微课的出现，我们需要对教学内容的选择进行重新定义。

至于微型课，则实际上是一种教学时间被高度浓缩了的公开展示课，其对位概念是常规课与示范课。故其在本质上仍然属于一般所理解的普遍性的课堂样态。如果说，微课如病理切片，那么，微型课则仿佛沙盘推演，是一种分析评估教师课堂教学能力水平的研究模型。与微课碎片化的呈现方式不同，微型课的容量虽然被压缩，但归根结底其仍然是一堂完整的课程。所以，它的教学目标设定、重难点分析、教学方法选择，以及教学过程设计等内容，都必须完整地反映上课教师自身的课程观念与教学理念。

当然，因为课堂容量有限，微型课的课程内容不可能与常规课完全吻合；这就需要教师在设计微型课时，对课程内容进行优化与集约。

优化，则意味着微型课内容要选择最能体现学科特质的研讨主题切入。而对于语文学科来说，微型课的内容优化主要是围绕教学文本依式定体，进而明体得法，从体认文本特征出发，明确相应的阅读策略。

集约，则更侧重于对教学内容的二次重构。微型课课堂时间有限，必然要求教师对课程内容进行合理的取舍。故教师在梳理教学设计思路时，必须要具备明确的课时意识，并能够及时研判学生在不同学程中的认知发展阶段，从而进一步细化课时重难点的安排。

一般而言，难点是指教师基于学情而对学生在课堂上所可能遇到的学习障碍的预判；而重点则是指教学内容通过《普通高中语文课程标准（2017年版2020年修订）》相关指向所呈现出的达成学习效能之依据。很多时候，对于一名有经验的教师而言，知道在课堂上哪些内容不必讲，往往比清楚什么内容必须讲要困难得多，更重要得多。当然，在课程内容的选择上，微型课可以借鉴一些微课设计的先进理念，以丰富其进行教学设计选择的路径。

微课与微型课，虽然定义不同，但都体现了未来课程样态中最有可能出现的发展方向。一名教师，即使对其不甚精通，也绝不该置若罔闻，甚至袖手旁观。

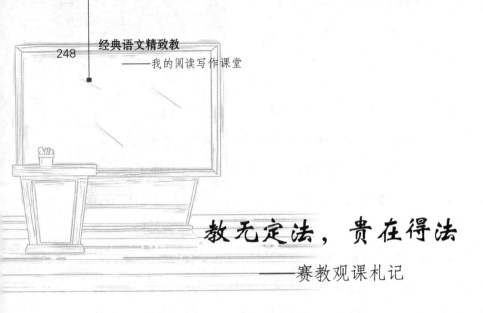

教无定法，贵在得法
——赛教观课札记

承好友相邀，给区级课堂创新大赛做评委。两天时间，马不停蹄地连听了近三十节课。受微型课课堂容量所限，参赛教师无一例外都选择了诗歌鉴赏课来上。应该说，每个人都展示了不同的讲课风格，教学设计也各有千秋。对于我来说，能够集中观察如此丰富多彩的课堂样态，并从一个相对客观的角度更为理性地反思教学，实在是一次难得的学习机会。就这一意义而言，我也在这种观察中获得了成长。

第一日

第一天的观课虽然紧紧张张，但因为要权衡比较、量化打分，故所见所闻倒也并非走马观花般的泛泛认知。在与老师们的切磋交流中，在与同行们的研讨互动中，我发现，不少教师在有关微型课的上法方面，还是有一些值得商榷之处的。

商榷一：教学目标追求面面俱到，罔顾与课堂容量的适配性。

这是很多参赛的青年教师在教学设计中常常出现的问题。哪怕只是十五分钟的微型课，不少教师还是不切实际地奢望能够将核心素养所涉及的所有内容一网打尽。但凡要说课，则语言的建构与运用、思维的发展与提升、审美的鉴赏与创造，文化的传承与理解等说法便一个都不能少。似乎只要强调了这些观念，则教学涉及的就一定是先进而富有创新性的。

岂不知，课堂教学本是一项非常注重实践交流效能的知识传播活动。很多时候，有针对性地实际达成适配具体课程样态的教学目标，远比那种看似完美的理论设定更加必要，也更有价值。所谓素养者，平素养成巩固之习惯修养也。故其与教学目标之间，并非简单套用的关系，而是相互渗透、彼此融合之有机作用。由此可见，机械地用一般素养的概念标记某项特定的教学行为，显然有削足适履之嫌。

商榷二：教学内容比例安排失当，环节设计头重脚轻。

与其他科目不同，语文学习的素养目标通常会高于其知识目标。这意味着语文教学不仅要促进学生学科知识的建构，推动其认知能力的提升，更应起到形塑学习者人格，实现生命价值引领的作用。所以，语文教学不仅要"有料"，还要"有趣""有种"。故一名有追求的语文老师绝不会甘心让自己的课堂表现流于肤浅与平庸。

与此同时，这种难耐寂寞的心绪一旦操之过急，则又很可能反过来使语文课堂充斥着空洞乏味的表演。这种拿腔作势的腔调有时候在赛教课堂上更容易被畸形地放大。毕竟，有太多的人总是过于关注语文课程的观赏性与表现性，而有意无意地忽视其富于思辨性，具有不可跨越性的认知特点。于是，即便是十几分钟容量有限、篇幅集约的微型课，依然有不少教师无限陶醉于精微琐屑的导入与雕章琢句的串讲，张弛失度、衔接乏力，误将达成教学意图的手段当成目的本身，从而使教学过程变得本末倒置、虎头蛇尾。

商榷三：先入为主预设结论，学生活动徒具形式。

与上述教学过程失误在"演"不同，这种问题的弊端在于一个"赶"字。局促的时间抑制了上课教师自由发挥、滔滔不绝的冲动。环节既定，则内容必须一一落实才算完整。于是，很多教师不想着在如何集约选择教学内容上下功夫，而总是急不可耐地把学生一股脑驱赶进自己早已设定好的思维套路之中，生怕被某些课堂上的生成性问题打乱了阵脚。故学生的课堂表现但有"出圈"之势，越是那种设计精密的教学策略，便越容易画地为牢，抹杀一切个性化的思考与表达。每当此时，越来越多的学生便往往乐得个"躺平"的清闲，纷纷配合表演起来。

从心理学角度上来说，深度学习与积极思考的过程往往是对人天性中"享乐原则"的一种逆动。因此，在学习活动中，教师的核心作用之一，就是通过不断创设丰富鲜活的认知任务情境驱动学生走出心理"舒适区"，进入有效"学习区"，从而获得心智的丰盈成长。显而易见，课堂上那种预设结论、赚人入彀的答问小伎俩固然可以让教学过程变得紧凑圆融，但最终牺牲掉的，却是学生在学习过程中应该表现出的主体性与创造性。

实际上，以上这三点商榷之处也是在我们平时的教学设计中普遍容易出现的误区，只是在赛教现场，这些失误表现得更为典型与集中罢了。在我看来，教学的根本智慧就在于：你需要在无所作为与用力过猛之间找到一种微妙的平衡。注意力是一种能量，而学习则往往表现为一种高级的精神运动方式。从蓄势待发，到因势利导，再到顺势而为，正是体现教与学之间关系最复杂且密切的影响因素。作为教育者，我们必须不断提升自己在课堂上因时而动、随机应变的动态调整能力。

第二日

第二天的评委工作更加辛苦。近二十节课一路听下来，着实有些疲惫。但离开课堂一段时间后又能有机会观课议课，内心毕竟还是充盈的。说实话，这次来做评委，除了实现自我价值这个大口号和结交同好这点小算计之外，最主要的原因恐怕还是出于一种救赎——一种摆脱生活无聊惯性的解脱之道。

今天上课的都是从教多年的中年教师。平心而论，窃以为，比赛的某些规定还真是让人有些莫名其妙，非要以35岁这个年龄为界，把参赛选手分为中年教师和青年教师。在语文教师这个性别比例严重失调的行当里，你让绝大多数爱美且渴望永远减龄的女教师们情何以堪？

当然，无论是否愿意"被中年"，还是有不少一望而知早已带过多届学生的资深教师们登上了赛教的讲台，接受可能比他们还年轻的评委的评判。正如一位来自市内某重点中学的参赛老师说的那样：其实我也不年轻了，但我们学校老师的平均年龄是47.5岁，而我还没到平均年龄，相对还算小的！我突然就想起直到六年前，我已入职十多年了，竟然还比全校老师的平均年龄小了整整十岁，就觉得她这句话满是画面感，让我不由得带入了自己的体验。

总体来说，中年教师们的上课技巧都很娴熟，没有很多青年教师们所常有的那种青涩稚拙的感觉；而且，中年教师的课程观念也并不必然就比青年教师要陈旧。恰恰相反，有些中年教师的教学设计思路还非常新颖。例如，有一位老师从为抖音短视频写脚本到导入诗词鉴赏课程，视角独特，令人眼前一亮。事实上，你不得不承认，教师这个行业有时还真就是认老不认小的。毕竟，经验这种东西虽然看不见摸不着，或者说并不必然与一个人的知识结构画等号，可它就那样顽固且持续地作用在一个人身上，进而渐渐变成一种气场、一种氛围与趋势，令置身其中的人不知不觉地受到它的影响。

听过的课越多，我就越来越明显地感觉到：同样一句普普通通的话，出自不同教师之口，效果很可能完全不同。对于中年教师而言，当他们在自己的职业生涯中拥有了阅生无数的履历，这些丰富的教育案例便极有可能会形成一种独特的职业敏感，从而在与学生的交往中占得更多心理上的优势。不可否认，在学生眼中，有些教师未必是因为正确而权威，反倒是因为权威而正确——当然，这种权威的印象往往来自某种"年高"者必"德劭"的思维惯性。一名教师，既要能够冷静地看到隐藏在这种惯性背后的认知盲点；也要学会因势利导，将自己年资上的优势转化为促进学生学习行动落实的积极影响力。

有此一思，我便很自然地联想到了教师专业成长这一个话题。在我看来，在教师这一行业中，最应该警惕的，恐怕就是张爱玲所谓"出名要趁早"的那种意识了。或许对于其他行业而言，少年得志无论如何都是一件风光无限的事情。但执鞭杏坛者却必须对此保持足够的谨慎与克制，更要耐得寂寞，深耕细植。毕竟，我们整日都在与人的成长打交道，尤需比其他人更清楚：成长的很多阶段是无法跨越的。一名教师，特别是一名优秀教师的成长更是如此。

所以，自己虽然正在做评委，但内心却对某些过于频繁、揠苗助长式的赛教活动，实在不以为然。既然越来越多的人开始渐渐认同教育孩子要学会"静待花开"，那么，为什么就少有人去想一想：面对教师成长与发展，我们是否也应该有一种"静待花开"，以期水到渠成的胸襟呢？

精准聚焦与有效定位
——两则课堂观察笔记

其一　好目标促成好课程

本学期语文教研组汇报课活动开始。第一节课在初一年级，课题是《荷叶·母亲》，内容是冰心的一首歌颂母爱的散文诗。

授课教师将本节课教学目标设定如下：

1. 有感情地朗读课文，体会字里行间所蕴含的情感。

2. 把握散文诗托物言情的写法。

3. 体悟母爱，学会表达。

应该说，这样的目标定位还算比较切合本文的文体特征与课堂教学内容，但也不无值得商榷之处。首先，此教学目标之概念有交叉重复之处。如"体会情感"与"体悟母爱"之间就存在着内涵界定不清之嫌。情感是母爱的上位概念，既已体会到了情感，则当然不难领悟母爱，再说体悟母爱，岂不啰唆。我们须知，衡量一堂好课的最重要维度就是教学目标的达成，故根据实际学情定位清晰明确、切实可行的教学目标就成为设计并组织好课堂教学活动的关键；而一旦目标不明，则教学活动便很容易陷入散漫、无序的状态，学生的课堂学习也往往会失之于盲目与低效。

与此同时，这一教学目标所选择的部分行为动词也不够准确。比如"体会"二字，究竟是学生体会，还是教师体会呢？如果是学生体会，那么这就不是教学目标而是学习目标了。准确的表述应该是：教师范读并组织学生有感情地朗读课文，在朗读中启发学生进一步体会作品所蕴含的母爱亲情。"学会表达"等表述也是如此。如果是期待学生学会表述，则教学目标应该定位为：通过仿写练习，促进写作能力的提升。

基于以上认识，我建议这堂课的教学目标不妨调整如下：

1.教师范读并组织学生有感情地朗读课文，探究蕴含在作品中的母爱亲情。

2.组织合作探究，点评关键词句；理解并把握散文诗托物言情的写法与言简义丰的艺术魅力。

3.设计仿写练习，实践运用比喻等修辞手法，促进学生写作能力的提升。

这一目标的设定，主要是考虑到学生理解欣赏文本的能力需要一个梯次进阶的过程：从感受读法，到认识手法与章法，再到实践写法。三个目标层层推进、衔接连贯，有助于教师在学情与教学预设之间搭建合宜的、实操性强的学习支架。

在教学实施过程中，这名教师比较充分地发挥了自己富有感染力的朗诵特长，配以音乐及画面，较为形象地创设出深情温婉的意境氛围。观其教态，落落大方；听其言说，亲切自然，生动形象地彰显了本文深厚的母爱亲情主题，此为本课最值得称道之处。

至于本课所不足者，主要在于情动有余而衔接过渡、概括提炼不足，教学设计环节之间缺乏有机联系，预设问题的目标导向不够明晰。比如这个问题："作者用了很多笔墨写红莲和我内心的感受，文章题目却叫《荷叶·母亲》，显然文不对题，我们将题目修改成《红莲》，可以吗？"

实事求是地说，这个问题问得比较勉强，作品虽有多处对红莲的描写，但在透露题旨之处亦不乏对荷叶的描摹，如何能说是"显然"文不对题呢？更何况，这位老师接下来又提出了这样两个问题："勾画出具体描写荷叶的句子，说说你看到了"一张＿＿＿＿＿的荷叶"？""由荷叶冒着狂风暴雨，尽力保护娇弱的红莲，你想到了什么？"

毫无疑问，这两个问题既然都是围绕荷叶而问，又怎能说文章"文不对题"呢？这不是自相矛盾吗？由此可见，课堂教学问题必须紧紧贴合对文本的解读过程而问，目的是帮助学生更好地理解文本、体验美感、表情达意，而不能仅仅是为了完成自我预设的教学过程。

实际上，作为一篇散文诗，本文兼有诗歌作品抒情取像摄神、以点带面的典型化特征与散文作品抒情以小见大、曲径通幽的个性化特点。诚如本课"阅读提示"中所评价的那样：他们（泰戈尔与冰心）的作品都简洁、清新、细腻。显而易见，简洁是诗歌的艺术特点，而细腻则是散文的表达特征，散文诗兼而有之，更显现出一种言简义丰、张弛有度的艺术魅力，而这正是学生从散文诗的阅读鉴赏中所应该获得的最重要的写作启示。遗憾的是，在课堂上，我没有看到这位老师对散文诗文体特征的提炼，过于纠缠在诸如"荷叶和红莲代表了什么"等一目了然的低认知贡献的问题上，从而从文本意蕴的表面轻轻滑过，解读失之于粗疏。

当然，这毕竟是一堂汇报课，执教者又是入职不久的新教师，我们自然不能求全责备。总体而言，这位教师的业务素质还是不错的，若能在文本解读能力的提升上下些功夫，在进行教学设计时更深入地钻研课程标准，则其对教学目标的定位与教学环节的设计将会更加精准。

其二　有限内容载不动太多想法

本组第二节汇报课由一位高中的青年教师执教，课题是《永遇乐·京口北固亭怀古》。

这是一首经典的宋词，几乎是各版语文教材的必选内容。新版教材将其放在必修上第三单元古典诗词赏析部分，单元写作学习任务是学写文学短评。

授课教师将本课学习目标定位如下：

1. 了解词人生平、词风，并识记字词，熟悉必要的历史典故。
2. 分析并赏鉴词作运用典故、借古讽今的写作手法。
3. 学会运用知人论世、以意逆志的方法分析作品。
4. 理解词人抗敌救国的英雄壮志和深沉悲愤的爱国之情。

看着这些学习目标，我的第一反应是：它们都能在一节课内达成吗？在这些目标中，目标1其实主要属于预习任务，应该前置为课堂导入部分的学习反馈内容，而且教师已经在导学案中提供了相关资料，开课时点拨强调一下即可。目标2与单元学习任务比较契合，着眼于培养学生的关键能力，应该作为本课学习的重点。目标3在本课落实则有些不伦不类，一方面，通过知人论世的方法理解本词内涵在目标1的设定中已经有所体现，而且授课教师还给学生提供了比较详尽的作者生平，似乎无须再单列一项学习目标；另一方面，以意逆志的赏析方法需要学生在对作品有了比较深入的理解之后再行运用，正如旧版语文选修教材《中国古代诗歌散文欣赏教师教学用书》上对"以意逆志"的定义：

> "以意逆志"中的"意""志""逆"三个字十分重要，对它们应有正确理解。"意"，有人认为是作者之"意"，也有人认为是读者之"意"。后者的看法更合理些。"志"，有人认为是作者之"志"，也有人认为是作品之"志"，还有人认为是"记载"的意思。这三种意见并无本质的不同，都可以视为作者或作品所表达的原意。"逆"，有三层意思：迎受、接纳，考证、探究，追溯、反求。总之，所谓"以意逆志"，就是读者以"己意"去"逆"作者作品之"志"，在这个过程中，读者既没有完全抛弃自己"现在的视域"，也没有把理解对象"初始的视域"简单地纳入自己"现在的视域"，而是把这两种不同的视域融合起来，形成一个全新的视域，从而得出带有自己个性的对作品的诠释。不难看出，"以意

逆志"的欣赏方法，既要尊重读者的主体意识"意"，又不能背离对作者作品之"志"，并把欣赏过程看成读者之"意"与解读对象之"志"，通过"逆"的方式相互交融而建构新意义的过程。这种欣赏方法是具有科学性的。

简言之，以意逆志就是读者经验与作者意图在双向奔赴过程中的彼此对照、汇通与契合。在这一过程中，读者通常是主动的一方，但其忖度又必须以尊重文本所呈现的自足自洽的特定意蕴为前提。人常说，一千个读者当中就有一千个哈姆雷特。但这也须是面对"哈姆雷特"，而不是其他什么角色。由此可见，以意逆志是一个生成性、浸入式的阅读体验过程。若缺乏对作品内涵及手法的透彻观照，仅凭个人粗浅印象，是很难对文本进行深度解读的。故窃以为，以意逆志当在知人论世之后，更在教师引领学生对文本内容进行充分阅读思考，并对作品的经典意象与典型手法形成一定的认同基础之后；再结合学生的学习生活经验，在积极创设的学习任务情境中提炼其个性化的阅读经验与人生感悟。

具体到这首词中，教师需要引导学生形成的意义认同基础主要在于词中典故意蕴的"继承人"指向。无论是被曹操誉为"生子当如孙仲谋"的孙权，还是刘裕刘义隆父子功业之兴废，其用意无不与南宋作为北宋继承者的角色设定相呼应，从而使得贯穿于全词的那种人生蹉跎、功业消磨、后继乏人、英雄落寞的挫败感凭借这一系列典故而得到了强化。世人常说辛弃疾好用典故，其词有"掉书袋"之谓。岂不知，辛弃疾的用典并非为了炫示才华，而是块垒郁结于胸，虽欲倾吐却又因为种种时代的、朝政的、个人运命际遇之因素而难以直抒，方才愁肠百结而有所寄托。但从艺术创作的效果上看，这蚌病成珠的煎熬反倒促成了其词曲尽其妙、仪态万方的美学风格。

我们赏析诗词，尤须明白：古典诗词是一种有意味的形式，更是一种有意义的联结，其意常在于兴发感动，其法首重召唤联想，而其旨则往往表现为一种苦闷的象征。正所谓：国家不幸诗家幸，赋到沧桑句便工。一言以蔽之，经典作品的接受过程，亦是阅读者精神发育，人格不断成长、不断丰盈的过程，是一个有机而逐渐深刻的过程，必要环节进阶有序、境界有别；所以我们在解读文本时要充分尊重经典作品的这一"经典性"价值，循序渐进、深耕细致。

　　语文教学，"教什么"往往比"怎样教"更重要。故所谓教学设计，简而言之，通过精准聚焦教学目标，优化定位教学内容，使教学预设与具体学情之间形成一个合宜的认知落差，从而适配有效的学习支架，最终促进学生完成从掌握必备知识，到获得关键能力，再到生成学科素养的梯次进阶。对于一线教师而言，生动鲜活的教学案例正可为我们反思教学、复盘得失提供无比丰富的研究素材。所以，在我看来，进行课堂观察的最大意义不在于对一节课做出简单的优劣高下之分，而通过充分积累、深度审视形态多样的"教学病理切片"，为有效提炼教学经验提供更多种可记录、可解释、可迁移之可能。总而言之，能够被澄清，则无论多么朴拙的思考也是有价值的；无法被定义，则即便非常高明的念头也是虚无空洞的。

课堂提问谨防预设"圈套"

新课程背景下的课堂教学尊重并突出学生的主体性地位,这在当下已经成为一种共识。我们越来越清醒地认识到,如果再不改变传统课堂上那种"一言堂""满堂灌"的教学方式,则不仅学生学得低效,而且教师也教得辛苦。

其实,从信息传播学的角度来审视课堂教学,我们就更有理由相信,学生角色在课堂中反'客'为'主',是有其学理价值的。我们知道,信息的不对称往往会造成信息传播与接受双方的误判。占有强势信息的一方更倾向于通过控制信息的传播方式与频率影响、介入乃至操纵弱势一方对信息内容的选择与判断,从而使弱势一方的认知水平甚而思维模式都呈现为其所期待或预设的图景。简单说来,在理想课堂中,学生的认知能力应该经自我建构而成,非外部因素塑造而出。

然而在现实课堂教学中,教师往往因为占有更多教学资源,从而掌握着确定教学目标、选择教学方式、主导课堂话语权等优势;与此同时,文化传统中所谓"师道尊严"的观念也深深影响着师生关系的定位与课堂交流之效能。由此可见,无论教师是否出于有意为之,他都不可避免地会在与学生的互动中居于更主动的一方。虽然我们现在在课堂上常常呼吁师生平等,但实际上在课堂的角色定位中,师生是不可能实现完全均衡之平等的——至少,教师也是"平等中的首席"。当然，明确这一点，并不意味着我对在课堂教学中发挥学生主体性的前景表示悲观。恰恰相反，只有认识到师生在课堂教学中各自扮演的实际的身份角色现状，才更有利于我们精准选择并定位课堂教学活动中师生交往的现实途径。

我们知道，在课堂教学活动中，师生之间进行教与学的互动最重要的方式就是"提问—思考—应答—理答"这一环节。高明的教师，总能通过巧妙的问题设置，将学生对知识内容与学习任务的思考引向深入；而学生通过回答问题，也会更及时地获得有效的学习反馈，从而进行富有针对性的调整、改进与完善。

一个好问题可以在师生思维碰撞的过程中点燃智慧火花，而一个坏问题，则可能将教师的失误设计转化为学生无效学习。就这一点而言，我们研究课堂上那些失败的问题，或许比整理成功的提问更有价值。因为，成功的课堂，自有其精彩，而失败的课堂，却总有些共性。什么是失败的课堂提问的共性呢？一言以蔽之，预设"圈套"，请君入瓮式的提问可称之为低效，甚至无效的提问。具体表现为以下三个方面：

一 徒有其表，明知故问

一堂小说鉴赏课，上来就问："这篇小说的主人公是谁？""情节是如何按照序幕、起因、发展、高潮、结局、尾声来发展变化的？""环境描写有哪几处？"课堂上，只见学生急匆匆地圈点勾画，鉴赏俨然被错置为信息筛选。当然，不是说此类问题没有提出的必要，但将之布置成预习问题不是更好吗？我们须知，当课堂教学目标与学情之间存在合理落差时，课堂教学才是有效的，才有可能在梯次进阶中促进学生学习能力的发展。而上述那种一眼就能看出答案，缺乏思维质量的问题，又如何能够引导学生的认知能力走向深入？或者说，正是因为此类问题缺乏思考的深度，所以教师才更喜欢在课堂上抛出，因为它对于完成预设的教学流程更安全。毕竟，那些课堂生成性问题看似巧妙，但对于一个教师的教学基本功、临场反应能力与专业素养，都是一个极大的挑战。

二　故弄玄虚，为疑而问

课堂上，我们致力于培养学生的批判反思能力。但同时也必须清楚：质疑不等于为否定而否定。我们固然可以说"一千个读者当中就有一千个哈姆雷特"。但那也须是针对"哈姆雷特"展开的思考，才有分析研讨之可能。正如你品读朱自清的《背影》，却让学生讨论追问作者父亲攀爬车站月台是否符合安全规则，那就是完全游离于文本之外缘木求鱼了。要知道，文学作品的审美价值与世俗的功利价值、科学之认知价值是有一定距离的，各自有别、相互对照，方能彰显彼此的特点与意义。如果我们在文本分析中，将诸多价值混为一谈，那么，不仅无助于文本的深入透辟的解读，更可能误导学生的思考，从而让学习内容变得游移不定甚至虚无缥缈。课堂教学设计思路千万条，究其根本，一言以蔽之：缘学情，定起点；依体式，明目标。语文学习的关键词是语境与文体。联系上下文，动态理解字词句篇的意义。通俗来说，所谓"见人说人话，见鬼说鬼话"，这就叫微观角度的语境阅读观念；依据章法确定读法，即"到什么山上唱什么歌"，则体现出宏观角度的文体阅读观念。只有明确了课程的学科性质，我们才能真正明白从何而问，因何而问，问向何处。

三　凭空臆造，自问自答

这种提问，其实并不是真正意义上的课堂提问，只反映出教师所预设的教学环节的固定套路。课堂提问的根本目的是促进学生认知，哪怕学生一时回答不出老师的提问，但只要这类问题能够成为促进学生深入思考的起点，那么它就是有价值的。怕就怕我们有些老师根本就不关注提问所具有的认知改进作用，只在乎通过问题去串联教学设计的每一个步骤。于是，我们经常能够看到这样的提问场景：教师迫不及待地抛出一个问题，然后不等学生回答，自己就报出问题答案，并且宣称，"显然，大家已经对这个问题很清楚了，我们来看下一个问题……"这实际上不是在提问题，更像是在排演节目的串场词。其之所以被打扮成问题，正是要营造一种假象：我的课堂教学环节已经关注了学生的主体地位，它至少在形式上就不算是老师的一言堂，新的教育理念就此体现出来。可这种表演意义大于探究意义的所谓"提问"，究竟价值几何？似乎大可商榷。

很多时候，某些教师仅仅是把课堂提问理解成"技"而非"道"，这日益反映出当下语文课堂教学中越来越突出存在着的一种从"满堂灌"偏向"满堂问"的矫枉过正的趋势，而且，这种"问"，还是虚假的问，空洞的问，配合表演式的问。如果课堂教学中的提问不着眼于促进学生更高阶思维的发展，无法准确地反馈学生实际学习效能，没有起到对学生思维方式、思考过程的省察与检讨作用，那么，如此之问不如不问。因为，你不问，我最多是不清楚；你一问，我却很可能要误入歧路。

建立每日学习任务清单，提高复习备考效率

高三复习，任务重、时间紧。但我们不能就此认为高强度、大面积的机械训练越频繁越好。恰恰相反，高三复习如果不能着眼于思维系统的优化提升，那么，备考过程很可能见木不见林，或捡了芝麻丢西瓜。所以，充分利用学习任务清单，辅助学习项目落实，梳理知识谱系，建构思维系统，往往对于促进复习效率能够起到事半功倍的积极作用。一份简洁严谨、高效务实的学习任务清单应该具备以下几方面要素。

一 关键词，一句话

既曰"清单"，则必须简明扼要、清晰周详。学生对每日学习内容首先要善于压缩提炼，择要概括。制定清单时，不妨追问一句："今天的学习内容主要可以呈现为哪些关键词？每一个知识点可否用一句话概括？"择取知识要点的过程，其实也是一个校验自己学习质量与掌握程度的过程。毕竟，学生只有对自己当日所学重难点透彻了解，才谈得上对内容有效压缩。所以，关键词所呈现的，与其说是知识精华的聚合，倒不如说是学生对自己当下学习状态的评估以及选择的基于自我认知的备考策略。压缩即定向。

二 理关系，愿"试错"

排除错误的轨迹，或许未必就一定能找到抵达正确彼岸的路径。但却至少能帮助我们更接近正确的方向而少走弯路。这对于分秒必争的高三复习备考过程，往往会显得至关重要。所以，每日学习任务清单，比建立知识谱系更重要的是，建立自己"犯错"的谱系。对于很多学生而言，在学习中建立"错题库"并不算什么创意，但这种对"失误"的积累往往因为间隔太长而显得杂乱无序。所以，我们主张在每日学习清单中即时反馈错误的原因、类别与对策。学生要明白，其对错误反思的关键点，不仅仅在于这一项错误的纠正，更在于该项错误要对标相应的知识复习内容，检讨当时学习的决策流程。可见，我们在学习中，不仅要熟悉"错误"，也应该掌握"错误"，要能够给"错误"对号入座。同时，也需要适时关注自己出现错误过程中的非智力性因素。要能够对自己在学习过程中的情绪、心理等因素进行积极的干预、影响。

三 能回溯，可理解

前边提到的"熟悉"与"掌握"的关系，的确是复习备考过程中很值得审思，甚至警惕的一种思维误区。在知识点密集轰炸的复习节律之中，我们很容易产生一种"凡是我已经熟悉的知识领域，就可以高枕无忧"的假象。更多时候，我们其实是一个"知道分子"，而非"知识分子"。二者的区别就在于：所谓"知道"，就是通而不精，浅尝辄止；一问起，算了解，但若复盘内容细节，则又往往十分模糊。甚至于有部分学生在高考考场上面对考题时还会产生这种"似曾相识"却"无从说起"的尴尬。衡量知识是否真的变成了自己的知识，关键在于能否有效运用与实践，在于学生在学习活动与任务情境中积累起来的学习经验是否能够回溯为可迁移的综合应用、理解能力。所以，每日学习任务清单，要为学习者自我描述出来的方法与步骤留一席之地。

四 情境中，任务里

如前所述，经验之能够回溯，全有赖于教师创设的学习情境与任务真实有效。可以这样说，一个出色的学习任务单，最应该是每日聚合了多种板块知识要点的语言实践、运用案例集。学生通过对这些学习案例的记录与反思，而不断演练自己在逼真的话语场域中实际解决问题的能力。所以，从某种意义上说，新课标所提出的十八个语文学习任务群，不仅仅面向即将到来的新课程转型，也映射着当下高考考查的核心素养与命题指向。

明确方向，才能积极主动。在高考的新变化面前，如果我们的备考思路还囿于早已过时的"题海战术"，那么其结果的低效，甚至无效则毫无疑问是完全可以预料到的。

选课走班，意义何在？我们何为？

写下这个标题，我多少有些纠结。毕竟，从理论上说，这种疑惑更像是一个伪命题。众所周知，在新课程、新高考改革的大背景下，选课走班必将是我们每一名教师都需要面对的新的教学组织形态。无论我们是否做好了充分的准备，前行的趋势已经不可逆转。

即便我们做出了行动的选择，可面对那条罕有人走的前路，内心却依然充满着"拔剑四顾心茫然"的迷惘。并非我们没有尝试的勇气，而是我们缺少参照的坐标。最精确的算法往往需要大量实践的校验与修正，而教育生态的改变却常常经不起反复"试错"的折腾。理想的课堂如何在落实到学生身上时依然理想，关键在于教师，在于教师的课堂理想如何定位。选课走班，究竟会成为我们职业生涯中的"滑铁卢"，还是自身专业成长道路上的"助推器"，还真是一个值得认真思考的问题。

从宏观上看，窃以为，新课程改革的显著特点有四：教学内容优化、核心素养主导、多元评价建构、选择机会前置。

所谓"教学内容优化"，是指对课堂效能的关注重点，正逐渐从思考"如何教"转移到理解"教什么"这一问题上来。如何适配具体学情以及人格成长的科学规律，精准确定课堂教学内容，厘清问题导向下的学习任务对象，已经成为推动新课程改革实践的关键性命题。在这一过程中，落实学科教学的核心素养目标正变得越来越重要。这是因为无数鲜活的教育案例都在启示我们：真正持久有效的学习效果，与学习者强大的学习动机、明确的自我认知意识，以及积极健康的学习习惯密不可分。正是这些平素涵养培育的精神格局，才是最终决定学生学习行为表现的根本依据，是谓"核心素养主导"。

与此同时，有效学习始终离不开精确的反馈。平心而论，传统的考查评估模式并非一无是处。但当我们只能用某种单一尺度去衡量所有学生的学习表现时，则无论这种尺度如何调校、改进，也必然难以实现测评工具的普遍适用性与真实有效性。既然一把尺子无法量到底，那么我们为什么不能尝试建构更为丰富多元的评价方式呢？总而言之，评价制度是为了促进人的自我实现与充分发展，而绝非削足适履式地去管控、撕裂、压榨甚至阉割人成长过程中所表现出来的无限潜力与无限可能。

正所谓条条大路通罗马。教育视野中的"全面"，既非面面俱到，更非千篇一律；而是每个人通过努力，达到他能够达到的高度，或者成为他希望成为的样子。新高考，见分，更要见人。因为，我们希望培养的，是鲜活饱满的灵魂，而非空洞麻木的躯壳。坚持建构多元评价的评估选拔体系，也是新课程改革的核心要义。

辨析清楚了以上三方面问题，我们才有可能理解新课程改革的第四个特点：选择机会前置。让我们再回到文章开始时的问题：选课走班意义何在？我们能够做什么呢？答案其实已经浮现，就是帮助学生在不断投入选择的实践中锻炼选择的能力。

传统教育的弊端之一就是学生主体性总是被有意无意地矮化：在生活中，很多家长喜欢大包大揽，无形中便取消了学生介入选择的机会；在课堂上，不少老师又常常越俎代庖地预设结论，自编自导自演，从而垄断了学生应有的选择权利——那种满堂灌式的、填鸭式的教学方式，往往就是这种意识的典型表现。而这种观念所导致的一个荒谬的结果：当这些从小到大几乎一直"被选择"

的学生在走向高考考场时,突然发现,自己即将面临的,竟然是极有可能决定其人生走向的最重要的一次自主选择。要么从不选择,要么一选定终生,想来也实在是有些不可思议。可这一切却又实实在在地不断发生着。那么,基于这样一种认识,还有谁会否认选择的意义与价值与新课程、新高考改革的目标没有关系呢?

毫不夸张地说,在新课程、新高考改革的背景下,教师的角色也在悄然发生着变化。我们不再仅仅是知识的传授者、问题的解决者。我们更是师生学习共同体的协作者与分享者。对学生,我们既要在思想上引导,学业上辅导,也要在心理上疏导,生活上指导。而这一切思考的有效落实,离不开在选课走班过程中对学生的自我认知能力与主动选择意识的积极培养。

由此可见,从本质上说,选课走班与职业生涯规划正是为学生进行科学合理的人生选择提供了一个真实模拟与积极尝试的机会。而在这一过程中,作为"平等中的首席"的教师,大有可为。

后　记

　　这是我的第一本书，虽然卑之无甚高论，但敝帚自珍，照例还是要说点什么。

　　可当我真的拿起笔，却突然发现，自己竟不知从何说起。也许是想表达的太多，又或者是最想说的话已经在书中絮叨过。总而言之，此刻虽感慨万千，却又一言难尽，倒让我想起鲁迅在《野草》中所说：当我沉默着的时候，我觉得充实；我将开口，同时感到空虚。平凡而忙碌的教师生活，没有曲折离奇的情节，没有波诡云谲的纠葛，更没有惊心动魄的较量与冲突；有的只是真心付出、用心守护，然后静待花开，见证着一个又一个姿态各异的灵魂以自己的方式走过这一段成长历程。一年又一年，一届又一届，我已迎来送往了十二届学生。每当他们临毕业之际，我在最后一堂语文课上，都会以这样一段话作为结语：

　　　　上完这堂课，你们高中阶段的语文学习就全部结束了。你我尘缘已了，我将看着你们渐行渐远，将背影留给我，将未来留给自己。我并不希望你们对我念念不忘，正所谓：与其相濡以沫，不如相忘于江湖。悄悄是别离的笙箫，无论你是否愿意，人生都注定是一场不断经历聚散离合的旅程。所以，"勿忘我"云云，也只能被视为一种美好的祝愿。愿你们"过往不恋，当下不杂，未来不迎"。请相信我，在新的奔赴中你们还将有新的相遇，在新的相遇中也一定会发现更好的自己。

　　有学生觉得我这话透着一丝感伤，我却不以为然。无论如何，分别都是一个确定无疑的事实;所以,我是真心希望孩子们能永远向前看,能将人生种种或如意或不如意的体验都看作是一种修炼。毕竟,所谓成功,并非屡战屡胜,而是无论输赢,我们都能有所得。

我这样勉励学生,更以此自我期许。工作二十多年,究竟上过多少节课,带过多少学生,早已记不清楚,但越教我就越能深刻地感受到自己的笨拙与狭隘,确如《学记》上所言:学然后知不足,教然后知困。每每看到那些令我高山仰止的名师或优秀同仁们的经典课例,我总是无比钦佩,心生美慕,甚至还有一点小小的嫉妒,心里也会禁不住念叨:"他们的设计怎么那么精巧,他们的表达为何如此新鲜,这要能出自我手与我口,该多好呀!"见贤思齐,方能内省不足而有所改进,有所增益。所以,我非常珍惜那些比我更优秀的人,因为我相信,只有向他们真诚地学习,才能让我遇见更好的自己。而且,我发现优秀的同仁们在专业成长上都有一个共同特点,那就是他们总是很擅长通过积极持续的输出去倒逼更为有效的输入。笔耕不辍,及时反思,提炼主张,反哺教学,或许正是名师们的成功之道。诚如著名教育家朱永新先生在其《教师的写作史,就是他的教育史》一文中所说的那样:

> 二十年前,我曾经在教育在线网站开过一个"朱永新成功保险公司",要求老师们坚持每天写千字文,十年后如果不能够出类拔萃,取得事业的成就,我负责以一赔百。投保的老师们屡试不爽,我也从未理赔。欢迎更多的老师投保,用写作创造美好的教育生活,书写教育人生的传奇!

十分巧合的是,五年前,我在一次"省培"学习中,也曾听一位名师表达过类似的观点,他说:"教学反思连写三年,想不成为名师都难!"在听过了太多或高蹈凌虚或袖手旁观的所谓教育名言之后,这句朴实无华的经验之谈真正打动了我。自那一刻起,我便有了起而躬行的冲动。于是,从2019年3月19日开始,我给自己树立了一个小目标:每天坚持撰写教学反思与教育叙事不少于一千字。从此一发而不可收,未曾有一日辍笔,积累至今已有三百四十余万言。五年过去,我终究没有成为名师,但功不唐捐的反思与书写却让我获益匪浅,在不断澄清自己教育思想的同时,更坚定了追求卓越的信心。

我将这本书命名为《经典语文精致教——我的阅读写作课堂》，其实蕴含着我一直以来所坚持的语文教学主张，即：语文学习是通过有意义、有意味、有意趣的理解与言说为每一个学习者建构契合自己生命视野的个性化的经典生活样态。这种样态，与内心紧密相连，与世界对话交通。而所谓"经典"，则应该具有这样一种气质：它必须能够"经常"性、持续性地介入时间的川流，洞悉人性的深邃；能够在穷尽一切意义可能之后，为现实人生提供更为丰富的"经验"之省察；还能够见证人格之成长，成为相伴我们一生"经历"的深刻观照；与此同时，语文还是烛照我们心灵镜像、传承文化基因之"典范"性的精神认同；是通过对经典作品的学习而摆脱欲望泥淖与名利羁绊的"典雅"的人生旨趣；更是蕴含思辨意识与家国情怀，彰显我们民族性格特质的符号化的精神"典藏"。要而言之，语文教学就是要能够"经常"性地反思心灵"经验"，以丰富生命"经历"之表达，将"典范"的文化成果与"典雅"之生活态度内化为形塑人格，开辟精神家园之人文"典藏"，此之谓"经典语文"教学主张。

　　本书是对自己从教二十多年来有关阅读与写作教学方法、语文教学设计思路与门径、课程开发理念及课堂观察反思等经验与主张的一个全面总结。我不揣浅陋，选择平时习作一二可看者予以提炼、修改、充实并结集，就是为了能与志同道合的同仁切磋交流，更期待方家们的批评指正。在追求卓越的专业成长之路上，我深知：独行疾，众行远。没有众多良师益友的无私帮助，自己绝不可能取得任何一点专业上的小小成绩，更不会有这本书问世。在这里，我要感谢我的学生，感谢我的老师和朋友们，感谢为本书顺利出版付出辛苦努力的各位编辑老师，感谢我的家人。感谢西安市教育科学研究院贾玲院长与西安高级中学辛军锋校长于百忙之中拨冗赠序，也特别感谢世界图书出版西安有限公司李志刚老师为此书出版所给予的大力支持。要感谢的人还有很多很多，我想，以他们曾经帮助我的那份用心去帮助更多需要帮助的人，也许才是最诚挚的感谢。

陈　栋

2024 年 8 月 3 日

参考文献

[1] 余党绪. 说理与思辨——高考议论文写作指津[M]. 上海：上海教育出版社，2017.

[2] 梁晓声. 读书是最对得起付出的一件事[M]. 沈阳：辽宁人民出版社，2020.

[3] 凌宗伟. 有趣的语文[M]. 北京：中国人民大学出版社，2016.

[4] 中华人民共和国教育部. 普通高中课程标准（2017年版2020年修订）[M]. 北京：人民教育出版社，2020.

[5] 王荣生. 语文科课程论基础[M]. 北京：教育科学出版社，2014.

[6] 鲁迅. 鲁迅全集[M]. 北京：人民文学出版社，2005.

[7] 朱鸿. 在峡谷享受阳光——朱鸿作品精读[M]. 上海：东方出版中心，2019.

[8] 孙绍振. 文学解读基础[M]. 福州：福建教育出版社，2017.

[9] 钱佳楠. 文学经典怎么读[M]. 北京：中国人民大学出版社，2018.

[10] 叶圣陶. 好读书而求甚解：叶圣陶谈阅读[M]. 北京：开明出版社，2021.